公共經濟學

PUBLIC ECONOMICS 陳寶瑞 著

* 第二版 *

五南圖書出版公司 印行

江 序

　　純粹競爭的市場是一個理想的市場，但在現實社會，很難達到此一市場。有關經濟事務，經濟學者大都希望政府干預愈少愈好，惟並不表示政府不能干預。經濟學鼻祖亞當斯密（Adam Smith）倡導自由經濟，其認為有些事民間不願做或沒有能力做，而社會卻有需要，應由政府來做，如：⑴法律架構及司法正義；⑵國防治安；⑶民間不願提供但社會有需要的公共財。這是政府介入公共事務的理由。晚近政府干預事務愈來愈廣，公共經濟學將政府干預的理由擴大為市場失靈（market failure），作為政府介入公共經濟領域的依據。市場失靈的型態有獨占力量、公共財、外部性與資訊不對稱等。

　　政府的干預影響效率與公平。若政府任意地干預，可能導致政府失靈（government failure）。有些學者研究認為，政府失靈的福利成本遠大於市場失靈的福利成本。因此，政府應該謹慎地干預。政府干預之前首先要證實有嚴重的市場失靈；其次要看是否有能力改善市場績效，降低社會無謂損失；第三要考慮政府須付出多大的代價才能達成目的。換言之，政府的干預要能有效率地分配商品或服務，或能提升效率、降低社會無謂損失。

　　為使政府有限資源做最適當的使用，政府可以成本效益分析來評估公共財提供的優先順序，政府亦須考慮民之所欲作為分配公共財依據。公共選擇理論即是建立在民眾偏好的基礎來決定公共財的提供。

　　公共經濟學的領域很廣，本書就八個重要公共經濟議題：民間參與公共建設、民營化、醫療保健、退休金、老人問題、教育、環境及公司治理，從理論依據、各國經驗及分析台灣狀況，並提出因應對策。茲僅就老人問題為例：先進國家已呈現人口老化問題，人口老化也漸漸蔓延到開發中國家，未來人口老化將成為世界上重要議題。根據先進國家經驗，人口老化對政治、社會、經濟、財政、教育及家庭均有相當的影響，因而採取如下對策：

⑴鼓勵生育；⑵提高勞動參與率，降低就業人口扶養比；⑶延長退休年齡，降低財政負擔及勞力不足；⑷推動照護保險制度；⑸吸引國外人才，減緩勞力不足及人口結構老化；⑹加強老人身心照顧。台灣在一九九三年，65歲以上老人占總人口比率達7%，邁入人口老化國家之林。根據經建會推估，在二〇一九年台灣總人口將減少，面臨這些問題，可參考先進國家經驗，提出因應對策。

　　陳寶瑞先生現為經濟建設委員會部門計劃處處長，在經建會已逾三十年，曾參與經濟政策及重要經濟議題等決策研擬。其將多年從事公職的經驗以及從事教職的心得，以深入淺出、有系統地撰寫本書，可供一般大眾能深入了解公共經濟意涵，並可作為政府機關、公職人員從事公共經濟決策之參考，對公共經濟的貢獻值得肯定，特為作序。

江丙坤

梁　序

　　我們生活在一個充滿政府活動及經濟管制的社會裡，從眼睛睜開的一刹那開始，刷牙、洗臉及吃早餐的用水、用電及瓦斯，到上班、上學的公車及捷運，無一不在中央或地方政府的管制之下。過去這三十多年來，政府管制及經營公營事業的典範逐漸在台灣社會裡退卻，取而代之的卻是自由化的思想。雖然如此，政府在經濟社會所扮演的角色卻日趨複雜，除傳統上統籌收入及支出的角色外，近年來其扮演經濟活動再管制角色也日益吃重。

　　掌握政府與經濟活動關係的知識，最簡便的方法是研讀「公共經濟學」及「財政學」。雖然坊間關於這類經濟學的教科書甚多，但大多是以翻譯本為主，而國人所著述者，則多偏重理論。對於前者，雖國外教科書立論嚴謹，但涉及現實案例卻難以與台灣經濟現實相結合。對於後者，因近年來台灣經濟環境變化神速，自亦難捕捉當前經濟全貌。對此，本書作者從「公共經濟學理論」出發，除涵蓋近代公共經濟學所需的理論部分，又在第二篇「公共經濟學專題」輔以民間參與公共建設、民營化、醫療保健、退休金、老人問題、教育、環境及公司治理等八大重要公共經濟議題，再以全球各主要經濟體發展經驗對應當前台灣發展，以簡短而淺顯的方式說明公共經濟學許多重要概念，及當前國際和台灣經濟體系運行的方式，並據此說明當前諸多經濟現象背後的經濟思維。是以，本人以為本書中許多實際上的例子，極具參考價值。

　　茲以在全球化下的租稅為例：在全球化潮流下，多國公司興起，而這種多國公司在世界各地選擇最有利、稅負較低的地點投資，有些多國公司則選擇在境外租稅天堂設立子公司便於報稅，以減少其稅負。亦即多國公司把所得移轉到低稅地區，把高成本或支出放在高稅負國家作為納稅的減項。這種衝擊使政府課稅時未能課到可移動的課稅對象，致稅負落到無法移動的課

稅對象。對此，近年來先進國家基於誘因考量，已紛紛改變其稅制，調降公司所得稅稅率，並輔以擴大稅基及調升加值稅稅率，以避免財政收入銳減。而這樣的方向也正與政府於九十七年二月底所提出調降營業所得稅率至17.5%的做法相呼應。

綜上，從架構與內容來看，本書是一本架構清晰且可以同時掌握理論及台灣公共經濟實務的好書，適合作為教科書或專業人士自修之用。加以陳寶瑞先生在經建會服務逾三十年的經驗，擅思篤行、審視細膩，其長時間對台灣政府變革的就近觀察所產生的心得，使本書更值得細讀，特為作序。

梁國源

寶華綜合經濟研究院院長
國立台灣大學經濟學系兼任教授

再版序

　　本書付梓以來，承蒙先進、讀者厚愛及各界採納為教本或參考書，謹此特為申謝。

　　此次再版，除將初版若干誤植加以更正外，並蒐集本書出版兩年多以來相關法規之修訂、政府政策調整，以及數據更新等資料，據以重新修訂。

　　修訂內容計有十一章，其中小幅修正計六章，分別為第五章資訊不對稱、第九章管制與促進競爭政策、第十一章民間參與公共建設、第十二章民營化、第十六章教育、第十八章公司治理；修正幅度較大的計五章，分別為第八章第五節台灣稅制改革、第十三章第五節台灣健保制度改革、第十四章第三節台灣退休金制度—公務人員退休金制度、第十五章第四節台灣人口高齡化分析，以及第十七章第五節台灣如何因應聯合國氣候變化綱要公約。

　　經再版修訂，本書將資料更新且內容更臻完整，惟疏漏之處在所難免，仍請先進、讀者不吝指正。

陳寶瑞

自　序

筆者於政府機關服務已逾三十年，並在銘傳大學兼教公共經濟學多年。鑑於坊間欠缺理論與實務並重的中文公共經濟學，乃蒐集國內外相關資料、公餘教學心得，加上在政府機關從事經濟事務研究，參與政策研擬之經驗，融合理論與實務。經有系統整理，彙編成書，俾供公共經濟學相關課程，及有興趣於公共經濟領域的社會人士參考。

政府介入經濟事務相當廣泛，舉凡食、衣、住、行、育、樂均與政府活動有關，可說人民生活深受政府經濟活動的影響。政府從事的經濟活動可歸為：(1)管制：政府訂定並執行法規，採取必要的管制措施；(2)影響價格定價：政府直接、間接干預價格，如透過租稅或補貼影響價格；(3)生產：政府生產各種商品與服務，如水電等。這些活動會對商品及服務的需求及生產，以及就業、所得、財富等產生影響。本書即在探討政府介入經濟活動的原因、理論依據及其影響，以及政府干預是否妥適等。另對社會所關注主要公共經濟議題亦加以著墨。

本書分為二篇十八章，第一篇公共經濟理論與實務，從第一章到第十章，內容包括公共經濟學緣起及本書範圍、公平與效率理論探討、政府提供公共財的基礎、外部性及資訊不對稱問題、成本效益分析影響、公共選擇、租稅、管制與促進競爭政策及政府失靈問題。第二篇公共經濟議題，從第十一章到第十八章，針對民間參與公共建設、民營化、醫療保健、退休金、老人問題、教育、環境及公司治理等八個主要公共經濟議題加以探討。

本書撰寫期間承蒙立法院江前副院長丙坤、梁院長國源、黃教授仁德、胡副主委仲英、黃教授建森、朱麗慧小姐、吳明蕙小姐、林俊儒先生、劉筱慧小姐、鄧學修先生、凌玉真小姐、陳惠薇小姐、許秀珊小姐、黃彥斌

先生及林春雁小姐等人的鼓勵與指導匡正、提供寶貴的意見與資料，在此衷心感謝。

筆者才淺學疏，本書涉及範圍甚廣，掛一漏萬，顧慮不周之處在所難免，尚祈先進不吝指正。

陳寶瑞

目　錄

第一篇
公共經濟學理論

Chapter 1

緒 論

第一節　政府介入範圍

　　亞當斯密（Adam Smith）認為透過「一隻看不見的手」（invisible hand）將使市場機能充分發揮達到資源最適分配，惟市場機能並非萬靈丹，有時而窮。因此，政府需要發揮功能，促進市場機能順利運作。

　　亞當斯密認為事屬社會有需要但民間無法或不願意去作的事，應由中央政府來處理，例如：

　　㈠提供法律架構及維護司法正義─若沒有財產權及契約的遵行，將使市場機能無法發揮。

　　㈡提供國防治安，以確保人民安全及維護法律秩序。

　　㈢民間無法獲利且其無意願提供的公共財，有必要由政府提供，以增進社會的利益。

　　現代經濟學進一步擴大為市場失靈（market failure）是政府介入經濟領域的依據。所謂市場失靈指市場未能對消費者及生產者提供價格信號，以致市場不能順利運作。換言之，就是自由市場未能導致資源最適分配，市場不能達到社會上所願望的目標。解決市場失靈之法可由政府介入，透過管制、立法或提供某些商品或服務。

　　根據上述分析，政府介入經濟事項相當廣泛，如我們早上起床，刷牙洗臉用的水是公營事業所提供。我們去上學、上班乘坐捷運、公車或騎機

車、開汽車，其中捷運是公營事業提供服務；捷運、公車票價格受政府管制；汽油價格含貨物稅，我們用車加油的錢部分交給政府。我們去7-11買早餐，早餐的價格含營業稅。我們去買啤酒，價格含有酒稅。我們就讀大學，不管是公立或私立大學，或多或少都接受政府補助。在一個現實的社會，我們的生活很多受到政府經濟活動的影響。因此，我們把政府從事的經濟活動歸為三類：

一、管制（regulation）

政府訂定並執行法律，採取必要的管制措施。如政府訂定反托拉斯法（Anti-trust Laws）或公平交易法，目的在管制獨占行為，促進公平競爭。

二、影響價格（price setting）

政府直接、間接干預價格，如透過租稅及補貼影響價格。例如政府對商品課徵營業稅，則商品定價將會提高；又如政府對公私立學校補助，並限制學費的調整。

三、生產

政府生產各種商品及服務，從法律與維持社會秩序到教育及國防等。

這三種類型的活動會產生所得與財富效果及誘因效果。以政府對酒增稅為例，酒價提高會降低酒的購買力，減少酒的需要量，導致製酒公司收入的減少，因而減僱員工，降低其股東的股利所得；若政府將增加酒稅的稅收，移轉給低所得者，將使受益者所得增加；另因酒的需求量減少，將增加非酒飲料的需求，促使公司投資生產酒的替代品（見表1-1）。

表1-1　政府政策的效果

政　策	所得與財富效果	誘因效果
增加酒稅	1.喝酒者減少購買力 2.製酒公司的股東，減少股利所得 3.稅收的移轉使受益者的所得增加	1.減少喝酒人數及酒的需求量 2.投資生產酒的替代品
降低電廠二氧化碳排放量	1.提高電廠成本，減少電力公司股東及員工的所得 2.提高電價	1.移轉到較乾淨的燃料 2.降低能源密集的活動
對高科技教育支出的增加	1.高科技學校老師就業增加 2.高科技人才薪水降低	1.吸引更多的老師到高科技學校教書 2.吸引高科技產業投資

第二節　市場失靈型態

　　市場失靈的型態有獨占力量（monopoly power）、公共財（public goods）、外部性（externalities）、資訊不對稱（information asymmetry）及經濟不穩定性（見表1-2），茲簡要分析如下：

一、獨占力量

　　獨占者或寡占者利用其獨占力量，限制生產及提高商品價格，影響消費者權益。政府採取的措施不外乎禁止獨占、管制獨占或政府直接經營，也就是公營獨占事業，惟公營獨占事業的效率比民營獨占事業效率差，因此有必要改弦易轍朝向民營化（privatization）。

表1-2　市場失靈的主要型態

型　態	定　義	例　子	可能的介入方式
獨占力量	可影響市場價格及產量	自來水、輸電業	管制私人獨占、政府獨占
公共財	無互斥性及無排他性的商品與服務	國防、街燈	政府供應
外部性	個人或廠商的行動會影響他人，但其成本或效益未必反映交易價格	污染、道路壅塞	以租稅或補貼方式使私人及社會成本效益相等
資訊不對稱	買賣雙方資訊不相同的交易	醫療、二手車、保險	品質規範、強制保險
經濟不穩定	經濟未能持續達到均衡	不景氣、景氣過熱	採取財經對策

二、公共財

有些商品或服務無法由市場提供，須由政府提供。此種商品具有無排他性的（non-excludable）與無互斥性的（non-rival），如國防、街燈等，這些商品一旦生產任何人不必花錢就能享受。換言之，有很多人可以坐享其成（free rider）。因此，民眾對公共財需求往往多多益善，惟提供公共財需要預算，要看政府收入，政府不可能無限制的提供公共財。因此，解決的方法就是透過政治程序決定政府提供多少的公共財。

三、外部性

肇因於私人成本與社會成本之間差異，政府的介入有助於將外部成本內部化，讓污染者能達到社會最適結果。

四、資訊不對稱

一方比他方獲得更多的資訊就是資訊不對稱。資訊不對稱會引發逆向選擇（adverse selection），與道德危機（moral hazard）。所謂逆向選擇指參與交易的一方隱藏對自己有利的資訊，藉著提供不實的資訊以增加自己的利益，但同時卻傷害他方的利益。如保險公司出售人壽保單，可是其不

知道投保人的身體狀況，因此，保險公司訂定較高的保費，這種情況只有身體狀況較差的客戶會投保，低風險的客戶知道保費太高而不去投保。道德危機指參與交易的一方，在簽約後改變其行為，如投保汽車保險後，駕駛人開車較粗心，若發生事故則由保險公司理賠。

五、經濟不穩定性

　　市場經濟可達到效率市場的均衡，可是現實的經濟狀況常面臨景氣循環，這種循環不是最適經濟狀況，會產生缺乏效率及經濟不穩定，特別在經濟不景氣、經濟衰退、失業大幅增加，政府常採取各種財經政策，促使經濟復甦。有關經濟不穩定性，政府採取的對策在總體經濟書探討很多，本書限於篇幅，只好割愛。

第三節　政府支出擴大

　　事實上，政府的活動不僅限於經濟方面，也包含許多非經濟方面。人民要求政府提供服務與商品愈來愈多，政府的職能也愈來愈擴大，致政府支出不斷增加。以十五個先進國家政府支出占國內生產毛額的比重而言，從一九六〇年的28.3%增至一九九四年的42.3%，二〇〇四年略降為40.6%（見表1-3）。著名的華格納法則（Wagner law）指政府支出的速度較國內生產毛額增加的速度為快。

　　華格納將政府支出迅速擴張歸為下列三個理由：

1. 工業化與現代化導致公共活動增加，犧牲民間活動，因為在逐漸複雜社會，對管制活動的支出需要增加。

2. 集合財（collective goods）與準集合財（quasi-collective goods）需求（特別對教育與文化）的所得相對有彈性。

3. 華格納認為民間企業基本上缺乏效率，要求政府接管自然獨占事業的營運與管理。

第一個理由導致行政服務的支出增加，第二個理由使健康、教育、社

會服務等的支出增加。對於第三個理由,很多學者專家有不同的意見。由於政府支出過度膨脹,一九八〇年代有些國家政府支出占國內生產毛額一半以上,民間活動受到壓縮,因此,開始改弦易轍,採取降低政府支出的措施,如民營化等。

表1-3 政府支出占GDP的比重

年別 國別	1960	1968	1974	1979	1984	1988	1990	1994	1998	2000	2002	2004
奧地利	22.1	25.1	30.4	33.2	35.4	33.7	36.2	39.3	36.7	35.7	36.3	35.7
加拿大	28.9	33.0	37.4	39.8	45.3	43.4	48.8	49.7	44.4	41.1	40.9	39.4
丹麥	24.8	36.3	39.4	53.2	60.3	55.3	57.0	61.6	57.6	54.9	55.8	55.6
芬蘭	26.7	33.4	32.9	38.5	42.0	44.0	48.7	62.8	52.8	49.1	50.1	50.5
法國	34.6	40.3	43.5	45.5	51.9	50.0	50.7	55.0	53.7	52.5	53.4	54.5
德國	32.5	39.2	44.7	47.7	47.4	46.3	44.5	49.0	48.8	45.7	48.7	47.8
愛爾蘭	28.0	35.2	43.0	49.8	50.1	45.2	43.2	44.3	34.9	32.0	33.8	33.9
義大利	30.1	34.7	37.9	45.2	49.8	50.5	54.4	54.5	49.9	46.9	48.0	48.7
日本	18.3	19.3	24.4	32.0	32.3	31.3	31.7	34.8	36.1	38.2	38.1	36.7
荷蘭	33.7	43.9	51.5	58.0	58.7	56.7	54.8	53.6	47.2	45.3	47.8	48.9
紐西蘭					38.5	54.5	53.3	43.0	42.7	39.8	38.5	38.2
挪威	29.9	37.9	44.6	50.9	42.1	49.5	54.0	54.1	49.6	42.7	47.4	46.7
瑞典	31.1	42.8	48.1	61.1	62.0	58.1	63.5	70.9	60.7	57.3	58.2	57.5
英國	32.6	39.6	45.2	43.4	45.2	38.0	42.2	45.3	40.2	37.5	41.8	44.4
美國	27.6	31.3	33.0	32.9	32.3	32.1	37.0	37.0	34.6	34.0	36.0	35.6
OECD 國家 平均	28.3	32.3	35.2	38.7	38.5	37.7	40.3	42.3	40.3	39.2	40.8	40.6

資料來源:OECD Economic Outlook database.

有關政府支出膨脹方面,Baumol(1967)有精闢的分析,其認為實質政府支出成長與實質國內生產毛額(GDP)成長率的差異,說明了名目政府支出占名目GDP比重的上升,而此一上升反映政府支出相對增加的情況。即使實質政府支出與實質GDP成長率相同,由於公共部門與民間部門

之間生產力增加率不同，民間生產力增加較政府部門生產力快，導致政府名目支出占名目GDP比重上升。

Baumol分析民間部門生產力增加的利益，至少可部分抵銷該部門勞動成本上升。公共部門生產力增加率遠低於民間部門，前者甚至可能為零，即沒有這種利益。若公共部門與民間部門享有同樣幅度的加薪，由於二者的生產力不同，反映價格上漲幅度不同，導致相對價格效果出現，此時，名目政府支出占名目國內生產毛額的比重上升，這就是Baumol效果，也就是相對價格效果（relative price effect）。

第四節　公共部門與民間部門的差異

進一步探討，公共部門與民間部門在經濟上區分：

1. 公共部門規模相當龐大，大部分受中央政府的指揮。龐大的政府規模，將對國家整體經濟有相當的影響。公共經濟的焦點在於政府採取行動對整體經濟的影響。相對地，個別民間事業規模遠較公共部門為小。

2. 民間事業以個體為單位，從事生產或交易，其目的在獲取利潤，否則將無法生存。政府可能設定目標，惟非以營利為目標。

3. 政府有權力直接、間接或管制其他部門的行動，諸如課稅；民營事業則否。

4. 政府融資的自由度遠大於民營事業，民營事業的發展往往受到資金的限制。雖然政府預算受到立法機關的審查及限制，惟政府在財政收支不平衡時，仍可透過舉債、增稅或採用印刷鈔票等方式來提供其所需融通的資金。

第五節　公共經濟學的演進

最近五十年來公共經濟學經歷兩次重大演變，且都由諾貝爾經濟學獎得主來推動，如亞羅（Kenneth Arrow）、貝克（Gary Becker）、布坎

南（James Buchanan）、斯蒂格勒（George Stigler）、米爾利斯（James Mirrlees）及維克里（William Vickrey）等，他們都是公共經濟學重要推動者。公共經濟學是在批判和繼承福利經濟學發展出來的，其研究在資訊不對稱下的最適政策問題，政府如要提供有效率的服務，則須知個人的偏好。如個人面臨錯誤的誘因，導致政府錯誤認知，因而提供非人民所需的公共財。因此，有些學者研究決定偏好的機制，有些學者則設計租稅制度，以極小化稅負。這些學者的理想是讓政府能知民之所需及廠商需求，然後提出公共政策。

亞羅、貝克、布坎南、斯蒂格勒等教授提倡公共選擇理論（public choice theory）。公共選擇理論發展五十年，目前已發展出區分經濟學與政治學間的方法論及理論架構，其發展重點為投票理論及Arrow不可能定理，開拓公共選擇理論新的領域。

本書分為二篇十八章，第一篇公共經濟理論與實務，包括第一章至第十章。第一章緒論介紹公共經濟學緣起、本書探討範圍及內容。第二章探討效率與公平，這是公共經濟基本理論。第三章公共財，探討政府提供公共財的基礎。第四章外部性，探討私人成本與社會成本二者之間有差異，如何加以消除。第五章資訊不對稱，探討資訊不對稱產生的原因及影響，以及如何消除資訊不對稱。第六章成本效益分析，探討如何決定公共投資計畫，以使資源得到最適利用。第七章公共選擇，探討人民透過投票制度來決定公共政策。第八章租稅，分析課稅對經濟的影響。第九章管制與促進競爭政策，探討政府採取對策的原因及其影響。第十章政府失靈，探討政府失靈的原因及解決之道。第二篇公共經濟議題，包括第十一章至第十八章，針對民間參與公共建設、民營化、醫療保健、退休金、老人問題、教育、環境及公司治理等公共經濟議題及政策加以探討。

Chapter 2

效率與公平

　　效率使社會上稀有的資源能夠獲得最佳的利用。公平使經濟發展的成果能公平地分配，讓社會所有成員共享。效率與公平二者之間會有衝突，因此，我們將面臨抉擇，是效率優先還是公平優先。公共經濟學理論基石之一是福利經濟學，福利經濟學探討效率與公平問題。

第一節　效率

　　完全競爭體系下的一般均衡是所有市場均為完全競爭，且同時達到均衡；也就是說，在完全競爭體系下商品市場及要素市場所有買者與賣者均是價格接受者，亦即沒有一個買者有獨買力量，沒有一個賣者有獨占力量；最後將生產與消費活動連結在一起，以達到資源效率分配。

一、消費效率

　　完全競爭一般均衡（general competitive equilibrium）有兩個特性：

　　1. 行為是完全競爭的，廠商與消費者做決策時，價格是既定的。

　　2. 透過價格調整，消除超額需求或供給，以使所有市場達到均衡。

　　假定完全競爭市場，價格是由市場所決定，透過價格機能，調整供需，使市場達到均衡。

　　假定市場只有 A、B 兩人，X、Y 兩種商品，在無異曲線 A_i 與 B_i 分別表示 A 與 B 對 X、Y 兩種商品各種組合，有同樣偏好毫無差異的曲線，無

異曲線距離原點愈遠，表示滿足程度愈大。預算線表示既定所得 I，及既定價格 P_X 與 P_Y 下，消費者所能購買 X 與 Y 商品的組合，即

$$I = P_X \cdot X + P_Y \cdot Y$$ 　　　　　　　　預算線

$$預算線斜率 = -\frac{\Delta Y}{\Delta X} = \frac{P_X}{P_Y} \ 。$$

在交換經濟體系下，透過Edgeworth箱形圖可說明如何達到市場均衡。

圖2-1中 X 與 Y 分別表示二種商品，B_N 無異曲線通過 0_A 點，表示 B 擁有所有商品，A 則一無所有；A_N 無異曲線通過 0_B 點，表示 A 擁有所有商品，B 則一無所有。A 消費 X、Y 商品多寡視無異曲線 A_i 的形狀，及與原點遠近而定，距離愈近，表示消費愈少；距離愈遠，消費愈多。B 亦然。

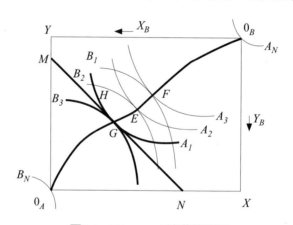

圖2-1　Edgeworth消費箱形圖

無異曲線上任何一點邊際代替率（marginal rate of substitution, MRS$_{XY}$）

（MRS$_{XY} = -\frac{\Delta Y}{\Delta X}$）指消費者增加一單位的 X 商品所願意犧牲若干單位的 Y 商品。既定的預算線（MN）下，預算線的斜率為 $\frac{P_X}{P_Y}$，消費者完全競爭的均衡點（G）是：MRS$_{XY}^A = \frac{P_X}{P_Y} =$ MRS$_{XY}^B$　消費者最適化

（consumer optimization）亦是交換效率（exchange efficiency）。

在 *G* 點預算線 *MN* 與無異曲線 A_1 及 B_3 相切。若在 *H* 點，則$MRS^A >$ MRS^B，*AB* 二人交換比率不同，此點不具效率。若調整交換比率後至少一人獲利，其他人情況沒有惡化，則稱之為柏雷圖改善（Pareto improvement）。在某種情況下無法改變柏雷圖改善，稱之為柏雷圖效率（Pareto efficiency），如圖2-1連結 0_A、*G*、*E*、*F*、0_B 點構成柏雷圖最適組合點的曲線，亦稱為契約線（contract curve），線上任何一點表示有效率的交換點。

契約線可轉化為效用可能曲線（utility possibility frontier, UPF），契約線上 0_A、*G*、*E*、*F*、0_B 點分別對應效用可能曲線 *M*、*G'*、*E'*、*F'* 與 *N* 點（見圖2-2）。效用可能曲線表示既定 *B* 的效用下，*A* 可能得最大的效用。效用可能曲線是柏雷圖效率。

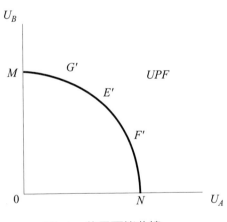

圖2-2　效用可能曲線

二、生產效率

廠商追求利潤極大化，在特定產出下，廠商成本極小化，亦即每一家廠商希望其使用生產要素的組合，達到生產成本極小化。假設等產量曲線

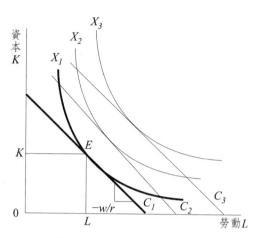

圖2-3 成本極小化要素組合

（isoquant curve, X_i）與等成本線【註】（isocost line, C_i）相切於 E 點，此時X 商品成本極小化（見圖2-3）。在等產量曲線上，為了維持產出不變，減少一單位勞動 L 所必須增加資本 K，稱為邊際技術代替率（marginal rate of technical substitution, MRTS）MRTS$_{KL}^{X} = -\dfrac{\Delta K}{\Delta L}$。等成本線的斜率為 $\dfrac{w}{r}$。

$$MRTS_{KL}^{X} = \frac{w}{r} \qquad X \text{ 商品成本極小化的條件}$$

$$MRTS_{KL}^{Y} = \frac{w}{r} \qquad Y \text{ 商品成本極小化的條件}$$

假定完全競爭市場，有兩種商品 X 與 Y，兩種生產要素資本 K 與勞動 L，生產要素稟賦決定Edgeworth箱形圖，圖2-4中 X_i 與 Y_i 曲線分別表示第 X_i 條與第 Y_i 條等產量曲線；Y_N 曲線通過 0_X 點，表示所有生產要素都用來生產 Y；X_N 曲線通過 0_Y 點剛好相反，表示所有生產要素都用來生產 X。在 H 點面臨 X_1 曲線與 Y_3 曲線相交，表示部分生產要素 K 與 L 用來生產 X 與

【註】　等成本線 $C = w \cdot L + r \cdot K$，式中 w、r 分別表示工資率與資本租金成本。L 與 K 分別表示勞工與資本。

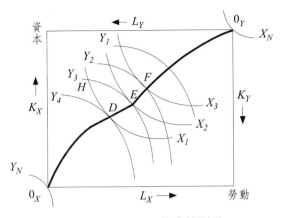

圖2-4　Edgeworth生產箱形圖

Y 商品，可是在 *H* 點的生產並不是最適點，因為在 *H* 點如較少勞動用來
生產 *Y*，較多的勞動用來生產 *X*，較多資本用來生產 *Y*，較少的資本用來
生產 *X*，那可能至少某一商品的產出會增加，因此，*H* 點並非生產效率之
點。若由 *H* 點移至 *E* 點，此時 X_2 與 Y_3 兩條等產量曲線相切，此時 *X* 生產
增加，*Y* 維持不變。若生產資源再調整將無法使某一商品產出增加，另一
商品產出維持不變；僅能使某一商品增加，另一商品產出將減少，則在
E 點是柏雷圖效率點，連結 0_X、*D*、*E*、*F*、0_Y 點構成柏雷圖最適組合點的
曲線，稱為生產契約線（見圖2-4）。契約線上的 0_X 點表示全部生產 *Y* 商
品，由 0_X 點移至 *D* 點，表示 *Y* 商品的生產減少，*X* 商品的生產增加。

　　生產契約線可轉化為生產可能曲線（production possibility frontier, PPF）
（見圖2-5），契約線上 0_X、*D*、*E*、*F*、0_Y 點分別對應生產可能曲線 *M*、
D'、*E'*、*F'*、*N* 點。所謂生產可能曲線在既定的生產要素與生產技術，各
種可能商品產出組合的曲線。邊際轉換率（marginal rate of transformation,
MRT）是生產可能曲線的斜率，多生產一單位的 *X* 商品所必須減少若干 *Y*
商品數量。

　　在完全競爭下，廠商是價格接受者，為了追求利潤極大化，廠商在價
格（P）等於邊際成本（MC）下決定產出水準。

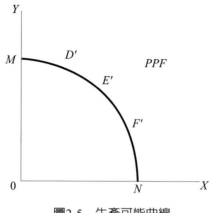

圖2-5　生產可能曲線

即是利潤極大化的條件。

$$MC_X = P_X \ ; \ MC_Y = P_Y$$

這是決定兩種商品的供給。

在完全競爭一般均衡，要使生產要素市場與商品市場兩個市場供需同時達到均衡，即：

$$K^E = K_X + K_Y \ ; \ L^E = L_X + L_Y \qquad 生產要素市場均衡$$
$$X^E = X_A + X_B \ ; \ Y^E = Y_A + Y_B \qquad 商品市場均衡$$

上式中 K^E 與 L^E 分別表示資本供給與勞動供給，K_X、K_Y 與 L_X、L_Y 分別表示 X 與 Y 商品對資本 K 與勞動 L 的需求。X^E 與 Y^E 分別表示 X 商品供給與 Y 商品供給，X_A、X_B 與 Y_A、Y_B 分別表示 A 與 B 對 X 與 Y 商品的需求。

生產效率為 $\mathrm{MRTS}^X_{LK} = \mathrm{MRTS}^Y_{LK}$，此時廠商成本極小化，若商品為 N 種，我們也可擴大為 $\mathrm{MRTS}^1_{LK} = \mathrm{MRTS}^2_{LK} = \cdots\cdots = \mathrm{MRTS}^N_{LK}$。

三、資源效率分配

僅具有交換效率或生產效率無法確保正確的商品組合能被生產。在我

們的經濟體系中，要將消費活動與生產活動結合在一起，以確保人們所要的商品，並生產該商品。其條件為

$$MRS^A_{XY} = MRT_{XY}\;；\;MRS^B_{XY} = MRT_{XY}\qquad 分配效率（\textit{allocative efficiency}）$$

邊際代替率 MRS_{XY} 是消費者在 X 與 Y 商品之間抉擇比率，也就是犧牲一單位 X 所必須補償 Y 的數量。

邊際轉換率 MRT_{XY} 是廠商生產 X 與 Y 商品之間抉擇比率，也就是減少一單位的 X 生產，可用來多生產 Y。

當 $MRS = MRT$ 時，已無柏雷圖改善的空間，亦即達到分配效率。

生產可能曲線上任何一點表示具有生產效率，亦表示一組商品組合，此一商品的組合是否能滿足消費者的需求，達到消費效率？如在生產可能曲線（PPF）上 E 點生產 X_0 與 Y_0，是滿足生產效率條件。在圖2-6 Edgeworth 箱形圖 $0Y_0EX_0$，$0FE$ 為契約線，如 H 點消費，H 點不在契約線上，表示消費者不在有效率的交換點，此時，須調整生產或消費。若調整消費，由 H 點移至契約線上某一點，將使消費者 A 或 B 至少一人獲利。若在 F 點消費，消費者 A 與 B 無異曲線分別為 I^A_1 與 I^B_1，二者相切，亦是滿足交換效率。且 E 點與 F 點切線斜率相同，此時生產效率與交換效率同時獲得滿足，亦即達到分配效率。

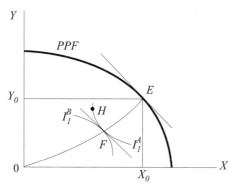

圖2-6 　分配效率

四、福利經濟學的兩個基本定理

（一）第一基本定理

福利經濟學的第一基本定理指完全競爭下一般均衡達成柏雷圖效率，此一效率的前提條件為生產效率、交換效率與分配效率同時實現。即消費者滿意、廠商成本極小化及利潤極大化（見表2-1）。第一基本定理意味著完全競爭市場產生的結果是有效率的，因此政府不需要干預市場。

表2-1　第一基本定理

完全競爭一般均衡	柏雷圖效率
消費者最滿意 $MRS_{XY}^A = \dfrac{P_X}{P_Y}$ $MRS_{XY}^B = \dfrac{P_X}{P_Y}$	交換效率 $MRS_{XY}^A = MRS_{XY}^B$
成本極小化 $MRTS_{LK}^X = \dfrac{w}{r}$ $MRTS_{LK}^Y = \dfrac{w}{r}$	生產效率 $MRTS_{LK}^X = MRTS_{LK}^Y$
利潤極大化 $P_X = MC_X$ $P_Y = MC_Y$	分配效率 $MRT_{XY} = \dfrac{MC_X}{MC_Y} = \dfrac{P_X}{P_Y} = MRS_{XY}^i$ $i = A, B$

（二）第二基本定理

不像第一基本定理，第二基本定理需要假定無異曲線與等產量曲線凸向原點，生產可能曲線凹向原點，如生產可能曲線不是凹向原點，則有報酬遞增，那麼在完全競爭下，價格接受者的廠商將多生產報酬遞增的商品，若此種商品不盡然是消費者所喜好，結果，競爭行為的柏雷圖效率可能維持不久。

第二基本定理說明政府介入可獲得公平的結果，不必然犧牲效率。從

圖2-2效用可能曲線如最初分配為 G'，可是該點不是社會所想要的，也就是當前資源分配是不公平的，透過政府干預由 G' 點移至 E'，可促進公平，E' 亦是柏雷圖效率點。第二基本定理說明透過所得重分配，且在完全競爭不被干擾下，達到柏雷圖最適分配。換言之，政府干預所得分配，可是卻不須干預價格機能。

第二節　公平

一、公平與效率

　　主張政府干預者重點在公平考量，認為市場學派主張太過強調柏雷圖最適境界作為判斷經濟成果的準則。從前述生產與消費的一致性條件，我們知道生產可能曲線上任何一點表示商品的組合，這與Edgeworth箱形圖內的某一點相對應，在該點邊際代替率（MRS）等於生產可能曲線的斜率。這點是一組商品且是柏雷圖最適分配。假定此點存在，則表示由完全競爭經濟來決定分配。例如，社會選擇在生產可能曲線上的 e 點商品組合，則該商品組合柏雷圖最適分配是在 E 點。如社會選擇不同的商品組合 f 點，則柏雷圖最適分配為 F 點（見圖2-7A）。圖2-7A顯示生產可能曲線上一個商品組合點上的柏雷圖最適分配，其與圖2-7B效用可能曲線某一點相對應。生產可能曲線某一點，其所對應效用可能曲線上另一點，該點某一消費者效用較高，另一消費者效用較低。

　　在既定技術下，生產要素稟賦—勞動與資本決定生產可能曲線。每位要素擁有者擁有的要素稟賦不同，擁有較多的要素稟賦者生產力較高，獲得較高的要素報酬—所得，有較高所得者將可能購買較多的商品及服務；反之，擁有較少要素稟賦者將購買較少商品及服務。

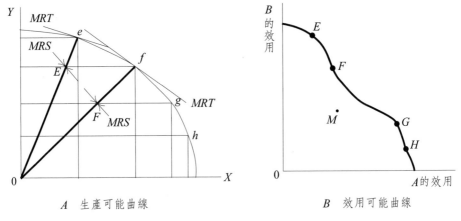

圖2-7　從生產可能曲線到效用可能曲線

　　主張政府干預者不相信一個天生有錢的人，或具有優異的勞動稟賦的人應過較好的生活。事實上，透過政府的干預決定在 *M* 點消費（見圖2-7B）。*M* 點不在效用可能曲線上，因此不具有效率，可是其卻比在效用可能曲線上 *E* 點更具公平。簡而言之，政府的干預達到社會上可接受的公平性，惟是否要犧牲效率以獲得公平，也就是政府進行重分配而引起效率損失的情況，即為公平效率抉擇（equity-efficiency trade-off）。

二、公平觀點

　　公平涉及價值判斷，可從不同的公平觀點來探討，茲就均等主義者（Egalitarian）、功利主義者（Utilitarian）及羅斯主義者（Rawlsian）等觀點分析說明如次：

（一）均等主義者

　　社會上所有成員獲得同樣的商品，即要求社會成員均等分配。惟所得均等分配將使社會有能力的人缺乏工作意願，導致整個社會生產停滯不前，甚至減少。

（二）功利主義者

　　在市場體系下，如資源分配不是柏雷圖境界；或者如從社會倫理觀點來看，實質所得分配不公平，社會福利未能達到極大化。若政府採取改善所得分配措施，假定社會福利與所有個人福利連結在一起，且社會福利函數（W）是個人效用的（U_i）函數，則

$$W = F\ (U_1,\ U_2,\ \cdots,\ U_n) \tag{1}$$

　　假定人際之間效用可以比較，社會上有 n 人，第 i 人的效用函數為 U_i，(1)式為功利主義者的社會福利函數。假定使某人情況轉好，其他人情況沒有轉壞的變動將增加社會福利。(1)式隱含個人效用增加，則社會福利亦增加。政府透過所得分配措施使社會福利儘量增加。是否可達到此一目的？為了回答此一問題，我們把(1)式改寫為

$$W = U_1 + U_2 + \cdots\cdots + U_N \tag{2}$$

　　(2)式社會福利函數是個人福利函數之和，這是可加的社會福利函數（additive social welfare function）。此一函數增加三項假定：

　　1. 相同的效用函數：既定的消費，每人獲得相同數量的效用。
　　2. 消費的邊際效用遞減：當消費增加，消費的邊際效用遞減，因為個人消費增加，其滿足程度增加速率遞減。
　　3. 社會上可利用消費總額是固定的。

　　在這些假設以及可加的社會福利函數(2)下，政府採取所得重分配以達到完全均等，只要所得不均等，消費不均等，消費邊際效用亦將不均等，若將所得多分配給窮人，則將使社會效用總數增加。

　　事實上，上述三項假定值得加以檢討：

　　1. 個人從消費商品滿足程度是否相同？因為滿足程度測量是主觀的而

不是客觀的,因此,不同人同樣消費不必然有相同的滿足程度。

2. 個人商品消費邊際效用遞減,至於整體消費就不得而知。若所得的邊際效用是固定不變,則政府政策改變,不見得會改變社會福利。

3. 社會可利用的消費總額是固定的,隱含所得重分配不會影響工作誘因。也就是說,當政府把一塊餅重新分配,餅的規模維持不變。事實上,若政府對富人課重稅,將會降低其工作意願,因而影響生產、所得及消費。

政府的目標是極大化社會效用總和,其面臨兩難的窘境,政府採取所得均等化。執行此一政策的過程將會影響生產及消費,致使社會效用總數減少,因此,最適消費分配應考慮達成所得均等的成本。即使我們接受相同效用函數的假定,政府也很難達成完全均等。

(三)羅斯主義者

羅斯(Rawls)的論點基礎為原始地位(original position)的觀念,最初人們不知其所處的社會地位,也不知其未來是富有或貧窮。羅斯認為在原始地位,人們對所得分配目標是公平、公正的。在原始地位,羅斯認為人們將採取極大化社會福利函數,人們對未來的無知,致希望提高所得分配的底部,即要使所得分配的底部儘量提高,這樣可避免萬一面臨不幸的情況,能獲得較佳的保障。因此,羅斯主義者的社會福利函數是社會情況最差成員的效用函數,其對均等給予較大的權數,即:

$$W = Min\ (\ U_1,\ U_2,\ \cdots\cdots,\ U_n)\tag{3}$$

社會目標是極大化最差成員的總效用。這種目標稱之為小中求大準則(maximin criterion),即讓社會上最差成員的效用極大化。

羅斯認為資源均等分配可使最具有生產力者缺乏工作誘因,因其賺取所得財富大都被課稅。為了激勵工作誘因,應容許某種程度不均等,特別

是在不均等分配下使社會上最差成員情況改善。依據羅斯的觀點，最公平分配是使社會情況最差成員的效用極大化。即生產力高者比生產力低者獲得較高的報酬，以鼓勵生產力高者多努力工作，生產較多的商品及服務，再透過適度的所得重分配，使社會上情況最差者獲得改善。

三、租稅與公平

（一）水平公平與垂直公平

從圖2-7B效用可能曲線上任何點達到交換效率，可是卻未達到社會公平。為了達到社會可接受的公平，政府可採取課稅的措施。政府課稅有兩大原則，即效率與公平原則。政府課稅將資源由私部門移轉到公部門，對市場經濟運作產生不同程度的扭曲，導致福利的淨損失或租稅的超額負擔。在效率的原則下，如何課稅產生的淨損失最小化。換言之，淨損失愈小的租稅，其效率愈高。

一般而言，公平有水平公平（horizonal equity）與垂直公平（vertical equity）。所謂水平公平指納稅能力類似的人應該繳交相同的稅款。也就是說，稅前具有相同福利水準的納稅人，稅後仍具有相同的福利水準。為了分析租稅是否具有水平公平，須先知道人們的福利水準，這涉及人際之間福利水準的比較，且與價值判斷有關。若考慮嗜好不同，亦即在相同的福利水準有不同的嗜好，如有人強烈偏好休閒。若對所得課稅則將不利於較少偏好休閒的人，因其所得相對較高，要繳較多的稅，因此，所得稅不符合水平公平。從現實生活來看，水平公平相當不易實施。

垂直公平指比較有能力負擔稅負的納稅人應該繳交較多的稅款。換言之，透過租稅，改善所得重分配，以減少所得與財富不均等。

（二）租稅的效率

租稅的超額負擔或淨損失可作為衡量租稅的效率。為了簡化起見，假定兩種商品食物 X 與其他商品 Y、X 的價格是 P_X，Y 的價格為1，m 是所

得。預算線 $m = P_X X + Y$。假定政府課徵定額稅 T，新的預算線 $m - T = P_X X_1 + Y_1$。定額稅（lump-sum tax）係指大家都繳納相同的稅款。

如政府僅對食物 X 課稅，稅額為 t，預算線修正為 $m = (P_X + t) X + Y$，如課定額稅與僅對食物課稅這兩個稅收相同，則 $T = tX_2$，X_2 是食物課稅後購買數量。這意味著 $m = (P_X + t) X_2 + Y_2$ 可重新改寫為 $m - T = P_X X_2 + Y_2$。

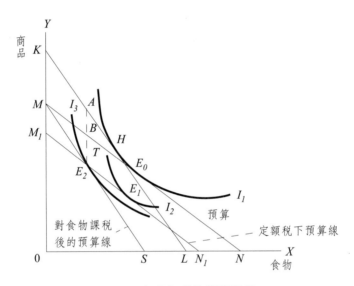

圖2-8　租稅扭曲的超額負擔

從圖2-8分析，未課稅的預算線 MN 與無異曲線 I_1 切於 E_0 點，E_0 為均衡點。課定額稅後的預算線為 $M_1 N_1$，即 $m - T = P_X X + Y$，預算線 $M_1 N_1$ 與 I_2 無異曲線切於 E_1 點，E_1 為新的均衡點。如對食物課稅稅額等於定額稅，則新的預算線為 MS，即 $m = (P_X + t) X + Y$，因 $T = TX_2$，此一預算線與課徵定額稅的預算線相交於 E_2 點，在 E_2 點與 I_3 無異曲線切於該點，E_2 點為對食物課稅後的均衡點。由於 I_2 無異曲線高於 I_3 無異曲線，因此，消費者在面臨對食物課稅比課定額稅情況惡化。

為彌補因課稅而遭受損失，亦即恢復至原來的無異曲線 I_1 上，作 KL 線與 MS 線平行，且與無異曲線 I_1 相切於 H 點。如課徵定額稅 T，消費者

將需要彌補 T 元的所得,以維持原來的效用水準;如課食物稅,消費者需要彌補的所得為 $T + AB$(見圖2-8),以維持原來的效用水準。$(T + AB)/T$ 大於1,AB 為租稅扭曲的超額負擔(excess burden),即補償金額超過課稅額。$(T + AB)/T$ 稱之為公共基金的邊際成本(marginal cost of public funds)。

第三節　結語

效率使社會上稀有的資源能夠獲得最佳的利用;公平是將經濟發展的成果,讓社會所有成員共享。效率與公平二者之間常常會有衝突,是效率優先,還是公平優先?

完全競爭體系下的一般均衡,滿足第一基本定理的條件為:⑴交換效率,消費者 A 與 B 之間邊際代替率相等,即$\text{MRS}_{XY}^{A} = \text{MRS}_{XY}^{B}$;⑵生產效率,商品 X 與 Y 之間邊際技術代替率相等,即$\text{MRS}_{LK}^{X} = \text{MRS}_{LK}^{Y}$;⑶分配效率,消費者邊際代替率與生產者邊際轉換率相等,即 $\text{MRS}_{XY} = \text{MRT}_{XY}$。

第二基本定理是說明在某種情況,政府介入可獲得公平的結果而不影響效率。可從均等主義者、功能主義者與羅斯主義者說明公平的優缺點。透過租稅可達到公平,惟在效率的考量,應使課稅產生的淨損失最小化。

Chapter 3

公共財

第一節　公共財與私有財

一、純公共財（pure public good）

純公共財具有無排他性（nonexcludability）及消費無互斥性（non-rivalry in consumption）兩個特性。所謂無排他性指某一特定財貨同時提供給大眾消費，很難或極端昂貴去排除他人消費該財貨，如街燈、國防等。所謂無互斥性指所有使用者能同時消費同一財貨，也就是某些人獲得某一財貨的好處，並沒有減低其他人獲得該財貨的好處，無互斥性具有聯合消費的特性，意味著增加一個使用者的邊際成本（marginal cost, MC）為零，如街燈、收音機廣播節目。街燈點亮了，路上行人都可獲得好處，且不會因為增加一名行人而增加照明成本。同樣地，收音機廣播節目播出，人們打開收音機就可接收節目，不會因為多一個人接收節目就會增加成本。另外，純公共財無法分割出售，即不能分割供個別享用。

二、純私有財（pure private good）

純私有財剛好與純公共財相反，同時具有排他性和互斥性的財貨。如衣服、食品等。以汽水為例，裝在杯子裡的汽水，僅能提供一名顧客消費，因此其具有排他性；一旦有人享用這杯汽水，其他人就不能再喝到這杯汽水，因其具有互斥性。

　　事實上，許多財貨及服務介於純公共財與純私有財之間（見表3-1、表3-2），即具互斥性但不具排他性財貨與具排他性但不具互斥性財貨。

表3-1　私有財與公共財

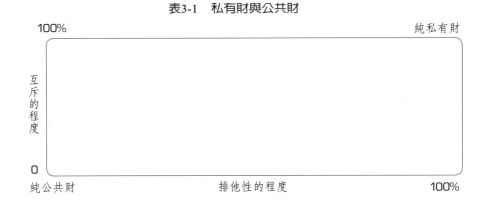

表3-2　私有財與公共財

	是	互斥性	否
是	私有財 ・包子 ・衣服 ・壅塞的（收費）道路		自然獨占 ・消防 ・有線電視 ・自來水
排他性			
否	公有資源 ・海洋的魚類 ・環境 ・壅塞的（不收費）道路		公共財 ・國防 ・街燈 ・交通流暢的（不收費）道路

三、具互斥性但不具排他性的財貨

　　公有地如草原與海洋均具有互斥性及不具排他性。以草原為例，許多牧羊人把羊群帶到公有草原放牧吃草，在草原放牧不具排他性；惟某一根草被某隻羊吃掉，其他羊就無法吃到那根草，因此，就具有互斥性。同樣的海洋也具有此種特性，在公海裡有許多漁船在捕魚，在海洋捕魚，不具排他性；惟某一尾魚被捕，其他人就捕不到該尾魚，這就是互斥性。

公有地因為沒有財產所有權，每個人都想儘量使用公有地，結果就會形成共有資源的悲劇（tragedy of the commons）。每人都想養較多的羊，結果很快地公有地的草被啃光；同樣地，漁船過度捕魚，導致竭澤而漁，明年無魚的窘境。

另以圖書館閱覽室為例，當只有少數人在使用圖書館閱覽室時，此時是公共財；一旦使用人數增加，變成擁擠不堪，降低其品質，此時無互斥性的標準不再滿足。為了維護圖書館的品質，採取限閱的方式，如限制高中生進入圖書館等措施，就有互斥性。因此，公共財不是絕對的，其視市場條件及技術狀況而定。

四、具有排他性但不具有互斥性的財貨

自然獨占性商品如有線電視、衛星電視等，具有排他性但不具有互斥性。以有線電視為例，有線電視節目提供給客戶，不會因多一個客戶看節目就影響其他客戶觀看，這表示不具有互斥性；惟要收看節目必須付費，這是具有排他性。

再如衛星電視節目，若未經鎖碼，只要裝上天線的電視機就能接收電視節目，此時，電視節目是公共財，卻不具互斥性及排他性；若技術進步，電視公司採取鎖碼，即付費才能收看節目，要看節目必須購買或租用解碼器，則收看衛星電視節目即具有排他性但不具有互斥性。

公共財不必然由政府提供，如教育與健保可由民間部門提供。有些財貨如美術館、博物館雖可由民間部門提供，惟因需要龐大的投資及維護費用，且投資報酬率很低，因此往往無法負擔，改由公部門提供。

第二節　公共財最適供應

一、柏雷圖最適解

假定 X 是公共財、Y 是私有財。如果 X 是國防，國防保護甲的安全，

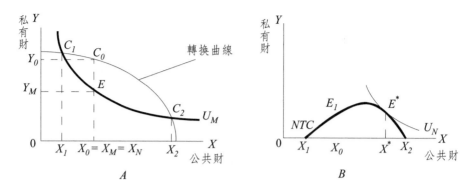

圖3-1　純公共財的柏雷圖最適供應

同時也保護其他國人的安全，因此，不具互斥性；政府除非把某人驅逐出
境，否則國人均可受到國防的安全保護，因此，亦不具排他性。假定社會
僅生產公共財 X 與私有財 Y，生產可能曲線指在既定技術及資源下，生產
X 與 Y 各種可能產出的組合。生產可能曲線亦稱轉換曲線（transformation
curve），轉換曲線上任何一點 C_0，其垂直線 C_0X_0 說明 X 與 Y 兩種財貨分
配給消費者 M 與 N（見圖3-1）。如 M 的效用是維持不變，其無異曲線 U_M
與 C_0X_0 相交於 E 點，表示 M 將消費 $0X_0$ 單位的公共財與 $0Y_M$ 單位的私有
財；同樣地，N 亦消費 $0X_0$ 單位的公共財，與 Y_MY_0 單位的私有財。如在轉
換曲線上 C_1 點或 C_2 點生產，這兩點均在 M 的無異曲線上，此時 M 分別
消費所有的私有財 C_1X_1 或 C_2X_2，以及 $0X_1$ 或 $0X_2$ 單位的公共財；對應 N 消
費 $0X_1$ 或 $0X_2$ 單位的公共財，其私有財 Y 的消費均為零。在這兩個極端之
間，N 可消費一些私有財 Y。淨轉換曲線（net transformation curve, NTC）是
由轉換曲線與 U_M 之間垂直線導出，也就是 M 的效用維持不變，公共財的
生產變動，對應NTC的變動來決定 N 對私有財 Y 的消費。N 選擇在NTC上
E^* 點消費，此時 N 的無異曲線 U_N 與NTC相切於 E^* 點，N 消費 X^*E^* 的私有
財，因為NTC的斜率等於邊際轉換率（marginal rate of transformation, MRT）
減 M 的邊際代替率（marginal rate of substitution, MRS）即MRT $-$ MRS$_M$，此
一切線隱含MRS$_N =$ MRT $-$ MRS$_M$，即MRT $=$ MRS$_M +$ MRS$_N$。

因此，E^*為柏雷圖（Pareto optimal）最適點，此一最適點有三個特色：

1. 對照私有財一般均衡的條件，每位消費者的MRS等於MRT，即
   $MRS_N = MRS_M = MRT$。而公共財最適需要為每位消費者MRS之和等
   於MRT。

2. 就公共財的特性，通常沒有完全競爭的均衡。

3. X 與 Y 之間最適組合視 Y 的最初分配而定。M 的無異曲線變動，
   NTC跟著變動，將會有不同的最適點。

二、林達均衡（Lindahal equilibrium）

M 與 N 消費者對公共財的偏好分別引申出其個別的需求曲線 D_M
與 D_N，表示在不同保留價格（reservation price）願意購買的數量（見圖
3-2）。因為 X 是公共財，個人不能選擇消費多少的 X。不論公共財生產多
少，將由 M 與 N 消費。公共財保留價格之和（$P_M + P_N$）就是集體願意支

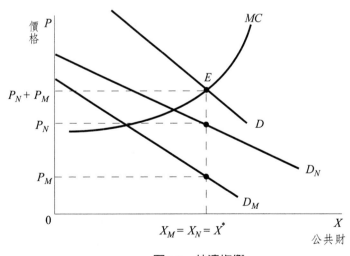

圖3-2　林達均衡

付價格,而集體願意支付價格可由市場需求曲線 D 來表示,市場需求曲線 D 是個別需求曲線垂直加總,即 $D = D_M + D_N$。D 與公共財生產邊際成本 MC 之間交點 E 點,即 $P_M + P_N = MC$ 決定最適生產水準 X^*,此一結果就是林達均衡。因為每個人消費的公共財均相等,即 $X_M = X_N = X^*$,惟每個人支付的價格卻不同,P_M 與 P_N 就是林達價格(Lindahl prices)。

雖然林達價格是有效率的結果,惟不是市場均衡。主要的理由是公共財無排他性,如民間企業想要生產純公共財出售,由於消費者不願花錢購買,以致未能從銷售公共財獲得收益。由於可能的買者不需付費就可享用公共財,因此,付費就成為不合理。人們沒有意願付費卻有需求,廠商將認為這種需求是夢幻、不存在的,將不會去生產。即使部分買者願意付費,其支付保留價格占廠商生產成本比重很小,何況無法預料大部分消費是否願意付費。消費者合理的策略是假裝不要該公共財,讓其他人付費,然後其不必付費就可坐享其成(free rider)。若有這種行為,消費者實際上有強烈的誘因,隱藏對該公共財真實需求。

第三節　租稅與公共財提供

公共財的供應通常由政府主導,其主要財源就是稅收,一般民眾享有公共財程度與納稅多寡之間關係,值得進一步探討。

為了分析租稅負擔影響公共財的提供,假定有甲乙兩家,甲家所得較高,乙家所得較低。從圖3-3A分析,縱軸為私有財 Y,橫軸為公共財 X,甲家預算線 M_1N_1,如不消費公共財,預算線 M_1N_1 與縱軸相交於 M_1 點,此時甲家全部所得用於購買私有財 $0M_1$;另一個極端甲家預算線 M_1N_1 與橫軸相交於 N_1,表示甲家全部消費公共財 $0N_1$,換言之,甲家所得全部由政府課徵,並由政府提供公共財。通常甲家消費介於二者之間,甲家所得中,部分用於私有財 Y 的支出,剩餘部分用於公共財 X 的支出,換言之,也就是由政府課稅,並提供公共財。私有財 Y 與公共財 X 的交換比率,就是預算線的斜率。隨著公共財 X 增加,私有財 Y 沿著 M_1N_1 線下降。從圖3-3B

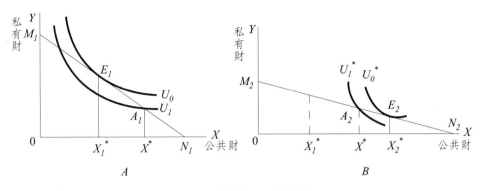

圖3-3 租稅與公共財選擇

看出，乙家預算線 M_2N_2，情況與甲家一樣。由於甲的交換比率比乙高，顯示甲的稅負較乙為重。

甲乙兩家在既定的所得與稅率結構下，甲家預算線與無異曲線相切於 E_1 點，其對應的公共財 X_1^*，這是甲家最適的選擇，也就是其偏好公共財提供數量。乙家預算線與無異曲線相切於 E_2 點，其對應的公共財 X_2^*，這是乙家最適的選擇，即其偏好公共財提供數量。這兩家同意公共財提供數量低於 X_1^* 是太少，高於 X_2^* 是太多。因此，公共財提供應在 X_1^* 與 X_2^* 之間。甲家希望要較少公共財，乙家卻要較多公共財。甲家所得較高，稅負較重，其付較多的錢來購買公共財；乙家所得較低，稅負較輕，其付較少的錢來購買公共財。換言之，同樣的公共財，甲家支付金額比乙家多。在這種租稅結構下，乙家偏好較多的公共財，甲家則否。

唯 X_1^* 與 X_2^* 之間，並非甲乙兩家最適選擇，如提供公共財為 X^*，其對應甲家無異曲線 U_1 通過 A_1 點，較通過 E_1 點的無異曲線 U_0 為低，顯示較甲家最適滿足程度 E_1 點為低；乙家亦有同樣的情形，在公共財 X^* 下，其對應乙家無異曲線 U_1^* 通過 A_2 點，低於通過 E_2 點的無異曲線 U_0^*，亦較乙家最適滿足程度 E_2 點為低。

第四節　可排他的公共財

民間生產公共財最大的障礙是無排他性，致因坐享其成，使生產者提供商品卻未能獲得應有的報償。如能消除此一障礙，即使該商品是無互斥性，市場活動還可運作下去，但不必然達到競爭下的均衡。

一、市場定價缺乏效率：橋的問題

以橋為例，橋在低度使用時，是無互斥性的。若收過橋費，則有些人因收費而無能力使用，也就是具有排他性。橋造好了，可不斷地重複使用，對生產者而言，其邊際成本（MC）為零。在純粹競爭均衡下，價格等於邊際成本，$P = MC$，$MC = 0$，$P = 0$，這表示生產者無法回收成本，將面臨虧損。因此，若以平均成本定價來取代上述邊際成本定價，因為平均成本大於邊際成本（$AC > MC$），導致橋未能充分使用，這是因為有些人過橋的邊際效益是正數，可是卻小於定價，致不願過橋；若不收過橋費，這些人將會使用，會增加橋的效益。

使用橋的需求曲線表示潛在使用者的保留價格，假定需求曲線為 $P = 50 - 0.05X$，造橋成本為八千元，如不收過橋費則有一千人過橋（見圖3-4），總經濟剩餘二萬五千元，也就是等於需求曲線底下面積。若過橋費每次收十元，一天有八百人過橋，斜線部分表示福利損失，等於一千元，

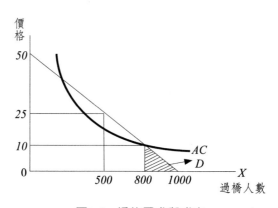

圖3-4　橋的需求與成本

表示橋沒有被充分利用，也就是說收費排除部分人士過橋。過橋費是具有排他性的，使用者必須付費，惟過橋費的收入不必然能償付建橋的成本。若成本不能完全回收，則民間投資造橋的意願不高，除非政府加以補助，或由政府投資興建。

二、俱樂部

俱樂部一種是消費活動，具有兩個特性：(1)相關的商品及服務由一群人所分享，而非個人所專享，此一特性可應用於純公共財與非純公共財；(2)若允許所有人可以使用商品的好處是缺乏效率。這種特性很明顯無法應用到純公共財，因為公共財是無互斥性的。即增加消費者或使用者的好處，不會因而增加成本或者減少其他使用者獲得的好處。

俱樂部具有三項問題：

1. 供應問題：有關實質設備的購買或生產。以網球俱樂部而言，主要設備問題是要蓋幾座球場，X 表示網球場數目。
2. 會員問題：有關允許使用設備的人數（N）。
3. 財務問題：有關設備費支付及每人付費。收費方式：(1)永久會費或定期（三年或五年）會費，交會費可以永久或定期免費使用設備；(2)會員證（如球證）加上每次使用費；(3)會員證加上每月定期費用等。

這三個問題彼此間互相關係，有時很複雜。以網球俱樂部為例來說明，最適網球場數目視會員人數、每位會員打球的頻率及球場成本而定。既定的會員人數，增加網球場將減少等待時間，使更多的人在同一時間打球，可是卻提高球場設備成本。從另一觀點來看，最適會員人數，視有多少球場而定。既定的球場數目，增加會員帶來效益與成本；當會員增加，每人有更多的夥伴，有助於提升球技及促進友誼，可是這種好處往往被球場擁擠所抵銷。事實上任何可行的財務安排必然影響俱樂部設施的利用；若會員每月交會費，傾向減少會員人數；對使用者收費，傾向不鼓勵使

用；若球場不擁擠，收費將降低使用效率。

　　若會員願意以較低成本享受公共財，則必須接受使用公共財的擁擠。由於擁擠是個問題，將影響使用公共財的效率；若為了提升效率必須限制會員，則將提高使用成本。因此，面臨兩難。俱樂部面臨的問題有：

1. 財務問題方面，假定每位會員付相同的會費，換言之，以純經濟手段，反映成本的定價可達成排除潛在會員的目的。可是不確定定價是否能達成財務及分配的目的？

2. 除定價外，如排他性是基本考量，會員必須同意一套規定，不管這些規定的結果怎樣？

3. 設備 X 與會員 N 最適值是由平均會員或代表性會員引申而出。由於會員中具有不同偏好，表示不同的意見，特別對會員人數、設備規模與效率有意見。有些會員希望多招募會員，以降低會費；有些會員希望增加設備，也願意多負擔設備費，以紓解擁擠現象。除非所有會員有相同的偏好，分配的問題與純公共財很類似，所有會員享有相同的設備，負擔相同的擁擠成本。

　　由於民間俱樂部存在，部分會員獲得滿足。我們可以推論有俱樂部的成員比沒有俱樂部的成員滿足程度為高，否則不會加入。也就是說，由一群人集體做的決策雖然未必是最適的決策，但比不做決策為佳。

　　廣義的俱樂部包含各種組織機構，從非營利服務機構的各種俱樂部、到政府非行政機構如公立學校等。以美國公立中小學為例，其面臨如同前述三個問題：(1)財源—學校的財源主要來自當地的財產稅，且由當地居民負擔；(2)學校設備及師資—學校財源豐嗇影響學校的設備及師資；(3)學生—學校應該優先錄取當地居住的學生，還是優秀的學生？這些問題涉及分配問題，很難取捨。

三、公共財市場：電視節目

　　電視節目是無互斥性與無排他性，可是透過節目鎖碼，將成為具有排

他性。正如有不收費的橋，亦有免費的頻道與付費的頻道，如台灣的無線電視的頻道是免費的。付費電視頻道通常由地方有線電視頻道業者經營，其提供若干基本頻道，另外有些電視節目市場很複雜，因此，不易說清楚市場均衡，但可說明市場的特性。或許電視節目最重要特色之一是維持無互斥性，但有能力排除潛在的觀眾，且不使電視節目成為私有財。

每家電視廣播業者有不同的財務來源，包括租稅（公營電台）、廣告收入（網路業者、民間電台）、自動捐贈（公營電視）及每月訂費（有線電視）。不像私有財的價格機能，定價使消費者顯示其偏好，電視收入與觀眾之間偏好關聯不大。如公營電視節目由稅收來支應，往往不考慮收視率；英國BBC收入來源一部分是由每台電視稅費，另一部分是由觀眾捐贈。若有人擁有電視看BBC節目，卻不願繳電視稅費，理論上這些人應受罰，可是在執行上卻有問題。即使電視稅費可以徹底執行，偶爾看電視者與經常看電視者付的稅費相同，對不常看電視似乎有點不公平，惟很難由看電視的頻率來決定稅費。電視廣告也有類似的情形，廣告支持節目，廣告告知觀眾有這樣的產品，不管觀眾是否看或接受廣告產品。即使觀眾看了節目，消費者是否會購買是另一個問題。電視收視率調查僅告訴有多少人看節目，而不是有意願購買廣告產品。

在國外，有些人捐錢給公視，可是這些人的捐贈對公視財務改善貢獻不大，雖然財務貢獻與觀眾滿意度之間有些關聯，惟坐享其成的人也不在少數，結果公共電視的財源不足，亦即資源配置不足。

由有線電視提供選擇性的頻道以獲取財源，較接近傳統私有財的定價。觀眾選擇要看的頻道付費，因此廣播業者必須考慮觀眾的偏好頻道。

第五節　結語

純公共財的特性具有無排他性及無互斥性，相對地私有財是具有排他性及互斥性，社會上有些財貨介於二者之間。對民眾而言，若是坐享其成，則認為政府提供公共財多多益善。惟政府資源有限，不可能無限的提

供公共財。因此,透過柏雷圖最適供應或林達均衡達到公共財最適的供應。進一步分析公共財的資金來源主要來自稅收。因此,租稅多寡影響公共財的提供。民間生產公共財最大障礙就是無排他性,若能消除此一障礙,即使該財貨是無互斥性市場活動仍可運作,如俱樂部、有線電視等,雖然是可排他的公共財,卻由民間來提供。

Chapter 4

外部性

第一節　外部性的意義

　　經濟發展使社會生產逐漸增加，提升全民的生活水準，可是卻帶來了污染問題。在經濟發展之初，這些污染可以容忍，沒有人注意到此一問題。若干年後，污染對人們健康不利的效果逐漸顯現出來，導致人們患病，甚至死亡。社會上開始重視污染問題，並要求政府解決此一問題。這是因廠商私人利益與社會利益不一致，廠商以賺錢為目的，其所排放污染物未加處理，即犧牲社會利益。換言之，在競爭市場裡，未能透過市場機能使資源達到最適分配。因此，需要政府介入，即政府採取某些政策以改善市場分配的結果。本章所探討的市場失靈是由外部性（externality）所引起的。所謂外部性，就是指一個人或廠商的行為直接影響他人的福祉。

　　外部性具有下列特性：

1. 外部性可由個人或廠商所帶來或產生的。如個人開車排放出的廢氣有害人們的健康；再如，煉油廠排放出的廢氣同樣有害人們的健康。

2. 外部性可能是正的或是負的影響。如個人或廠商發明新科技，其固然可以獲得好處，同時全民亦可獲得好處，這種行為使他人獲益，稱之為外部經濟（positive externality）。如汽車或工廠廢氣排放等，個人或廠商的行為對他人福祉有不良的影響，稱為外部不經

濟（negative externality）。

3. 一般而言，零污染幾乎是不可能的，重點是多少的污染量是社會所容許。

第二節　外部性與市場失靈

進一步從生產面與消費面來分析外部性與市場失靈。

一、生產面

生產可能會產生負的或正的外部性，茲分別說明如次：

（一）生產外部不經濟

紙漿排放的廢水，大多為可溶解之有機物質，耗氧量甚大，即生化需氧量（biochemical oxygen demand, BOD）與化學需氧量（chemical oxygen demand, COD）甚高，廢水所含懸浮物質（suspended solids, SS）亦高，且廢水中之化學物質對水生物具有毒性，這些廢水影響附近農作物的生長，減少農民的收益，並影響當地居民的健康。因此，紙漿生產具有外部不經濟。這種外部不經濟如何影響市場機能？

由於紙漿的生產具有外部不經濟，生產紙漿的社會邊際成本（social marginal cost, SMC）大於其私人成本（private cost），亦即生產成本。生產一單位的社會邊際成本包括紙廠的私人成本及受污染所害須負擔的成本。圖4-1顯示生產紙漿的社會邊際成本（SMC），社會邊際成本高於其私人成本，也就是紙漿的供給曲線 S_P，二者之間差額反映紙廠所製造的污染成本。MB 表示邊際效益（marginal benefit），也就是需求曲線 D。

那麼這個社會應該生產多少的紙漿？如政府不干預市場，由市場價格機能決定廠商均衡數量 $0Q_0$，在 $0Q_0$ 社會成本高於私人成本，表示透過市場機能不能使資源分配達到最有效率。因此，需要政府介入，如政府對每單位的紙漿課徵污染稅，將使紙廠的生產成本增加。若課徵的污染稅後私人成本剛好等於紙漿生產的社會成本，則新的供給曲線等於社會邊際成本

曲線，即社會供給曲線，此時新的均衡點 *A*，紙漿的生產量 $0Q_e$，達到社會最適產量。

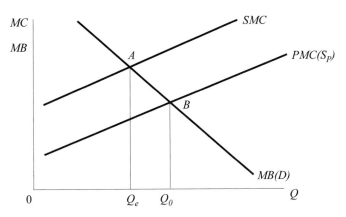

PMC 表示私人的邊際成本，也就是廠商未考慮社會成本的供給曲線。
SMC 表示社會的邊際成本，也就是廠商考慮社會成本的供給曲線。
MB 表示邊際效益，也就是需求曲線。
B 點是未考慮社會邊際成本的均衡點，均衡數量為 $0Q_0$。
A 點是考慮社會邊際成本的均衡點，均衡數量為 $0Q_e$，是社會最適產量。

圖4-1　生產外部不經濟

（二）生產外部經濟

　　研究發展可提升一國的技術水準，擴大新的知識領域，且提升科技知識，使整個社會受惠，這種因為科技知識而產生的外溢效果（technological spillover effect），就是生產外部經濟。廠商研究發展成本很高，且不一定有成果。即使開發出新產品，若法律對該產品未適當的保護，將會出現仿冒品，打擊廠商的士氣，影響研究發展的意願。

　　在市場價格機能體系下，廠商研究發展的供給曲線與需求相交於 *B* 點，均衡數量為 $0Q_0$（見圖4-2）。在 $0Q_0$ 研究發展，廠商研究發展私人成本大於社會邊際成本，表示市場機能不能使研究發展的資源分配達到最有效率。換言之，社會需要研究發展比市場供給為多。要使廠商增加研究發

展,則政府須對廠商加以補助、獎勵等措施。若政府的措施使廠商增加研究發展,廠商的供給曲線移至 SMC(S_S),達到新的均衡點 A,此時均衡數量為 $0Q_e$,是社會最適數量。

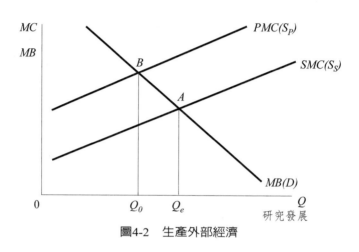

圖4-2　生產外部經濟

二、消費面

上述討論生產的外部性,進一步探討消費所產生正的及負的外部性,茲分別說明如次:

(一)消費的外部不經濟

以抽菸為例,抽菸會影響本人及他人的健康,產生消費外部不經濟。當消費的外部不經濟存在,私人需求曲線(D_P)不再反映社會需求曲線(D_S);也就是說,商品社會邊際價值(social marginal benefit, SMB)不再等於私人邊際價值(private marginal benefit, PMB)。此時,私人需求曲線(D_P)與供給曲線(S)相交於 B 點,均衡消費量為 $0Q_0$,而社會的最適消費量為 $0Q_e$,小於市場的均衡消費量 $0Q_0$(見圖4-3),政府可以採取課菸稅的方式,降低菸的消費量。若政府課稅後的需求曲線移至SMB(D_S),此時新的均衡數量為 $0Q_e$,達到社會最適消費量。

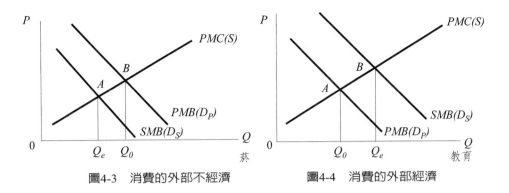

圖4-3 消費的外部不經濟   圖4-4 消費的外部經濟

（二）消費的外部經濟

以受教育為例，如人民教育程度愈高，社會的人力資源品質愈高，整個社會都會獲得好處。因此，受教育會產生消費的外部經濟。當消費的外部經濟存在，商品社會價值 SMB 就是社會需求（D_S），商品私人需求（D_P）也就是私人價值 PMB。當 D_S 與 D_P 分別與供給曲線相交於 *B* 點與 *A* 點，此時，社會最適消費量 $0Q_e$ 大於市場的均衡消費量 $0Q_0$（見上圖4-4）。政府採取一定年齡的義務教育，或透過對公私立學校的補助和獎勵，來促進消費者對教育的需求。若政府獎勵使需求曲線移至 SMB(D_S)，新的均衡數量為 $0Q_e$，達到社會最適需求量。

第三節 解決外部性問題的方法

外部性的存在，使資源無法達成最有效率的分配。為解決此一問題，可由民間部門與政府部門來處理。

一、民間部門解決外部性問題的方法

在某種情況由民間部門處理就可避開外部性的缺乏效率。

（一）社會習俗

我們看到許多先進國家的道路很乾淨，沒有亂丟垃圾，這是外部性的

問題。可由社會習俗來加以解決。若學生從小就被教亂丟垃圾是一件不對的事,且身體力行,則學生有垃圾一定找到垃圾筒才丟。這樣就不會因個人的行為而影響別人。

(二)合併

解決外部性的問題方法之一是內生化(internalize),即把受外部性影響的公司合併。

1. 外部不經濟

若鋼鐵廠排出廢氣,造成酸雨,影響附近漁場的生計。為簡化起見,假定僅有一家鋼鐵廠與漁場,鋼鐵廠排出廢氣形成的酸雨損及漁場的利益,因此必須思考如何顧及雙方的利益。若雙方協調其生產活動,則二者的利潤和將高於雙方未協調時的利潤和。由於市場誘因,促使二者合併——鋼鐵廠購買漁場、或漁場購買鋼鐵廠、或者由第三者購買這兩家公司。一旦這兩家公司合併,外部性的問題就被內部化。如鋼鐵廠購買漁場,其所生產的鋼鐵比未合併前為少,漁場生產的魚比未合併前為多,若漁場增加的利潤大於鋼鐵廠減產所帶來的利潤減少,二者之間的差額,即為外部性效果。

2. 外部經濟

若龍眼果農與養蜂人家土地很接近,二者的生產會對他方產生外部經濟。蜜蜂傳播花粉有助於果園的生產;同時,蜜蜂採取龍眼花的花蜜來製造蜂蜜。當果農決定種植多少龍眼樹、養蜂人決定養多少蜜蜂時,並沒有考慮生產的外部經濟。結果,往往果農種植的果樹與養蜂人養的蜜蜂二者不能互相配合。因此,若二者合併,由一家事業來經營,這家事業將決定果樹與蜜蜂的最適數量,外部經濟就可以內生化。

(三)寇斯定理(Coase Theorem)

1. 寇斯第一定理(Coase's First Theorem)

假定資訊充分揭露,且沒有交易成本(transaction costs),不論是否有

財產權，在沒有政府干預下，個人或團體可以透過協商的方式，解決外部性所產生的問題。無論起初權利如何的分配，受到外部效果影響的團體或個人，可以透過協商，達成一個有效率的協商結果。換言之，大家的福利均較未協商以前增加。

(1)缺乏財產所有權

缺乏財產所有權導致外部性缺乏效率，處理此一問題最直接的方法就是交由私人來處理。為了簡單化，假定涉及外部性有一家鋼鐵公司及漁場。鋼鐵公司的空氣污染影響魚的生長，若兩方達成協議是否可能導致有效率的結果？

圖4-5廠商邊際收益（MR）與其供給曲線（S_P），即私人邊際成本（PMC）之間垂直距離，是反映鋼鐵廠要求放棄一單位生產所需要的補償。在社會邊際成本（SMC）與私人邊際成本（PMC）之間垂直距離反映鋼鐵廠減少一單位生產，漁場願意補償最大的金額。

假定完全競爭，鋼鐵廠是價格接受者，需求曲線是水平線MR，其淨邊際利益（net marginal gain）是邊際收益減私人邊際成本（PMC），如為正數，廠商才願增產。漁場願意補償鋼鐵廠，其補償金額少於邊際損害（marginal damage, MD）。只要漁場願意付給鋼鐵廠的金額超過鋼鐵廠不生產的成本（MR-PMC），則交易的機會存在。

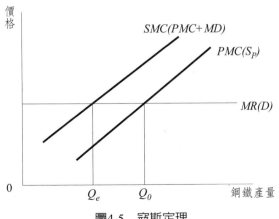

圖4-5　寇斯定理

圖4-5在MR與PMC之間垂直距離反映鋼鐵廠要求放棄一單位的生產須給予起碼的補償。在SMC與PMC之間垂直距離反映漁場願意對鋼鐵廠減少一單位的生產所給予最大的補償。在 Q_e 的左邊，漁場願意付給鋼鐵廠減產的補償小於鋼鐵減產要求的補償。在 Q_e 的右邊，漁場願意付給鋼鐵廠減產的補償大於鋼鐵廠減產所要求的補償。因此，雙方可以交易，最後產出 $0Q_e$ 是最適產出。

(2)漁場有財產所有權

若漁場擁有財產所有權，問題在於鋼鐵廠要付多少錢給漁場，以獲得污染許可；只要鋼鐵廠補償金大於其對漁場的邊際損害（MD），漁場願意接受額外的污染。鋼鐵廠只要多生產一單位的鋼鐵的好處（MR-PMC）大於其補償漁場的金額，其願意對漁場補償。因此，雙方有意願達成協議，漁場出售污染許可，鋼鐵廠有權生產鋼鐵，產量為 $0Q_e$，是最適產出。

寇斯定理說明雙方合作可以解決外部性問題，惟無法明確告訴我們雙方協商補償金額，補償金額多寡視雙方議價能力而定。

2. 寇斯第二定理（Coase's Second Theorem）

寇斯第一定理是假定資訊充分揭露及無交易成本。事實上很多情況是資訊未充分揭露且有交易成本，此時責任釐清有助於達成最適境界；產生外部性的一方可以最小成本方法來處理外部性問題，即處理外部性所帶來的傷害應有的賠償責任，寇斯第二定理所面臨的問題有：

(1)交易成本

假定交易成本不會延遲當事人尋求達成有效率的解決方法。以空氣污染為例，若涉及成千上萬民眾，那是很難想像，如何在很低的成本下把相關人員聚集一起協調。協商成本包括會議的成本，如通知相關人員開會、租用開會場所、安排議程以及聘請律師等成本。這些協商成本由誰來負擔？理論上應有相關人員來負擔，惟部分受害者認為已經受到污染之害，為什麼還要負擔協商成本？這些人不願意負擔協商成本。若因協商成功，污染減少了，這些人也可獲益。

⑵難於確認損害的來源

在寇斯第一定理假定財產所有者能確認損害來源，且以協商來防阻損害。事實上污染源很多時，很難確認哪一個污染者造成傷害。也許可以把所有污染者找出，依其污染程度採取比例分攤的方式，要求其負責。

⑶資訊不對稱

即使建立了財產所有權制度，若受害者很多，由於資訊不對稱、偏好及機會成本不同，協商須花漫長的時間，且成本相對昂貴，最後不一定成功。

二、政府解決外部性問題的方法

政府採取解決外部性問題的方法主要有課徵皮古稅（Pigouvian taxes）、訂定污染標準與收取稅費（standards and charges），以及創造污染許可證（pollution permits）的交易市場等。茲分別說明如次：

（一）皮古稅

古典學派經濟學者皮古（A. C. Pigou）認為當外部性存在，政府應對引起外部性的一方課稅，課稅金額等於由外部性誘發所增加的成本。

圖4-6紙廠面臨紙的需求曲線（MB）與私人邊際成本曲線（PMC）及社會邊際成本曲線（SMC）。私人邊際成本曲線反映紙廠增產所增加的成本，不包括防治污染成本，PMC與需求曲線相交於 B 點，這意味著廠商生產 $0Q_0$。

紙廠生產過程所排放的污水，造成附近民眾受害，群起抗議。若紙廠建污水處理廠來處理污水，將增加其生產成本，降低其競爭力。若紙廠不處理污水，由政府來處理，政府對污染廠商課稅 t，使紙廠的生產成本由 PMC增為SMC，也就是使社會邊際成本SMC與私人邊際成本PMC相等。政府課稅強迫紙廠的外部性的成本內部化。此時，SMC與需求曲線相交於 A 點為均衡點，生產 $0Q_e$ 為社會最適產出。顯然，課稅後紙廠生產由 $0Q_0$ 減為 $0Q_e$。皮古稅使政府稅收增加（$0Q_e \times t$）（見圖4-6）。

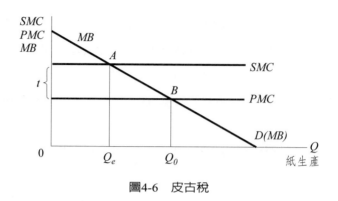

圖4-6　皮古稅

　　雖然皮古稅可以解決外部性問題，惟在實務上有些困難。若政府課稅以達到社會最適水準，必須知道外部性的正確成本。事實上，政府很難獲得此種資訊，受到外部性傷害的一方往往不知道其受害的金額，即使知道也不會對政府報告受害的正確金額，且受害者往往誇大其受害程度。除非政府獲得正確的資訊，否則，皮古稅課徵不可能剛好達到廠商的污染成本。

（二）訂定污染標準及收取稅費

　　在面臨外部性問題，政府干預市場，即透過訂定污染管制標準及收取稅費體系，以降低負的外部性效果。首先，政府訂定社會上可以接受因外部性引起污染的數量，然後對污染者收取稅費，以迫使其降低污染至可接受的水準。換言之，政府訂定稅費，其希望污染者減少污染量達到事先決定水準。

1.對單一廠商實施污染標準及收取稅費

　　政府研究並決定多少污染廢棄物是社會上可以容忍，對每噸的廢棄物收取污染稅費，工廠將減少其廢棄物，以達到社會可接受的水準。

　　從圖4-7政府未對外部性問題干預前，紙廠私人邊際成本（PMC）與需求曲線（D）相交於 B 點，為均衡點，決定均衡產出 $0Q_0$。政府對紙廠課徵污染費，紙廠的邊際成本增加為社會邊際成本曲線SMC，其增加的金

額等於污染費,紙廠SMC與需求曲線相交於 *A* 點,為新的均衡點,其產出為 $0Q_e$,較 $0Q_0$ 為少(見圖4-7)。此時紙廠減少廢棄物的排放達到政府的規範,也就是社會可容許的範圍。

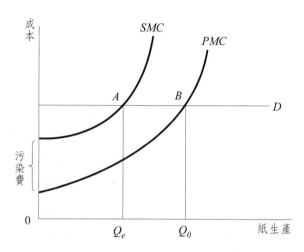

圖4-7　對單一廠商收取污染費的影響

2.對兩家以上廠商訂定污染標準及收取稅費

　　假定有兩家以上污染者,政府如何訂定污染標準及收取稅費,以減少外部性的影響?假定有兩家廠商 *A* 廠日排放污水一百噸,*B* 廠日排放污水六十噸,若政府決定污染減半,那麼應如何處理?一種可能性就是要求這兩廠排放污水均減半,這樣可以很簡單達到政府的要求,惟這種減量方法往往不是成本最小的方法,亦不是最有效率的解決方法,除非這兩廠成本相同。事實上,不同廠商生產成本有別,致不同廠商有不同的減少污染能力。假定 *A* 廠有現代化的污染減量系統,*B* 廠的污染減量系統較為老舊,*A* 廠減量的邊際成本低於 *B* 廠,因此,*A* 廠污染減量的效率比 *B* 廠為高。

　　假定政府決定污染全面減半,要求 *A* 廠與 *B* 廠分別減少污染五十噸與三十噸,如 *A* 廠減少一噸的污染成本為六十元,*B* 廠為八十元。若政府同時允許 *A* 廠污減的數量由五十噸調整為五十一噸,其增加一噸減污的成本

為六十元；B 廠減污的數量由三十噸調整為二十九噸，其減少一噸減污的成本為八十元，經過調整後整個社會淨儲蓄增加二十元；換言之，全面同比例的減污不是成本最小的方法。

從圖4-8污染費對兩家紙廠的影響分析，橫軸為減污數量，廠商減污數量愈多意味著排污數量愈少，有助於環境改善。縱軸表示廠商減量成本，A 廠與 B 廠減量邊際成本分別為 MC^A 與 MC^B，A 廠的減量成本比 B 廠低；污染費 C 為水平線，表示每單位的污染收取污染費相同。每一家廠商減少污染排放量到其減量的邊際成本等於污染費，以達到有效率的減量。此時，A 廠污染減量 $0Q_A$，高於 B 廠污染減量 $0Q_B$。即減量成本較低的廠商比減量成本較高的廠商多減量。

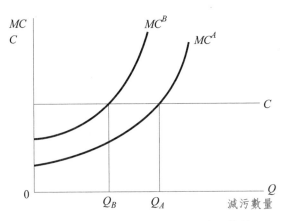

圖4-8　污染費對兩家紙廠的影響

訂定污染標準及收取稅費在行政管理比課稅困難。政府必須確定外部性引起傷害正確金額，否則無法設立標準。而此一資訊取得甚為困難，其次政府必須決定收取多少污染費。要設定適當的污染費，政府必須知道污染者的成本函數。當政府決定收取一定的污染費，實際上很難了解污染者將減污的數量。如政府所定的污染費太高，污染者污染減量將比預期減量為多，這將大幅減產，導致失業增加。同樣地，如污染費太低，則剛好相反。換言之，政府要看所定污染費的效果，再做微調，以達到最適的效果。

（三）污染許可證的交易市場

污染許可證容許廠商排放定量污染物，污染環境。如廠商要生產有污染的產品，其不僅需要購買勞力與資本，而且還要清理污染物，若在市場上可以買到污染許可證，則可不必自行清理污染物。

若要建立污染許可證市場，政府須先決定可容許污染數量，並發出污染許可證，准許在市場銷售。廠商要生產具有污染源的產品，其必須購買污染許可證，或者自行設置防污設備，去除污染物。

在經濟發展初期，多半重經濟而輕環保，待污染問題逐漸嚴重，政府開始重視環境問題，若政府因而決定發污染許可證以限制污染，有下列方式可採用：

1. 採取拍賣污染許可證

政府也可以採取拍賣方式釋出污染許可證。從圖4-9政府決定釋出定量的許可證，因此，其供給曲線（S）是完全缺乏彈性，污染數需求曲線（D），每單位許可證的均衡價格為$0P_e$，此時，政府核定許可證數量，剛好銷售一空，也就是達到資源分配的效率。廠商生產若產生一單位許可證的污染量，必須付$0P_e$價格購買許可證，否則其必須自行清理污染，或者減少生產。

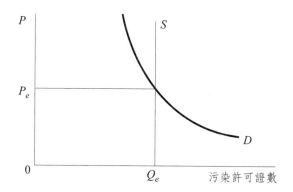

圖4-9　污染許可證的交易市場

2. 依據實績發給污染許可證

若依據過去污染數量,發給現有廠商許可證,新廠未能獲得許可證,以致很難進入該行業,這將被批評為保護既得利益。

若獲得許可證的廠商可以自由的銷售許可證,也許最後結果與拍賣價格 $0P_e$(見圖 4-9)相同,即達到資源分配的效率,惟分配的結果卻是完全不同。

採取拍賣許可證制度,政府將獲得拍賣收入($0P_e \times 0Q_e$);若採用過去實績,將許可證發給廠商,則好處將由廠商獲得。

污染許可證的實施亦如皮古稅一樣需要確定誰製造污染及污染數量,以決定社會可容許的污染數量,再決定發放許可證數量。此外,政府還需要建立交易市場,讓許可證可在市場交易。

有些學者認為污染許可證拍賣制度較課稅為優,這是因為拍賣制度可降低污染數量的不確定性。假定政府確定知道廠商私人邊際成本與邊際效益,則政府可準確預料皮古稅將影響廠商行為。但倘若政府獲得資訊不夠充分,便很難知道皮古稅將減少多少的污染數量。不過在資訊不夠充分下,政府如任意選擇減少污染的數量,且採取污染許可證制度,此時,污染數量可以確定,廠商在利潤極大化下,其將找出成本最少的技術,自行清理污染,以符合環保標準。當經濟面臨通貨膨脹,污染許可證的市場價格預料也將跟隨調整,相對地,稅率的調整則須經過漫長的行政程序才能達成。

第四節　結語

外部性指一個人或廠商行為直接影響他人的福祉,此一影響可能是正的,稱為外部經濟;也可能是負的,稱為外部不經濟。生產與消費均可能產生外部經濟或外部不經濟。

解決外部性的問題可由民間部門或政府部門來處理。民間部門解決的方法有:(1)社會習俗;(2)受外部性影響公司的合併;(3)寇斯定理,即民間

透過協商的方式來解決外部性問題。政府解決的方法有：(1)課徵皮古稅，即政府對引起外部性的一方課稅，課稅的金額等於外部性誘發所增加的成本；(2)訂定污染標準與收取稅費，即透過訂定污染標準及向污染者收取稅費，以迫使其降低污染至可接受的水準；(3)污染許可證及其交易市場，政府須先決定可容許污染數量，並發出污染許可證，准許在交易市場出售。

Chapter 5

資訊不對稱

第一節　資訊不對稱的意義

　　完全競爭市場假定消費者與生產者擁有完全資訊。事實上，大部分的情況，雙方獲得訊息不一致，也就是資訊不對稱（information asymmetry）。所謂資訊不對稱指交易雙方握有資訊不同，即一方擁有完全或較多的資訊，他方卻不全，或甚至沒有資訊。資訊不對稱是商場的特性。通常賣方知道其所出售的商品品質比買方多；勞工知道其自己的技術及能力比雇主多；公司經理人或管理階層知道該公司生產成本與營運狀況，比其他投資者了解該公司。

　　資訊不對稱的現象是制度上的失靈，其影響正常的交易行為。因此，需要制度上的變革，或政府介入。如汽車公司對其出售新車品質知道比買方為多，為了要讓買方有信心，汽車公司對出售新車提供一定期間（如兩年）、一定公里數（如五萬公里）的免費保證服務條款。又如公司與員工簽訂有關獎勵與報酬的合約，以激勵員工努力工作。另政府對內線交易的規範，以維護證券交易之公平與誠信原則，保障投資人利益及維護證券市場之正常發展。

　　資訊不對稱有兩種方式呈現，即隱藏知識（hidden knowledge）與隱藏行動（hidden action）。隱藏知識指一方知道交易訊息，他方卻不知道。隱藏行動指一方採取行動，他方卻不知對方採取行動。

第二節　隱藏知識

逆向選擇（adverse selection）是一種隱藏知識，即參與交易的一方隱藏對自己有利的資訊，藉著提供不實的資訊以增加自己的利益，但同時卻傷害他方的利益。隱藏知識型態很多，茲舉檸檬市場（舊車市場）、健康保險、信用分配及市場信號四個例子來說明。

一、檸檬市場（lemon market）

舊車品質不像新車一樣，具有一定水準。因此，舊車出售價格遠低於新車，這是因為資訊不對稱。舊車車主往往對於車子性能的了解遠比潛在的買主為多，當然買主可以請一位有經驗的機師來檢驗車況，即使機師驗過車子，車主知道車況還是比潛在買主為多。

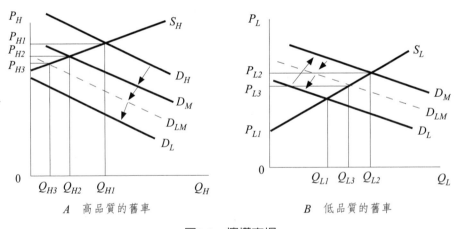

A　高品質的舊車　　　　　　B　低品質的舊車

圖5-1　檸檬市場

由於舊車車主對舊車品質知道比買方多。最初，買賣雙方知道舊車品質，為高品質與低品質舊車數量各半。換言之，買方認為其買的舊車有一半的機會是高品質的。當買方買下舊車後，視所有舊車是屬於中間品質。對中間品質需求為 D_M，較 D_H 為低，但高於 D_L，結果高品質舊車價格下滑，且銷售減少，而低品質舊車銷售增加。若買方知道四分之三的舊車是

屬於低品質,則其需求曲線再往下移為 D_{LM},這意味著舊車品質是介於低品質與中間品質之間。這種惡性循環一再出現,最後只有低品質的舊車出售,高品質的舊車退出市場,成為劣幣驅逐良幣。

二、健康保險

　　保險公司出售健康保險,其關心客戶的健康狀況。從保險公司觀點,理想的客戶是身體健康,不要生病。當保險公司在無法了解客戶的健康狀況下,必須提供同樣的保單給每位客戶,這種保單是保險公司依據投保人健康好壞一定比例而設計的。因為投保人知道其健康情況比保險公司為多,這是隱藏知識。在這種情況,此種保單對誰有利?誰會來投保?通常,健康良好的民眾不會去投保,健康狀況不佳的民眾投保後獲得保險效益的可能性較大,但健康差的客戶群不是保險公司所要的客戶。這種逆向選擇導致保險公司的虧損,保險公司可採取以下幾種因應對策:

　　1. 採取強迫性的團體健康保險,以免有逆向選擇。
　　2. 保險公司提供高風險保單 P^H 與低風險保單 P^L,讓投保者選擇適合自己的保單。
　　3. 大幅提高保費,將增加被保險人的負擔。
　　4. 結束此項保單業務。

　　若民間不開辦健康保險,民眾有其需要,這種市場失靈導致政府介入,即由政府開辦全民健保。

三、信用分配(credit rationing)

　　假定你要買房屋,去向銀行借錢,銀行將會評估你的房屋價值及所得來源後,告訴你可以借多少錢、利率多少?假定你要多借一些錢,銀行告訴你在此一利率水準下,你不可能借更多的錢。你向銀行說願意以較高的利率多借一點錢。銀行還是堅持原先的借款金額及利率。這就是銀行採取信用分配。所謂信用分配就是銀行實務上以固定利率報價,並在該利率下供應貸款金額比客戶需求金額為少。

　　銀行為什麼不提高價格（即利率），以使市場資金供需達到均衡？銀行不願意多借錢給客戶的理由是銀行要確保房屋價值足以抵償擔保貸款。若銀行增加客戶貸款金額，而以提高利率作為補償，銀行將面臨若客戶不履行債務，擔保品將無法覆蓋貸款金額。逆向選擇說明這種行為。銀行關心借款人是否能償還借款，可是銀行卻很難預知哪一位借款人將違約。換言之，倒債的機率是隱藏性的特色。

　　銀行希望借錢給會還款的客戶，避免借錢給會倒債者。若從借款者的成本效益分配，借款者今天借到錢是效益，未來要償還本利是成本。未來成本愈高，借款者還錢的可能性愈小。因此，不能還錢的人，愈有可能借錢。銀行關心是借款人的逆向選擇，利率愈高這種逆向選擇愈惡化，最缺乏能力還錢的借款人，願意付出較高的利率來借錢。以提高利率來補償逆向選擇問題，可能使逆向選擇的問題惡化。這種逆向選擇的結果，銀行只好採取信用分配以非價格的方法來分配貸款。因此，有些信用良好的客戶也無法多借到錢，結果造成資源未能充分利用，投資減少，影響資本形成及經濟成長。

四、市場信號（market signal）

　　一般而言，消費者知道其願意付多少錢來購買某項商品或服務，可是銷售商卻不知。銷售商想要找出一種指標或市場信號，了解客戶願意支付的金額。銷售商設計自我選擇機制（self-selection device），即設計一序列的商品讓買方選擇，買方抉擇顯示其隱藏的特性。買方選擇讓賣方知道其屬於哪一類的消費型態，藉以採取差別取價（price discrimination）。舉例而言，航空公司銷售至紐約的機票，其設計兩種機票來區分商務旅客與觀光遊客；商務旅客機票價格彈性低，因為是公司付款，且不會因票價較高就不從事商務活動，因此，在上班日票價較貴；一般觀光客對價格較敏感，票價低有助於吸引觀光客，因此，含假日回程票之票價較便宜。

　　另以勞動市場來看市場信號，假定公司想要僱用新人，新人知道其所

提供勞動品質、工作努力態度、盡責及技術等信息比公司為多。公司在僱用新的員工時，對新員工的生產力了解有限，經過一段期間後，才了解這些員工的情況。如何使公司在僱用員工之前能獲知其生產力？

在勞動市場，教育是個明顯的信號，學生受教育的時間、成績、獲得的榮譽、文憑是個指標。教育使學生獲得知識、技術有助於其工作，直接間接改善一個人的生產力。通常易於獲取較高學位者，其吸收知識能力較強，有助於生產力提升，是一個有用的生產力指標。因此，對公司而言，教育是生產力的信號，明星學校的畢業生，往往優先被僱用。

又如有些公司生產汽車、電視、照相機、冰箱、洗衣機等耐久財，其商品品質的確比其他公司好。可是消費者面臨諸多廠牌，卻不知道哪家公司生產的哪種品牌較好？生產高品質商品的公司想要讓消費者知道此種信息。如何使消費者相信呢？公司可採取保證（warranty）措施，如汽車保證二年五萬公里免費服務條款，以增加消費者信心。一般而言，生產低品質商品的公司採取保證措施的成本太高，這些公司不敢提供保證。因此，消費者可對提供商品保證當作高品質的信號。

第三節　隱藏行動

道德危機（moral hazard）也是一種隱藏行動。隱藏行動是強調雙方完成交易後，其中一方採取某些行動，他方不知道，一方所採取的行動會影響他方的權益。隱藏行動的型態很多，茲舉火災保險、銀行危機、主人與代理人及內線交易等例子來說明。

一、火災保險

假定屋主購買火災保險，理賠範圍包括房屋的重建及屋內所有物品更新的成本。保險不影響屋主照顧房屋的邊際成本，可是卻影響照顧房屋的邊際效益。照顧房屋的效益為減少火災發生致遭受的損失，多一點照顧的邊際效益是預期損失的減少。保險大幅影響屋主照顧的邊際效益，當火災

發生時，更新房屋的成本是在保險理賠範圍，因此屋主損失有限。即使屋主可以獲得完全理賠，採取防火措施，仍然有其效益，因為火災發生有可能會燒傷人甚至燒死人。因此，防火的邊際效益是正數，可是卻少於沒有保險的邊際效益。

　　未投保時，屋主要小心照顧房屋，以使照顧房屋效益與成本之間差額極大化，MB_1 表示沒有保險時照顧房屋的邊際效益，MC表示照顧房屋的邊際成本，包括偵煙器等防火設備，A_1 是MB_1與MC交叉點，也是均衡點。此時總剩餘為 $Y_1 Y_0 A_1$。在沒有保險時，屋主照顧房屋私人邊際效益（MB_1）與社會的邊際效益相同，亦即私人邊際效益等於社會邊際效益。

　　投保後，如上所述屋主照顧房屋的邊際效益減少，降為MB_2與MC相交於 A_2 點，是新的均衡點，總剩餘降為 $Y_2 Y_0 A_2$。總剩餘減少是因為屋主有保險，降低防火支出，疏於防範火災，致火災增加。有保險時，屋主照顧房屋私人邊際效益為MB_2，低於社會邊際效益MB_1。這是道德危機改變市場分配資源的效率。理由是保險並未降低整個社會火災總成本。道德危機的根本是市場的一方不能看到他方做什麼。保險公司未能了解屋主照顧其房屋的程度，以致無法以屋主照顧房屋的程度來收取保險費。即保險公司對屋主不同的照顧情形收取相同的保費。屋主投保後，減少對房屋照顧程度是合理的行為，因此，新的均衡點是 A_2（見圖5-2）。

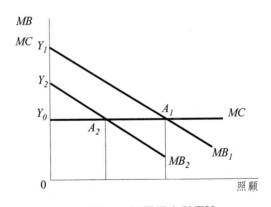

圖5-2　照顧程度與保險

二、銀行危機

　　銀行發生問題是因為銀行經理人採取不正確的貸款及投資策略。經理有誘因追求高風險策略，這種誘因受薪酬制度的影響，該制度傾向誘導經理採取有利於自己的行動。如努力與績效連結，經理人的績效將獲得股票選擇權。經理提高銀行的股價的方法之一，就是對高風險客戶貸款，並收取較高的利率，或者投資高風險、高報酬的金融商品。若薪酬制度實施的重點在看短期的成效，經理人有誘因從事短期獲利的行為，即漠視風險及長期展望，這將使銀行埋下潛在的危機。

　　銀行老闆最大的問題是沒有好的方法來衡量績效，特別是銀行解除管制，業務範圍擴大。的確，在某些銀行弊案，經理人較缺乏能力監督績效的外行人具有優勢，其採用五鬼搬運等方法掏空銀行，致造成銀行巨額的虧損。

　　經營不佳的銀行存款往往有相當的成長，因為其以較高的利率吸收存款。為什麼存款人不把錢存在好的銀行？由於有存款保險制度，存款人在銀行的存款，若銀行倒閉，存款保險公司在一定金額內（九十六年七月增為新台幣一百五十萬元。在金融海嘯期間，政府為穩住存款人對銀行的信心，及避免系統性風險，於九十七年十月八日調整為存款全額保險，實施至九十八年底，後來延至九十九年底。一百年起存款保險金額從一百五十萬元提高為三百萬元。）負責賠償。正如屋主買火險一樣有道德危機，有了存款保險後，存款人缺乏動機找健全的銀行存款，且往往找存款利率較高的銀行存款，因為存款人可以獲得較高的利息收入，若銀行出了問題，將由存款公司負責理賠一定金額以下的存款。

三、主人與代理人

　　主人與代理人問題（principal-agent problem）肇因於雙方資訊不對稱。代理人是採取行動者，主人是受行動影響的一方。代理關係存在著就業關係，一方的福利受他方行動的影響。由於代理人擁有資訊比主人多，這種

資訊不對稱創造出主人與代理人問題。舉例而言，公司中的經理與員工是代理人，公司所有人是主人；公營事業經理與員工是代理人，政府是主人；民意代表或民選首長是代理人，選民是主人；醫生是醫院的代理人，醫院是主人。

主人與代理人之間的問題有：

1. 主人與代理人目標衝突。股東希望公司多賺錢，股利分多一點；經理希望公司迅速成長，市場占有率提高，以突顯其績效；員工希望薪水及紅利高一點，工作輕鬆一點。

2. 主人未能充分監督代理人行動，致不能從觀察結果來推論。

3. 主人對代理人的監督成本昂貴且不可行。

通常上市公司股票分散，大部分股東擁有的股份占公司總股份的比重很低，使股東很難獲得經理人經營績效的資訊，公司董事會功能是監督經理行為，可是監督的成本昂貴。民間企業經理人追求其自己的目標，經理人關心公司業績成長而非利潤，業績迅速成長，市場占有率擴大，將有助於提升經理在公司地位。另一個觀點，經理不再強調成長，而是強調從工作獲得滿足，替公司賺錢、掌握公司大權，享受公司主要福利及受同儕的尊敬。

然而，若經理違反公司目標，可能受到的影響：

1. 董事會可能大聲指責經理行為不當，並將其調離管理階層。

2. 當公司管理不佳，為了促進公司活力，原有管理階層可能被替換，因此，經理有強烈的誘因，追求利潤極大化的目標。

3. 公司對追求極大化利潤的經理有很大的需求，這些經理賺取高薪，進而刺激其他經理追求同樣的目標。

事實上，公司所有人掌控經理行為的方法是有限的且不完全，公司更換經理動機常常來自於個人因素，而非經營效率因素。

另外，公營事業也同樣面臨主人與代理人問題。公營事業經理關注權力及獎金，其可由擴大事業組織而擴大權力及獲得獎金。政府監督公營事

業的行為很昂貴，且不保證這些監督具有效率。行政、立法機關對公營事業的監督不見得有效，因為公營事業的資訊比政府機關多。民營事業經營不善，立即影響公司所有人—主人的權益。公營事業的主人是人民，管理公營事業的是行政機關、立法機關，公營事業經營不善，政府缺乏切膚之痛，因此，主人與代理人問題往往比民營事業更為嚴重。由於公營事業效率為人所詬病，因此，自一九八〇年代以來，各國紛紛採取公營事業民營化措施。

以上分析，主人與代理人資訊不對稱，且目標不同，若主人能提供誘因，設計適當薪酬制度，以使代理人儘量能夠達成主人的目標。

通常員工薪資報酬有三種型態，固定薪資（flat salary）、按件計酬（piece rate）及績效基礎薪資（performance-based compensation）。

1. 固定薪資

不管員工怠惰與否，按月（或週）付固定薪資。員工無法分享其努力的成果，也就是分享利潤，此一制度缺乏誘因激勵工人的努力。換言之，員工怠惰機會成本為零，員工怠惰時間愈多，其福利增加，相對地，主人利潤卻減少。員工在上班時間怠惰僅能在公司摸魚。因此，此一制度將導致於缺乏效率的結果。

雖然固定薪資有上述缺失，此一制度仍然持續運作，理由如次：

(1)不是每人認為怠惰是好的經濟財，且人們可能以工作好與工作為榮，或者認為怠惰占雇主的便宜將使其良心不安。

(2)固定薪資可能也是一種績效薪資制度，公司監督其員工，如有人怠惰被抓到，可能被解僱，或者影響以後的升遷。這種情況，薪資與績效是連在一起。

2. 按件計酬

員工生產每單位產出獲得固定報酬，若員工之效率愈高，生產愈多，其報酬愈高，在此一制度下員工有強烈工作意願。

3. 績效基礎薪資

雇主把經理及員工薪水與公司連結在一起。公司業績好、利潤增加，經理與員工將分享公司的經營成果。績效基礎薪資方式很多，茲舉二個例子加以說明：

1. 包利制（residual claimant）

雇主與員工、經理訂定契約，規定公司利潤若超過某一金額，其超過部分就由經理及員工分享。包利制關鍵點在於公司所要求的利潤，若太高，經理員工不管如何努力均達不到，則將失去誘因。

2. 員工分紅入股制

認為公司組織中，股東、管理者與員工三者都具有同等地位，對公司的發展均具有關鍵性的作用。為促進員工對公司的向心力，公司採取員工（含經理）分享公司的經營成果。

(1)員工分紅

公司在會計年度結束，將從稅後盈餘中提撥部分現金當作紅利，分配給對公司有貢獻的員工，為利潤分享的制度。

(2)員工入股

公司依獎勵方式，讓員工在公司服務一定期間後，使其持有公司股票，成為公司的合夥人，有助於促進員工向心力與勞資和諧。

(3)員工分紅入股

公司會計年度結束，從稅後盈餘中提撥，部分以現金方式分發給員工，部分以公司的股票分發給員工。

四、內線交易

資本市場是企業籌措資金的主要管道之一，建立有效且健全的資本市場，特別是證券市場，有利於企業向大眾募集投資所需的資金。若能順利達成，將促進企業投資、增進就業機會及經濟發展。台灣近年來電子業蓬勃發展，與電子業從資本市場取得大量資金，從事投資有密切關聯。

　　證券市場是公開市場，此一市場健全與否影響投資人的權益及企業募集資金。因此，各國政府對證券市場的建立均有嚴格的規範，藉以健全證券市場的發展，保障投資人的權益，營造有利於企業籌資的環境，以促進企業投資及經濟發展。而健全證券市場主要的基礎在於建立市場秩序、紀律及一套公平及公開的證券交易規則，即維護市場公平交易，規範及執行上市櫃公司資訊公開揭露，包括公開內容必須完整及正確，並適時公開及重大消息迅速揭露等。

　　在證券市場交易，若上市（櫃）公司未能提供公開及充分的資訊，或提供不實的資訊，且公司內部人利用這些內部資訊從事證券交易，稱為內線交易（insider trading）。內線交易將使一般投資人面臨資訊不對稱的局面，降低投資人購買證券的意願，影響證券市場交易活絡及價格，扭曲資源配置效率，並使投資人對證券市場失去信心，不利證券市場發展。

　　九十九年六月修正證券交易法第一百五十七條之一，所謂內線交易指證券市場相關人員，實際知悉發行股票公司有重大影響其股票價格之消息時，在該消息明確後，未公開前或公開後十八小時內，不得對該公司之上市或在證券商營業處所買賣之股票或其他具有股權性質之有價證券，自行或以他人名義買入或賣出。也就是說本法條係為規範證券市場相關人員利用職務或職權，或基於特殊關係，實際知悉尚未公開或公開後十八小時內，而足以影響證券行情之重要資訊。即在違反資訊公開揭露原則及利用資訊不對稱下，買入或賣出有關之證券，取得不當利益或減少其損失之行為，嚴重破壞市場交易的公平性。

　　證券市場相關人員或稱為內部人，包括：⑴該公司之董事、監察人及經理人及依公司法第二十七條第一項規定受指定代表行使職務之自然人；⑵持有該公司股份超過10%之股東；⑶基於職業或控制關係獲悉消息之人；⑷喪失前三款身分後，未滿六個月者；⑸由上述所列之人獲悉消息之人。有些國家對於持有5%以上的股東就稱為內部人。另外，內部人離職後一定期間內，也受到內部人規範的限制。

經理人包括總經理及相當等級者、副總經理及相當等級者、協理及相當等級者、財務部門主管、會計部門主管、其他有為公司管理事務及簽名權利之人。除上述人員外,有些國家還包括獲得重要資訊的員工,美國甚至包括將洩漏公務機密供人買賣股票的公務員。

什麼是實際知悉發行股東公司有重大影響其價格之消息,指涉及公司之財務、業務或該證券之市場供求,公開收購,其具體內容對其股票價格有重大影響,或對正當投資人之投資決定有重要影響之消息。有關重大消息範圍,政府已於九十五年五月三十日訂定發布「證券交易法第一百五十七條之一第四項重大消息範圍及公開方式管理辦法」以資遵循。另外有些國家還包括新發行公債的利率,重貼現率的調整及其他重大公共政策的信息,這些信息將影響投資人買賣證券。

其他具有股權性質之有價證券,指可轉換公司債、附認股權公司債、認購(售)權證、股款繳納憑證、新股認購權利證書、新股權利證書、債券換股權利證書及其他具有股權性質之有價證券。

經理人員等對公司應有忠誠的義務,一旦發現內線交易有利可圖,而做出隱藏行動,侵犯他人的權益,影響市場交易的公平性。因此各國為了禁止內線交易,對內線交易訂有處罰規定。我國為三年以上十年以下有期徒刑,得併科新台幣一千萬以上、兩億元以下罰金。惟內線交易法律上認定不易、訴訟期間相當冗長,因此,截至九十六年底因內線交易受判刑處分的案件僅有東隆五金等三件。

國外證券交易法規範涉嫌內線交易的當事人有豁免或免責抗辯條款,我國並無類似條文。立法院九十九年審查修正證券交易法第一百五十七條之一時,附帶決議請行政部門研議制定豁免條款。行政部門仍增訂內線交易豁免條款,明訂上市櫃公司董事、監察人、經理人及股東等能實際知悉重大訊息的行為人或消息受領人(如會計師、律師),若基於買賣股票必要需求,必須在實際知悉重大消息前先簽訂契約,且向主管機關報備,同時契約需符合一定要件,不能任意變更,才能提抗辯。行政部門將該項修

法送立法院審議。

另國際管理學院（IMD）國際競爭力評比項目中，多年來我國內線交易排名一向落後，因此，政府採取下列措施，以改善內線交易。

1. 九十五年一月十一日及九十九年六月二日先後修正證券交易法第一百五十七條之一，促使禁止內線交易構成要件明確化，以避免浮濫起訴。包括內部人離職六個月內不能買賣股票，內部人在消息公開十八小時內不能買賣股票；規定重大消息範圍以及發布重大消息公開管道等。

2. 強化公司重大資訊之即時公開，並由證券交易所及證券櫃檯買賣中心加以查核。

3. 加強推動公司治理，建置「資訊揭露評鑑系統」，以提升公司資訊揭露透明度，降低資訊不對稱性，防制操縱、詐欺及內線交易等不法行為。

4. 「實施股市監視制度辦法」強化蒐集不法事證，加強查核內線不法交易案件，提升查核效能。

5. 成立「機動小組」，就金融場外監控資訊系統，發現疑似內線交易之不法案件，由機動小組派員深入檢查，立即蒐證，以打擊不法。

6. 加強防治內線交易宣導活動，出版宣導手冊，向社會各界進行宣導，以建立守法觀念。

第四節　結語

完全競爭市場假定消費者與生產者擁有完全資訊。事實上，大部分的情況，雙方獲得資訊不一致，也就是資訊不對稱。資訊不對稱的現象是制度上的失靈，其影響正常的交易行為。因此，需要制度上的變革，或政府的介入。

資訊不對稱有兩種方式呈現，即隱藏知識與隱藏行動。隱藏知識指一方知道交易訊息，他方卻不知道。隱藏行動指一方採取行動，他方卻不知

對方採取行動。

　　隱藏知識的型態有：⑴檸檬市場，車主對舊車的性能了解比買主為多所面臨的問題；⑵健康保險，投保人知道其健康情況比保險公司為多，保險公司如何處理；⑶信用分配，借款人了解其還款能力比銀行為多，銀行為確保其債權而採取信用分配；⑷市場信號，買方對商品及服務需求信息比賣方多，賣方想要找出一種指標，或市場信號，以了解買方願意支付的金額。

　　隱藏行動的型態有：⑴火災保險，屋主投保後減少對房屋照顧程度引發的問題；⑵銀行危機，銀行經理人的自利行動而採取不正當的貸款及投資策略，致危及銀行安全所面臨的問題；⑶主人與代理人，代理人從事實際作業，其擁有資訊比主人多，這種資訊不對稱創造出主人與代理人問題；⑷內線交易，上市（櫃）公司內部人利用公司尚未公開前或公開後十八小時內的內部資訊從事證券交易，即內線交易，將使一般投資人面臨資訊不對稱的問題。

Chapter 6

成本效益分析

第一節　成本效益分析的目的

　　政府施政目標來自人民的需求，就是民之所欲。政府活動所提供公共財的評估是由所有人民判斷之和，而其判斷的基礎是人民所看到的福祉。由於每位國民家庭背景、教育、宗教、文化環境等的不同，對公共財有不同的看法及需求，在有限的資源下，人民對公共財是否提供，以及提供的順序，往往南轅北轍。因此，需要對公共財的提供，做一客觀的評估。

　　一般而言，政府所提供公共財往往效率較差，其原因為：

一、人民納稅與政府提供服務二者間無絕對對價關係

　　人民納稅與其收到政府所提供服務，無法知道二者之間對價關係，因此，無法評估納稅後的報酬。事實上，人民納稅，錢進國庫，由國庫統收統支，個人無法確知其所繳納稅款的用途。課稅是政府專屬的權利，納稅是人民應盡的義務。人民沒有選擇納多少稅的餘地，也沒有機會依據績效的基礎評估納稅的效能。即使納稅人收到政府生產公共財的價值低於其納稅額，也只好接受。

二、政府使用資源缺乏競爭機制

　　政府活動效率差的另一個原因是缺乏競爭的機制，使政府不受市場機能競爭壓力的影響，致疏忽資源使用效率。政府不良的決策導致成本大於

其效益，整個國家資源受損，但卻不會有直接的經濟壓力，且決策者、員工的晉升及薪資增加，與效率無關。政府對資源使用缺乏效率，也不會退出市場。這與民間大不相同，民間企業若因資源使用缺乏效率，將因虧損而退出市場。

民間企業以成本效益分析（cost-benefit analysis）來評估投資計畫，以使其有限資源做最有效的利用。美國政府最早將成本效益分析應用在公共部門的投資計畫，目的在衡量政府部門資金使用效率，並作為政府決策的參考。

第二節　成本效益分析評估法

政府預算規模快速膨脹，這些資源在缺乏競爭壓力下未能有效使用，影響人民權益。因此，如何提升政府使用資源的效率，以使人民福祉達到最大，這是大家關切的課題。為了提升公共資源的使用效率，政府透過具體的數量方法來評估各項計畫，而最廣泛被大家使用的方法就是成本效益分析法。

一、成本與效益的內涵

（一）成本：成本包括直接成本與間接成本

1. 直接成本

直接成本可分為資本成本與營運成本。所謂資本成本指計畫初期投資相關的支出。營運成本指每年為提供產出或服務所需的支出總額。

2. 間接成本

間接成本指計畫所誘發的成本，亦即為執行該計畫所附帶產生者，如開闢道路對地上物及拆除物的補償費用。

（二）效益

效益指可增加社會福利。也就是說效益能使個人或企業的生產或消

費的實質條件發生變動，即使非直接利用公共活動而發生，亦應包括在內。效益可分為：(1)主要效益（primary benefits）或直接效益；(2)次要效益（secondary benefits）或間接效益；(3)負效益（disbenefits）。

1. 主要效益

指計畫完成，由公共活動直接提供產品與服務的價值。

2. 次要效益

指由計畫完成所刺激或因公共活動而增加的產品與服務的價值。

3. 負效益

指計畫完成或實施中，對社會有不利影響的部分。

以灌溉用水壩的計畫為例，灌溉計畫完成增加農作物收成是主要效益；美化景觀以供遊客欣賞及減少水患是次要效益；另興建水壩徵收土地，致土地不能從事生產，以及破壞生態是負效益。評估計畫效益是主要效益加上次要效益，減掉負效益。

二、效益的估計

成本效益分析最難的部分是估計計畫的效益，如沒有市場失靈問題，計畫效益可正確反映其真實價值。因此，市場提供價格信號可用來反映效益。可是大部分公共財效益不能在市場上真實反映其價值，例如有些公共財的提供是接受補貼等，所以要把補貼設算進去；有些甚至沒有可利用的市場價值的資料，以致其價值應加以設算。這種設算的方法有二種，即顯示偏好法（revealed preference methods）與陳述偏好法（stated preference methods），分別說明如下：

（一）顯示偏好法

顯示偏好法指以實際行為的資訊來推論商品的價值。也就是說，個人願意對某一商品或服務消費而花費時間來顯示他們對於該商品或服務認定的價值。例如，張三乘車去參觀國家美術館舉辦的免費展覽。如果來回車費兩百元，在沒有旅行成本時，他願意支付至少兩百元去參觀展覽。

（二）陳述偏好法

　　陳述偏好法指詢問消費者在虛擬市場裡，對商品的評等或價值。這是因為有些公共財不能使用顯示偏好法來評價，而採取替代方法。這種方法必須設計假設性問題，請受訪者回答願意支付金額或願意接受補償金額，來顯示其對商品或服務認定的價值，這種方法也稱為條件評價（contingent valuation）。舉例而言，若國家公園清理乾淨，你是否願意付費？而且告訴受訪者實際上不須付費，由於沒有切膚之痛，往往會高估願意付費價格，也就是會誇大對公共財的需求。同樣的問題，若告訴受訪者將須付費，則答案將有所不同。進一步若詢問願意付費的金額五十元、一百元、一百五十元等，隨著付費金額增加，支持者將會逐漸減少。

三、成本效益分析評估法

　　計畫的成本及效益往往持續多年，現在一元的效益大於十年後一元的效益，因此，評估某一計畫或比較各種不同的計畫，通常以貼現率（discount rate）或利率決定未來成本與效益的現值。換言之，效益流量及成本流量必須折成現值才能加以比較。

　　成本效益分析評估方法很多，茲僅介紹下列三種常用方法：

（一）淨效益現值法（present value of net benefit）

$$\sum_{t=0}^{n}\frac{B_t}{(1+i)^t} - \sum_{t=0}^{n}\frac{C_t}{(1+i)^t} > 0 \tag{1}$$

　　(1)式中 B 與 C 分別表示收益與成本，i 表示貼現率，t 表示期間，n 表示最後一期。(1)式表示淨效益現值等於收益現值減成本現值，若大於零，表示該項計畫值得投資；若有幾個計畫淨效益現值均為正數，正數愈大，表示愈值得投資。

（二）效益成本比法（benefit-cost ratio）

$$\sum_{t=0}^{n} \frac{\sum_{t=0}^{n}\frac{B_t}{(1+i)^t}}{\sum_{t=0}^{n}\frac{C_t}{(1+i)^t}} \tag{2}$$

⑵式效益成本比等於效益現值除以成本現值，若大於1，表示該項計畫效益大於成本，值得投資。

（三）內部報酬率法（internal rate of return）

$$\sum_{t=0}^{n}\frac{B_t - C_t}{(1+r)^t} = 0 \tag{3}$$

⑶式中，r 表示內部報酬率。內部報酬率指效益現值等於成本現值的貼現率。

政府可利用成本效益分析評估法來評估各項計畫，排定計畫執行優先順序，並可作為政府選擇及決定計畫之參考。

四、貼現率的選擇

如前所述，計畫成本效益往往持續多年，現在一元與未來一元的真實價值有所不同，必須將計畫存續期間各期的成本與效益透過貼現率折算成為基期的現值再做比較。貼現率的高低足以決定成本效益的現值，因此，貼現率的選擇必須相當審慎。

通常貼現率或利率有下列四種可供選擇：

（一）政府借款利率

政府是永續經營，其借款不像民間企業借款擔心信用評等，缺乏流動性及倒債的風險，因此政府的借款利率視為無風險的利率，也就是說政府借款利率比民間企業為低。

（二）**社會機會成本率**（social opportunity cost rate）

　　若政府公共投資的資金來自於稅收，且來自於民間投資的減少。若這些資金留在民間投資，其所能賺取的報酬率為其喪失投資的機會成本，換言之，此時社會機會成本率為民間投資報酬率。

（三）**社會時間偏好率**（social time preference rate）

　　社會時間偏好率可反映充分就業社會下，現在儲蓄計畫與其現在投資機會之間之市場利率。不管任何人的時間偏好型態，其可以此市場利率借到或貸出希望的款項。即每人的時間偏好率等於市場利率，由於每人的時間偏好率相同。因此，可稱為社會時間偏好率，可作為投資計畫的社會貼現率。

（四）**民間投資的資本邊際生產力**（marginal productivity of capital in private investment）

　　理想社會貼現率是民間企業新投資賺取收益率，即各部門民間投資加權平均的機會成本率。惟民間企業所遭遇的風險遠比政府遭遇風險大，且要支付公司所得稅等，因此，其投資的收益率大於政府借款利率。

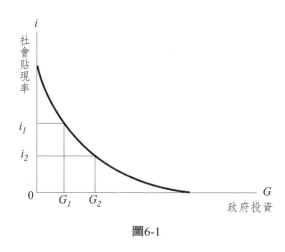

圖6-1

　　美國公共計畫採用其財政部發行公債平均利率作為貼現率，此一利率

是無風險的利率。若公共計畫採用貼現率太低，導致政府投資計畫大幅增加（見上頁圖6-1），將排擠民間投資計畫，扭曲社會資源分派。

五、成本效益分析案例

若有兩個計畫，*A* 計畫成本現值一百億元，效益現值一百五十億元，如以淨效益現值法來衡量，淨效益現值為五十億元；*B* 計畫成本現值為二十億元，效益現值為四十億元，淨效益現值為二十億元，這兩個計畫淨效益現值大於零，均值得投資，這兩個計畫加以比較，*A* 計畫優於 *B* 計畫。

若以效益成本比來衡量，*A* 計畫為1.5，*B* 計畫為2，這兩個計畫效益成本比均大於1，表示這兩計畫均值得投資，如將這兩個計畫加以比較，*B* 計畫優先 *A* 計畫。這兩種衡量的結果看似矛盾，政府對這兩個計畫的選擇應視政府預算及計畫可否分割或重複的需要而定。

表6-1　成本效益分析案例

	成本現值（*C*）	效益現值（*B*）	淨效益現值（*B-C*）	效益成本比（*B/C*）
A 計畫	100	150	50	1.5
B 計畫	20	40	20	2

如政府預算只有一百億元，且每一個計畫僅需要一個，政府在預算充分發揮下，將選擇 *A* 計畫；若計畫可重複需要，即同樣計畫可做二個以上，此時政府可選擇投資五個 *B* 計畫，淨效益現值為一百億元（二十億元乘於五），較投資 *A* 計畫淨效益現值五十億為多。如政府有一百二十億的預算，且每個計畫僅能做一個，則這兩個計畫均可進行投資。

第三節　潛在柏雷圖改善

一、潛在柏雷圖改善的意義

通常使用成本效益分析法若計畫效益大於計畫成本，則該計畫可以進行。計畫效益大於成本並不意味著每人均可獲益，事實上可能有些人情況惡化，若惡化的那些人，大都是低所得者，而獲益者是中產階級及富人，這種劫貧濟富的計畫不可能為大眾所接受。計畫評估若以個人所得為基礎來衡量個人福利的變動，只要個人所得和為正數，則計畫可進行。

即 $\Sigma \Delta Y_i \geq 0$　　　　　　　　　　　　　　　　　　　　　　　(4)

計畫的受益者可用補償變量（compensating variation）定額的移轉，以彌補受損者，使每個人都獲得利益，或至少沒有一個人受損，此一準則，稱為潛在柏雷圖改善（Protential Pareto Improvement, PPI），亦稱為Kaldor準則。如PPI實現，意味著所得重分配。Hicks從另一個角度來看Kaldor準則，Hicks提出損失者是否願意補償獲益者以恢復原狀，這就是Hicks準則。

另社會福利函數是亦可用來判斷社會福利改變，一旦社會福利增加，則計畫可進行，

即 $\Sigma \Delta W_i \geq 0$　　　　　　　　　　　　　　　　　　　　　　　(5)

ΔW_i 是個人 i 福利的變動。

二、潛在柏雷圖改善面臨的問題

潛在柏雷圖改善（PPI）面臨兩個問題，茲分別說明如次：

（一）未考慮所得重分配

租稅措施會產生所得重分配，同樣的政府支出—公共投資也會產生同樣的效果。成本效益分析在計畫完成後具有所得分配的效果。如桃園石門水庫具有防洪、灌溉、發電、飲水等功能，這個計畫經費來自全國的稅收，並非全部由桃園縣的縣民來負擔，可是其功能由水庫附近的居民所共享。因此，成本效益分析應重視公共部門的所得重分配效果，分配效果的改善意味著朝向部門間資源最適分配，政府最終目標是運用社會資源以創造社會上個人可能最大福利。

以(4)式所得總和來核定的計畫，未考慮促進公平的所得重分配，理想情況，計畫應根據社會福利變動的基礎來評估，換言之使用(5)式而非(4)式。(4)式計畫值與(5)式計畫值不一致。有些計畫(4)式接受了可是卻不能通過(5)式，個人 i 福利的變動等於其所得變動乘以該所得的社會邊際效用（Social Marginal Utility of Income, SMUI），(5)式改變為

$$\Sigma \Delta W_i = \Delta Y_i \, SMU \, I_i \geq 0 \tag{6}$$

(6)式是以所得社會邊際效用（SMUI）來加權，同樣的一元，若考慮所得分配效果，窮人的SMUI較富人為高，假定富人的SMUI為一，窮人為一・五，也就是說低所得者的SMUI是高所得者的一・五倍。就表6-2成本效益分析與社會福利看出，若以成本效益分析，且依PPI準則，其淨效益為60，表示該計畫可採用。若以社會福利準則來看，$\Sigma \Delta W = -40$表示計畫應該停止。

表6-2　成本效益分析與社會福利

	ΔY	SMUI	ΔW
低所得	−200	1.5	−300
高所得	+260	1	+260
合　計	+60		−40
決　策	進行		停止

（二）Scitovsky矛盾

PPI顯示有建橋及不建橋兩條效用可能線（utility possibility frontier）。效用可能曲線是柏雷圖（Pareto）效率，既定 M 的效用，N 可能獲得最大的效用，如圖6-2建橋及不建橋兩條效用可能曲線。

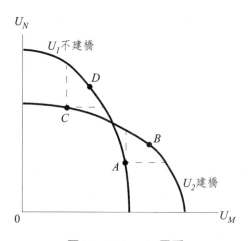

圖6-2　Scitovsky矛盾

最初 A 點是在不建橋的效用可能曲線 U_1 上，C 點是不在 U_1 上，但在建橋效用可能曲線 U_2 上。假定採取建橋計畫 C 點在建橋效用可能曲線 U_2 上，C 點移至 B 點是所得重分配，這兩點滿足程度相同，若 B 點與 A 點比較，B 點優於 A 點，若 A 點移至 B 點是潛在柏雷圖改善。若恢復至原來 A

點，*A* 點在不建橋效用可能曲線上，由 *A* 點移至 *D* 點是所得重分配，這兩點滿足程度相同，若 *D* 點與 *C* 點比較，*D* 點優於 *C* 點，*C* 點移至 *D* 點是潛在柏雷圖改善，也就是雙方將可獲益，損失者可補償獲益者恢復到最初位置。這就是Scitovsky矛盾。Scitovsky最早注意有計畫與無計畫兩者均通過潛在柏雷圖改善（PPI），這意味著PPI可能有矛盾的結果。當然如效用可能曲線未相交，則不會出現此種矛盾。

　　總之，PPI準則最大缺點是實際上未付補償，以致計畫效益分配與社會福利函數不一致。然而，未付補償有其優點，就是可以簡化。若考慮交易成本及顯示偏好，要確保社會福利極大化效益分配，無庸置疑，將導致計畫成本大幅增加。

第四節　機會成本與成本效益分析

一、影子價格

　　成本效益分析是絕對必要，可作為政府選擇投資計畫的參考。計算成本效益時，往往市場價格未能反映真實社會效益與社會成本，此時需要以影子價格（shadow price）來設算，影子價格指使用資源的真實成本或機會成本。

　　在完全競爭裡，市場價格與影子價一致。若市場受到扭曲，將導致影子價格與市場價格有差異，這增加成本效益分析困難，因為影子價格或社會價值不易估計。即使影子價格很難估計，也應粗略估計，政府應試著使影子價格接近市場價格，透過財政、貨幣政策及其他措施，促使計畫順利的執行。

二、租稅與移轉

　　圖6-3顯示在完全競爭市場，新橋興建完成使供給曲線由 *S* 移至 *S'*，市場均衡價格由 $0P_2$ 降為 $0P_3$，因此均衡點從 *E* 移至 *F*。消費者剩餘從 P_0EP_2 增加至 P_0FP_3，生產者剩餘從 EP_1P_2 變為 FP_1P_3，總剩餘淨增加 EFP_1，如

大於造橋的成本,計畫應進行。總剩餘的變動隱含生產者因降價而受到影響。

　　橋的興建對附近居民有很大的便利,增加其福利。政府造橋經費並非全部來自當地的稅收,而是來自全國稅收。流進國庫的稅收表示納稅人的損失,透過移轉或計畫支出使某些國民獲利,使用成本效益分析法可分析這些移轉及計畫的效益。

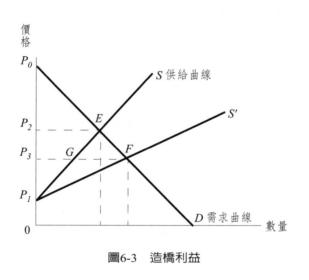

圖6-3　造橋利益

三、所得分配

　　潛在柏雷圖改善(PPI)準則並未考慮計畫的分配效果。理想情況,計畫應根據社會福利變動的基礎來評估;換言之,應使用(5)式而非(4)式。即考慮所得分配的權重,也就是說窮人的一元比富人的一元更具有效用。

第五節　計畫的風險

　　大部分的計畫都涉及風險。如依據交通流量的預測而決定興建道路,預測結果可能低估或高估,致影響計畫完成執行時的報酬率。成本效益分析如何調整處理風險?有兩個主要的觀點:

1. 公部門與私部門評估的報酬率應該相同，公部門較低報酬率的計畫所使用的資源應移轉至私部門具有較高報酬率的計畫。
2. 政府較任何民間公司規模為大，其透過許多獨立計畫進行而分散風險，亦即透過大數法則分散風險。

這就是Arrow-Lind觀察的結果，所謂Arrow-Lind定理指無風險的貼現率應用於風險廣泛分散在整個社會的計畫。如政府的公共投資計畫風險能被彙集或分散風險，則政府在做決策時，風險可以不加考量，但應考量計畫的預期值。

圖6-4顯示，在不同財富水準下個人的效用函數。假定在當前所得 Y 下，所提供具有風險的計畫，成功將多給一百元；失敗將損失一百元。如其承受該計畫預期所得 EY_1 高於當前所得 Y，其成功的機會大於50%。然而，在圖6-4裡，個人是風險逃避者，計畫預期效用 EU_1 是小於 $U(Y)$，以致其不接受該計畫。假定此人與他人分享計畫，計畫成功利益將均分；計畫失敗則將分享損失，預期所得 EY_2 較 EY_1 小，可是因為其風險較低，因此該計畫優於維持現況，即 $EU_2 > U(Y)$。

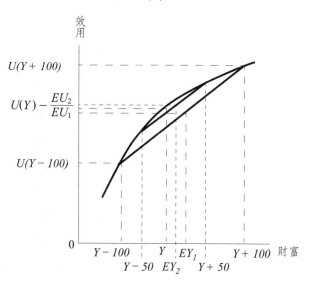

圖6-4 財富與效用函數

資料來源：Connolly, S. & Munro, A. (1999) "Economics of the Public Sector", p. 109.

總之，Arrow-Lind定理說明計畫報酬率是：(1)與所得無關；(2)其效益惠及大多數人，則總合的風險貼水傾向於零，以致使用正確的貼現率是無風險的貼現率。民間部門投資計畫多少有風險，民間部門貼現率含有風險貼水，因此，公部門貼現率應較私部門小。這聽起來像是公部門計畫排擠私部門具有較高報酬率的計畫。的確是這樣，公部門計畫將受到偏愛，這是因為人們偏好確定的事。

第六節　成本效能分析

成本效能分析（cost-effectiveness analysis）美國政府最先用於評估國防計畫，目前廣泛地應用於太空系統，安全、健保、教育、環境等領域。成本效能分析是從成本效益引導出來，其分析技巧與成本效益類似。所謂成本效能分析指在各個替代方案中，分析哪些方案可達成設定目標，並選擇達成目標的最佳方法。

一、成本效能分析的條件

應用成本效能分析於複雜的系統必須滿足以下三個條件：

（一）被評估系統必須有共同目標或目的

如運輸機與戰鬥機目的不同，二者是無法比較，可是與運輸艦是可以比較，二者都是作為軍事後勤用。

（二）必須有達成目標的替代方案

如運輸艦與運輸機是可以替代的。

（三）界定問題的能力必然存在

被評估系統工程的細部計畫必須是可行的，或可估計的，以致每一系統的成本與效能可以被估計的。

二、成本效能分析評估

建構評估成本與效能標準步驟如下：

（一）系統的目標應確定

以軍事後勤為例，後勤目標在某一特定期間將一定的人員及裝備調動，可以採取速度較慢的運輸艦來運送，或者以速度較快的運輸機來運送，以達成任務。每一種運輸系統必須有能力運送人員及裝備，以配合任務的需求，才能加以比較。

（二）系統評估準則（criteria）必須建立成本及效能評估準則

通常建立成本評估準則比建立效能評估準則來得容易。可以前述成本效益分析法評估成本，並考量以最低成本來達成設定目標。效能面評估準則很難建立，有些系統有多重目標，更增加問題的複雜性。通常效能可分類為效用（utility）、績效（merit）、價值（worth）、效益（benefit）及利得（gain）。這種分類很難數量化，因此，其以可移動性（mobility）、可利用性（availability）、維持能力（maintainability）及可靠性（reliability）作為衡量準則。這種評估準則無法精確測量數量，惟可用來說明系統效能的基礎。

（三）成本效能分析評估方法

1. 固定成本法（fixed cost approach）

在既定成本下，以獲得效能值作為選擇基礎。

2. 固定效能法（fixed effectiveness approach）

在既定效能水準，以所需的成本作為選擇基礎。當數個方案提供同樣的服務，其比較基礎為成本，此時可採用固定效能法。

茲以軍事後勤支援系統為例，說明成本效能分析，後勤支援目標的重要準則是在特定期間將人員及裝備從甲地移至乙地，其他準則諸如維持能力是次要準則。首先，將不符合規定的備選系統刪除。其餘系統可以依

據詳細成本及效能進一步分析。如最佳競爭者的成本與效能均優於其他備選系統，則可以很容易選出。如兩個優秀的競爭者的效能是相同的，或接近相同，且沒有顯著的成本差異存在，則可依據不能再小或較簡單（irreducibles）的基礎來選擇。最後，如幾個備選系統成本顯著不同，效能也顯著不同，則依據直覺與判斷基礎來做選擇。

三、成本效能評估案例

假定癌症掃瞄設備發現一百個癌症的案例，發現及治療支出三千萬元。這一百個癌症的案例，其中有五十個可以痊癒，二十五個可以減輕病況。這七十五個救活的案例，共計可延長生命五百年。

根據上述資料，我們可以比較貨幣支出及非貨幣效益，以成本效能比率（C/E）（cost-effectiveness ratio）來分析，非貨幣效益代表淨健康效益。

$$C/E = \frac{淨貨幣支出}{淨健康效益}$$

由於健康效益無價，這個案例的成本效能比率（C/E）有四種估計方式：

1. $C/E = \dfrac{3,000 \text{萬}}{\text{發現及治療 } 100 \text{ 個病例}} = $ 發現及治療每個病例花三十萬元

2. $C/E = \dfrac{3,000 \text{萬}}{75 \text{ 個病例救活}} = $ 救活每個病例花四十萬元

3. $C/E = \dfrac{3,000 \text{萬}}{50 \text{ 個病例痊癒}} = $ 痊癒每個病例花六十萬元

4. $C/E = \dfrac{3,000 \text{萬}}{500 \text{ 年生命利益}} = $ 每年生命利益六萬元

這些資料可作為決策者的參考。

四、成本效能分析與成本效益分析的比較

成本效能分析與成本效益分析二者均以重視效率作為評估的標準，二者在計算成本均以貨幣價值來衡量，二者的主要差異為：

1. 成本效益分析計算效益是以貨幣價值來計算；成本效能分析的效益往往無法用市場價格來衡量，也就是說很難以貨幣價值來衡量，而是以商品或服務產出來衡量，因此，採用成本效能分析效益很難用市場價格衡量的計畫（或方案）。

2. 成本效益分析是概括的評估，決定某一計畫（或方案）是否適當，亦可就幾個計畫（或方案）評估是否適當，再安排計畫優先順序。成本效能分析決定備選方案中達成目標的最佳方案。

第七節　成本效益分析的限制

　　成本效益分析不能解決政府投資計畫的所有問題，且受公共投資計畫技術層面的限制。因此，成本效益分析的用途受到相當的限制，茲分別說明如次：

一、成本效益分析未能建立各項目標的優先順序

　　成本效益分析首先要確定計畫目標，政府活動所要達成的目標要非常明確，目標愈明確的計畫，成本效益分析對決策的貢獻愈大。惟目標的重要性並非成本效益分析所能回答的問題，而須由政府決定各項目標的優先順序。

二、成本與效益範圍不明確

　　計畫的成本包括直接成本，即資本成本與營運成本等；及計畫所衍生的間接成本，事實上有些間接成本很難估計，如計畫興建大樓，因而影響附近居民的採光，這種成本往往未能估計。至於計畫效益更難估計，特別是有些效益沒有市場價格，若以主觀的陳述偏好法評價，有時會有主觀評價的誤差。

三、不易找出適當的貼現率

　　成本效益分析中，貼現率是重要決定因子，貼現率的高低影響成本效

益現值，進而影響計畫取捨及資源分派，因此，選擇適當的貼現率更突顯重要性。

四、法律的限制

從成本效益分析經濟觀點來看，某項計畫優於他項。若從法律的規定來看，將可能扭曲計畫優先順序。舉例而言，法律規定對特殊族群的照顧，有利於這些族群的計畫，從成本效益分析觀點來看，其可行性不高，但卻優先獲得預算實施。

五、行政上的限制

有些政府官員對計畫有其偏好，操縱成本效益分析，壓低計畫成本及提高效益，偏向其所支持的計畫，扭曲資源的運用。

六、預算的限制

成本效益分析進行評估計畫優先順序，往往受到既定預算的限制，若某一特定的計畫，或有幾個不錯的計畫，由於預算過於龐大，超過政府的負荷，此時很可能因為預算的不足，使有些計畫只好割愛。

七、成本效益分析不能達到社會理想的所得分配狀況

人民對計畫感受不同，計算成本效益應注意計算政策分配權數，對弱勢團體應給予較高的權數。何種權數是社會理想的權數？成本效益分析很難提供答案。

雖然成本效益分析有上述的限制，這些限制有待克服。基本上成本效益分析對達成目標的各種計畫（或方案）的選擇甚有幫助，強調在各種可能情況下計量分析的重要性，減少主觀的偏見，可以消除最差的計畫，選擇較佳的計畫，有助於促進資源有效的利用。

第八節　結語

　　為了提升公共資源的使用效率，政府透過成本效益分析，作為公共投資計畫決策的參考，成本包括直接與間接成本；效益包括主要效益、次要效益及負效益。

　　常用成本效益分析方法有淨效益現值法、效益成本比法及內部報酬法。計畫存續期間各期的成本與效益須透過貼現率折算成為基期的現值再做比較。貼現率的高低足以決定成本效益的現值。通常採用貼現率或利率有：(1)政府借款利率；(2)社會機會成本率；(3)社會時間偏好率；(4)民間投資的資本邊際生產力，可供選擇。

　　計畫效益大於成本並不意味著每人均可獲益，可能有些人情況惡化。計畫獲益者可用補償變量定額的移轉，以彌補受損者，使每人都獲益，或至少沒有一人受損，此一準則稱為潛在柏雷圖改善。

　　大部分的計畫都涉及風險，由於政府從事許多公共投資計畫，若這些計畫風險可加以彙集或分散風險，則政府在做決策時風險可以不加考量，但應考量計畫的預期值。

　　在某些領域的公共投資計畫，效益很難用貨幣價值來衡量，因而採用成本效能分析。所謂成本效能分析指在各個替代方案中，分析哪些方案可達成目標，並選擇達成目標的最佳方法。成本效能評估方法有：(1)固定成本法；(2)固定效能法。

　　成本效益分析不能解決政府投資計畫所有問題，其用途受到限制，如未能建立各項目標的優先順序、成本與效益範圍不明確、不易找出適當的貼現率，受法律、行政、預算的限制，以及不能達到社會理想的所得分配狀況等。雖然成本效益分析有前述限制，有待克服，惟其可減少主觀的偏見，以選擇較佳的計畫，有助於促進資源有效的利用。

Chapter 7

公共選擇

第一節　公共選擇的意義

公共選擇理論是研究政治機能與制度、且限於政府及個人行為。Mueller（1989）認為公共選擇可定義為「非市場所做決策的經濟研究，簡單的說就是經濟學應用到政治學。」公共選擇理論把經濟學最適原理（optimising principles）應用到政策制定，如同個體經濟學把最適原理應用到消費者及廠商。由於政策制定者服務的對象是其政黨及其支持的選民，因此，其與學者針對一般社會福祉的中性分析有所不同。如右翼政黨興趣在維護資產階級的利益，左翼政黨在維護勞工階級的利益。

公共選擇理論提供更具活力及現實的政治理論，其提供公共部門決策過程涉及詳細的政治過程分析，這是傳統經濟學所疏忽的部分；與傳統經濟方法論的不同是政府部門不再是外生變數，而是內生變數，公共選擇理論分析是個別選民（消費者）買賣選票與從政者（廠商）極大化其選票（目標）函數之政治學市場交換理論。假定產品（候選人）與其顯示偏好有密切相關，理性的選民選擇產品（候選人），因此，公共選擇理論的選舉制度可決定民眾顯示偏好。

就政治理論而言，政治是人與人間複雜的交換制度，在此一制度下，個人尋找集體安全確保其確定的目標，事實上，透過簡單的市場交換，並不能確保安全。在市場裡，個人以蘋果交換橘子；在政治上，個人同意以

參與的貢獻與一般所欲的代價來交換。在這種體制下，政治處理視為政治市場的交換。在代議民主制度下，從政者自利的動機在於獲得最多選票，不僅導致於過分擴大公共政策及公共支出，亦可能為了利益集團的特殊利益而犧牲公眾利益。政府規模不斷擴大來自仁慈的政府失靈。在這種情況下，從政者是選民（主人）的代理人，可是卻不能精準地確定選民的偏好。因此，政治處理是受到扭曲。

公共選擇理論包含投票理論、Arrow的不可能定理、非市場所做決策的民主模型、集體及部分行為及政府體制官僚模型等。

集體行動及其分析是目前公共選擇理論核心的內容。一九六五年Mancur Olson的集體行動的邏輯（logic of collective action）引進集體行動的問題及解決之道，已成為公共選擇學派的經典。

第二節　投票理論

民主國家投票意味著什麼？可從幾個觀點來看，自由學派觀點認為投票的功能簡單的說就是控制官員。民粹主義（populist）認為民主政府體現人民的意志，因此不能壓抑民意。Riker（1982）認為民主原理是建立在投票過程，其認為社會選擇理論主要的課題是投票，投票是民主方法及理想的核心。Downs（1957）認為投票與投票過程是民主的中心，民主方法是參與過程，透過選票管理社會。

投票規則可分為一致票決（unanimity rules）與多數票決（majority voting rules），茲分別說明如次：

一、一致票決

一致票決指全部的投票者均一致同意，沒有任何一人反對。一致票決的優點是其確保沒有一人受害，這表示一致同意必然是柏雷圖改善，因為如有任何一人受害，他將投票反對。

一致票決導致於效率下降。以興建水壩案為例，假定該案投資金額是

由全民分擔，而受惠僅及附近的居民。若有人認為水壩案對他沒有好處，要求給予補償，或者勒索，否則將投反對票。結果，水壩案因有人反對而未能通過。的確在一致票決下，只要有一人表示反對，便會封殺議案。也就是說，每個人都擁有否決權，濫用否決權的結果，使許多議案無法通過。因此，達成決策的成本很高。

二、多數票決

多數票決指取決投票的票數最多的民主制度。多數票決有絕對多數票決與相對多數票決。絕對多數票決可分為超過具有投票資格人數一半以上者及超過實際投票數一半以上者。相對多數票決指投票數最多者。

民主國家最能說明社會集體選擇規則大都採取多數票決，此一規則早在十八世紀由Condorcet, J. A. 所建立。Condorcet認為某一候選人獲得多數選票而打敗其他候選人，則該候選人將當選。這就是有名的投票理論。可是這種多數票決規則在某種特殊情況下，可能導致投票循環無法獲得結論，這就是投票矛盾（paradox of voting）。

投票矛盾可以下的例子來說明，假定有 *A*、*B*、*C* 三人，其對三種方案（政策）*X*、*Y*、*Z* 的偏好排序如表7-1：

表7-1　偏好順序 |

優先順序	*A*	*B*	*C*
1	*X*	*Y*	*Z*
2	*Y*	*Z*	*X*
3	*Z*	*X*	*Y*

每一欄表示偏好的順序，每人對三種方案（政策）的排序，1表示偏好程度最高，其餘依序遞減。*A* 偏好情形，為對 *X* 偏好優於對 *Y* 偏好（即 *xPy*，*P* 表示優於），對 *Y* 偏好優於 *Z* 偏好（*yPz*），透過傳遞性（transitivity）對 *X* 偏好優於 *Z* 偏好（*xPz*）。同理，透過傳遞性 *B* 與 *C* 分

別獲得結論，B 對 Y 偏好優於對 X 偏好（yPx）；C 對 Z 偏好優於對 Y 偏好（zPy）。

換言之，有利 X 的多數決，X 優於 Y（xPy），獲得 A 與 C 支持；

有利 Y 的多數決，Y 優於 Z（yPz），獲得 A 與 B 支持；

有利 Z 的多數決，Z 優於 X（zPx），獲得 B 與 C 支持。

這種投票循環隱含即非 X，非 Y，亦非 Z 出現社會偏好，沒有一個方案能勝過其他兩個方案。這種投票矛盾解決方法，說明如次：

（一）改變偏好

若 C 的偏好順序改變為對 Y 偏好優於 X 偏好（yPx）（見表7-2），可確保顯示偏好順序一致性。

表7-2　偏好順序 II

優先順序	A	B	C
1	X	Y	Z
2	Y	Z	Y
3	Z	X	X

因為有利 Y 的多數票決，Y 優於 Z（yPz），獲得 A 與 B 支持。

有利 Z 的多數票決，Z 優於 X（zPx），獲得 B 與 C 支持。

透過傳遞性，Y 優於 X（yPx），獲得 B 與 C 支持，因此 Y 方案獲得多數票決。

（二）選票交易（vote trading）或表決合作（logrolling）

委員會表決有些方案無法達成多數票決，透過表決合作可達成目的。如有三個委員，A 委員關注擴大教育經費案，B 委員關注擴大道路建設案，A 與 B 委員的表決合作，B 委員在擴大教育經費案支持 A 委員，A 委員在擴大道路建設案支持 B 委員，透過這種表決合作而達成多數票決。

支持表決合作者認為交換選票提升公共財分配的效率，正如商品交易提升私有財的分配效率；另外，透過表決合作可顯現偏好強度及建立穩定的均衡；就民主功能，換票隱含妥協是必要的，的確政治往往建立在妥協與交易。雖然表決合作有其功能，可解決投票矛盾，惟喪失投票的獨立性，且獨厚特定人。另表決合作的結果往往擴大政府支出，因此，備受批評。

公共選擇理論對投票方式有很多的意見，其認為一人一票的原則不能包含每位選民的所有觀點，即不足於表示各人對議題、政黨及候選人的偏好，相較於一人多票的制度較能表示個人的偏好，此種想法來自於經濟學方法論，即消費者依據其對商品偏好排序以分配其預算。因此，現在有些國家採用兩票制選舉制度，讓選民有更多的選擇。台灣二〇〇八年初立法委員選舉開始採用兩票制，一票投給候選人，一票投給政黨。

第三節　民主過程

公共選擇理論提供一個政治決策過程的經濟模型。公共選擇理論以下列方式進行：

投入　→　民主過程　→　產出
投票者　　　　　　　　公共政策

現代民主政治投票過程是基於多數票決。多數票決是否合理？是否為集體決策的有效方法？能否達成選民（投票者）偏好的公共政策？上述議題受選民投票行為的影響。選民投票行為可分為下列四種：

一、理性的投票者

公共選擇理論將個體經濟理論應用到投票行為，即是理性投票者模型，投票決策假定投票可獲得預期效用。

假定選民希望看到某一政策執行或選民希望某一政黨贏得選舉 *X*。每

張票計算執行政策的價值，所產生的效用 U(X)。

此一模型投票者亦將計算勝算的機率 P，且使選舉結果在 0≦P≦1 之間。P 值將反映選民的規模，及投票集中度。投票成本 C 包括投票所花時間的機會成本。

投票預期效用是$E(U) = P[U(X)]-C$　　　　　　　　　　　　　　　(1)

任何人不可能影響選舉最後結果，因此，個人 P 值很小，同時考慮投票成本，投票的預期效用可能為正數或負數，即 $E(U) > 0$ 或 $E(U) < 0$，預期效用為正數去投票，這是合理的。可是有些人預期效用為負數還去投票，很明顯的不合理，這就是Down（1957）提出投票矛盾（paradox of voting）。事實上，先進國家的投票率很低，甚至有些投票率低於五成，是否因為預期效用為負數而不願去投票，值得進一步研究。非理性的投票比較適合實行多數票決或首輪獲勝制的國家。在比例代表制下，選民可能將選票投給少數黨，致使其偏愛的政黨有較多的機會獲得席位。

二、小中求大策略（minimax strategy）

另一種投票行為模型考慮在不確定情況下的投票行為。也就是說，在不確定情況所做的投票決策。由於選民未能極大化其預期效用，可是其希望極小化反悔，這就是小中求大策略。

假定有兩種情況，情況 S1 投票不會有影響，情況 S2 投票會有影響。首先檢討在這兩種情況下選民選擇投票與棄權所帶來的反悔價值。在 S1 情況選民投票的結果與投票策略沒有關聯。因此，投票結果導致反悔成本為其投票的成本 C；如選民棄權，沒有反悔成本。在 S2 情況，選民投票是對的，投票不會帶來反悔；如選民棄權，則反悔值等於其投票所獲得的效用（U）減掉投票成本 C，即 U-C。

	S1	*S2*
投票 ⟶	*C*	0
棄權 ⟶	*0*	*U−C*

因為選民行為避免極大化反悔,即避免在S2情況下棄權。由於選民不知其面臨的情況是S1或S2,投票的支配策略就是去投票,這是一種極端逃避風險的策略。

舉例而言,選民對 *A* 與 *B* 兩黨候選人認為沒有什麼差別,其小中求大的策略就是棄權;現在如有 *C* 黨亦推出候選人,選民極端討厭 *C* 黨候選人。為了怕 *C* 黨候選人被選上,則小中求大的策略就是去投票,以避免 *C* 黨候選人被選上。

三、道德投票者(ethical voter)

另一派理論認為投票是利他主義。選民不僅關心投票對其本身的影響,亦關心影響其他人的效用。因此,第 *i* 個投票者投票的目標函數為 O_i。

$$O_i = U_i + \theta U_j \tag{2}$$

U_i 為第 *i* 個投票者投票的效用,U_j 表示其他人的效用。

當 $\theta=0$,投票者是自私自利;當 $\theta=1$,投票者為利他主義。

當 $\theta>0$,投票預期效用上升,個人更有理由去投票。

此一模型亦能說明投票行為的不合理,諸如富人投票支持某一政黨的累進稅計畫,如該政黨贏得選舉,則該投票人所得將降低,一旦增加稅收用於所得重分配,以致低所得者所得增加,這將促進社會公平,增加利他主義者的效用。

四、其他投票行為

上述投票行為分析過於簡化，未考慮選民結構、政治行動主義、投票策略行為、家庭傳統、社會價值、社會結構、政黨屬性等。另投票者可從參與民主過程獲得投票的預期效用，其方式有：

1. 投票是市民的權利及責任，也是落實個人對社會的意見表達，以及市民應盡的責任。如在南非黑人第一次參與投票權，選民認為經過多年努力奮鬥的成果始獲得選舉權，因此，格外重視投票權。

2. 從表示政治偏好的行動獲得效用。

3. 投票是社交活動，可以碰見老友，或共乘車去投票，同時也善盡社會責任。

4. 一旦投票了，不會受到催票人的催票。

5. 理念支配理性的決策，支持具有一套的政策或原則的候選人或政黨，即使明知支持者不多，該黨沒有機會執政，$P[U(X)]$ 很小。這亦說明為什麼有些人支持小黨，諸如綠黨等。

投票產生正的效用 D，從投票增加效益為 $E(U) = P[U(X)] - C + D$。這的確增加 $E(U) > 0$ 的可能性，使投票成為更加理性的活動。

第四節　公共選擇機能

公共選擇討論的起點是直接民主（direct democracy），即選民直接決定人選，如首長（包括中央及地方）的選舉，通常由選民直接選舉決定；另外，針對重大事項或公共政策透過公民投票（referendums）來決定，亦是直接民主。由於直接民主決定成本太高，因此大多數的公共決策是透過代議民主（representative democracy），即選民選出代表，透過代表在會場反映其意見，並形成決策。

過去政治學者提出許多理論去支持民主政治，認為其能代表人民利益的制度。二次世界大戰後，有些學者從經濟學的觀點去分析民主政治，從社會選擇理論和公共選擇理論的決策規則去分析民主制度，是否能夠真實

反映選民的偏好？茲從亞羅不可能定理（Arrow Impossibility Theorem）、單峰偏好與多峰偏好、中間選民理論以及集體行動來加以說明。

一、亞羅不可能定理

亞羅（Kenneth Arrow）認為社會選擇是在一定環境下，各種可能社會狀態或社會福利函數，選擇其中產生最大社會福利的狀態。假定個人有其自己最佳的判斷，個人知道其要什麼，且能從不同的方案或人選選出其所要的，而且能具有邏輯排出其偏好。在民主政治過程，社會決策與選民偏好一致。亞羅特別注意多數票決規則的效率，其認為在下列五個條件下，多數票決達成集體決策，顯示個人經濟偏好，構成有效率的社會無異曲線（社會福利函數）。

（一）普遍性範圍（universal domain）

假定集體選擇應把所有人的偏好加以歸類，所有個人可能偏好檔案必須依規則來排序。這種排序必須要有一致性，即必須有傳遞性（transitivity）。

（二）柏雷圖（Pareto）準則

集體選擇規則必須符合柏雷圖準則，如人們認為 X 優於 Y，且沒有人認為 Y 優於 X，那麼集體選擇規則會認為 X 優於 Y。

（三）非獨裁決定（non-dictatorship）

社會選擇不是由一個人所做的決定，而是由投票規則的基本特性來決定。

（四）主權在民（citizens sovereignty）

社會福利函數反映人民的偏好，選民可自由選擇其偏好的方案或政策。

（五）獨立條件（independence condition）

即與選擇方案無關的獨立性。X與Y的社會順序，應視人民對X與Y排序而定，不受不相干因素的影響。

上述每一準則都是合理的。基本上，社會選擇機能應有邏輯及尊重個人偏好，把個人選擇轉換為社會選擇。亞羅分析得到的結論，民主社會選擇不可能同時滿足上述五個準則，此一結果就是亞羅不可能定理。

二、單峰偏好與多峰偏好

從前述表7-1與表7-2看出，為什麼多數票決有投票矛盾，有時可以順利運作，有時則否？伯力克（Black, D.）提出單峰偏好（single peaked preferences）來解決投票矛盾。茲將表7-1及表7-2轉換為圖7-1及圖7-2。

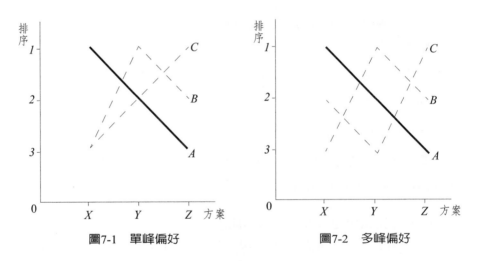

圖7-1　單峰偏好　　　　　　　　圖7-2　多峰偏好

所謂單峰偏好指從偏好程度最高點移動，到其他點則其效用減少（見圖7-1）。伯力克認為如果有兩個以上的選民，且選民均為單峰偏好，即只有一個高點，在簡單多數決的投票制度下，將有一穩定的均衡。如選民偏好不是單峰，就會發生投票矛盾如圖7-2。所謂多峰偏好（multiple-peaked preferences）指從偏好程度最高點移動的結果，效用先是減少，然後增加。也就是說所有選項排列，至少有一人不是單峰偏好。在圖7-2，

選民 C 的偏好不是單峰偏好，而是有兩個高點。從簡單多數票決的投票結果為：X 優於 Y，Y 優於 Z，Z 優於 X 的循環。這種結果違反傳遞性準則。也就是投票矛盾。總之，所有選民的偏好是單峰偏好，則投票矛盾不會發生。

因此，如能消除多峰偏好，則多數票決將不再受投票矛盾的困擾，茲進一步說明：

X 表示大規模政府預算
Y 表示中規模政府預算
Z 表示小規模政府預算

就選民而言，如偏好較多預算者，偏好程度最高是 X，其次是 Y，最不希望的結果是 Z；如偏好較少預算，偏好程度最高是 Z，其次是 Y，最不希望的結果是 X。如我們回到不具傳遞性的多數票決情況，選民 C 排序：Z– 小預算，X– 大預算，Y– 中預算。這可能被分類為全有或全無的偏好，選民似乎不應做此一排列。此一案例，排除多峰偏好產生的可能性是可以接受的。

三、中間選民理論

只要所有選民是單峰偏好，簡單多數票決的結果反映中間選民的偏好，此一理論稱為中間選民理論（median voter theorem）。所謂中間選民指在所有選民偏好排序的中間位置。在中間選民理論下，政策分析者只要看中間選民的偏好，就可獲得穩定的均衡解。

假定將政府預算規模多寡排序（見圖7-3），G_1 表示預算規模最小，G_n 表示預算規模最大，且 n 個選民擁有單峰偏好，中間選民（$n/2$）將投票支持 $G_{n/2}$ 的預算規模。當 $G_{n/2}$ 與較低的預算規模 G_1 比較時，中間選民與所有偏好較高預算規模的選民均將投票支持 $G_{n/2}$。同理，當 $G_{n/2}$ 與較高的預

算規模 G_n 比較時,中間選民與所有偏好較低預算規模的選民均將投票支持 $G_{n/2}$。因此,在多數決投票制度下,獲得票數最多的選項將是被中間選民偏好的選項。

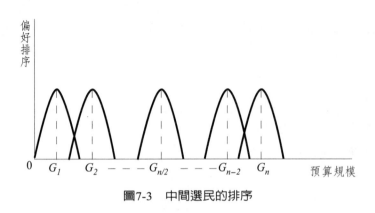

圖7-3 中間選民的排序

從這種架構下,吸引中間選民將是選舉獲勝的關鍵。中間選民理論不僅適用於直接民主,而且適用於代議民主。因此,政黨將對其主張的政策不斷進行調整,藉以吸引中間選民,以使其在投票中獲勝。

四、集體行動

集體行動(collective action)指二人以上的合作追求一個共同目標或一組目標。集體行動的經濟理論是關心公共財。集體行動是強調合作比競爭為佳,以及小團體比大團體較易達成目標。茲分述如次:

(一)合作比競爭佳

在缺乏合作機制下,社會如何分配公共財達成最佳的境界?如果以囚犯兩難(prisoner's dilemma)的案例來說明合作的問題,兩囚犯之間因彼此互信薄弱,而皆採取理性行為—自利動機,卻達成柏雷圖較差的結果。

表7-3　囚犯的兩難

		甲	
		招供	沉默
乙	招供	各判8年	甲判20年　乙判無罪
	沉默	甲判無罪　乙判20年	各判1年

　　例如甲乙二嫌犯，如乙招供，此時甲亦招供將被判刑八年，如沉默被判刑二十年，甲最佳的策略是招供；如乙沉默，此時甲招供將被判無罪，如沉默被判刑一年，甲最佳的策略是招供。由上可知，不管乙招供或沉默，甲最佳的策略是招供。同樣的道理，乙最佳的策略亦是招供。結果二人均招供，各被判刑八年。顯然二人自利動機的結果，卻未能達到柏雷圖最適的境界，即二人均沉默，各被判刑一年。若二人能夠合作，或者透過第三者的協助，將可達到柏雷圖最適境界。

（二）小團體比大團體較易達成目標

　　Olson（1965）認為小團體比大團體較可能合作解決集體行動的問題。通常我們會預期一群人如具有共同利益，則將自然結合在一起為共同目標而努力。Olson認為並非如此。事實上，團體以自利而行動的理念，邏輯上是以採取理性與自利動機為前提。並非所有團體成員均追求共同目標，可是如達成目標，團體所有成員均可獲益。換言之，問題在團體中有些成員不遵守團體規範，不努力做事，卻能坐享其成，這將影響團體的士氣。的確，除非團體成員不多，或者除非有勾結，或者特殊的設計，使成員願意朝向共同利益行動，否則有理性的、自利的成員將不會認真行動，來達成共同利益或集團利益。也就是說，大團體集體行動不易達成目標。

　　通常小團體運作政策遊說會面臨社會壓力。小團體成員經常面對面彼此互相接觸及了解，具有向心力，遵守團體規範，能為共同目標而努力。舉例而言，僅有少數廠商的寡占產業強烈憎恨某一廠商採取欺騙行為削價競爭，以增加該公司的業績而犧牲團體利益；在完全競爭產業（指大

團體，因有許多廠商）通常沒有這種憎恨。的確在完全競爭產業，順利地增加銷售的廠商往往是被羨慕的對象，並為該業樹立楷模。因此，小團體（或稱為特別利益團體）成立遊說組織，訂定目標，提出策略，成員同心協力，犧牲時間與金錢，以達成共同目標或共同利益，以致小團體經常獲相當大的成果。

若遊說團體建議政府採取紓困措施，由政府拿出一筆錢來協助艱困產業。這種措施除經濟學者及智庫專家批評外，沒有人反對這種措施，因此，國會通過該議案。雖然同樣的紓困金額，小團體成員比大團體成員獲得較多的補助。事實上這種補助是一種移轉，一個團體獲益，另一個團體受損，表面上對整體經濟並沒有影響。可是卻導致整體經濟下降，理由為：

1. 遊說成本

遊說本質上是屬不具生產力的經濟活動，花在遊說的資源未能作為創造財富的資源，以致經濟會轉差。

2. 課稅引起社會無謂損失

政府對遊說團體要求加以執行，其經費主要來自租稅，將會因較高的租稅導致社會生產力的下降，無謂損失的增加。

此外，俱樂部（club）也是一種集體行動，透過俱樂部也可提供公共財（參閱第三章第四節）。

第五節　結語

公共選擇理論把經濟學最適原理應用到政策制定者。公共選擇理論提供公共部門決策過程涉及詳細的政治過程分析，這是傳統經濟學所疏忽；與傳統經濟方法論不同，政府部門不再是外生變數，而是內生變數。公共選擇理論分析選民（消費者）買賣選票與從政者（廠商）極大化選票（目標）函數之政治學市場交換理論。

投票是民主方法及理想的核心。投票規則可分為一致票決與多數票

決。社會集體選擇規則大都採多數票決。投票理論認為某一候選人獲得多數選票而打敗其他候選人，則該候選人當選。可是這種多數票決在某種情況下，可能導致投票循環無法獲得結論，這就是投票矛盾。解決方法可採取：(1)改變偏好；(2)選票交易或表決合作。投票的行為可由：(1)理性投票者；(2)小中求大的策略；(3)道德投票者等加以說明。

公共選擇理論能否反映選民的偏好可從亞羅不可能定理、單峰偏好與多峰偏好、中間選民理論，以及集體行動加以說明。

1. 亞羅不可能定理

亞羅提出普遍性範圍、柏雷圖準則、非獨裁決定、主權在民、獨立條件的五個準則。每一準則都是合理的，惟其結論民主社會選擇不可能同時滿足上述準則。

2. 單峰偏好與多峰偏好

單峰偏好指從偏好程度最高點移動，到其他點則其效用減少；多峰偏好從偏好程度最高點移動的結果，效用先是減少，然後增加。所有選民的偏好是單峰偏好，則不會發生投票矛盾。換言之，如能消除多峰偏好，則多數票決將不再受投票矛盾的困擾。

3. 中間選民理論

中間選民指在所有選民偏好排序的中間位置，在中間選民理論下，政策分析者只要看中間選民的偏好，就可獲得穩定的均衡解。

4. 集體行動

指二個人以上的合作追求一個共同目標。集體行動是強調合作比競爭為佳，以及小團體比大團體較易達成目標。

Chapter 8

租　税

第一節　租稅原則

　　租稅是政府向人民強制課徵稅收，通常是以政治的考量來決定政府支出與誰應納稅。租稅不僅是政府財政收入的主要來源，且為公共財的主要財源，亦是社會重分配的工具。近來先進國家普遍傾向政府應減少介入經濟事務，並降低稅負。特別是多國公司的興起，其在世界各地選擇設廠地點，因此，如何讓國內投資環境具有國際競爭力，以吸引投資是各國政府所關注的。另外，政府使用租稅政策除了籌措財源或社會的重分配外，亦可達成政策目標。租稅政策目標除可反映公平外，亦可反映一國的文化及社會價值。

　　租稅涉及層面甚廣，政府在課稅時，應考量財政、經濟、社會等觀點，以決定最適合的租稅原則作為課稅依據。早在十八世紀亞當斯密（Adam Smith）就提出租稅原則，之後有華格納（Wagner, A.）等亦提出租稅原則。隨著時代需要，租稅原則可歸為效率、公平及便利，茲分述如下：

一、效率

　　有效率的租稅不會有柏雷圖效率損失，可是絕大部分的租稅都會發生柏雷圖效率損失。柏雷圖效率條件為價格等於邊際成本，可是大部分租稅如營業稅等，實際上增加價格與邊際成本之間差額，擴大效率損失。最適

租稅的設計是在既定稅收目標下，達成效率損失極小化。

二、公平

公平可分為水平公平與垂直公平，二者代表不同的價值判斷。水平公平指相同情況的人應有同等的待遇。也就是說，不管所得水準、性別、種族、宗教等均採取同等的租稅待遇，如課徵比例稅。垂直公平指不同情況的人應給予不同的待遇，如對不同所得水準課以不同稅率，如累進稅，透過重分配以減少所得及財富不公平。

三、便利

租稅的課徵應站在納稅人的立場，考量納稅人納稅的時間、地點，及納稅手續等，讓納稅人方便繳納。

第二節　在全球化下的租稅

租稅的分類可分為直接稅與間接稅。直接稅由納稅人直接向稽徵機關繳稅。間接稅由第三者向納稅人收稅後再繳納給稽徵機關。直接稅對所得、財產、資本等課稅，包括公司所得稅、個人所得稅、遺產稅、贈與稅、資本利得稅等。間接稅對商品與服務課稅，即針對消費行為與交易行為課稅，如關稅、貨物稅、加值稅等。事實上，交易稅可能含有直接稅的性質，如台灣政府不課徵證券所得稅，但課徵證券交易稅，其交易稅隱含著所得稅的性質。

直接稅與間接稅各有其優缺點，直接稅優點即為間接稅缺點，反之亦然。茲僅就優點加以說明如次：

一、直接稅的優點

1. 量能課稅：直接稅依據人民的租稅負擔能力來課稅，符合量能原則。

2. 稅收有彈性：所得稅稅收彈性大於一，隨著經濟發展，稅收逐漸增

加，有助於充實國庫。

3. 促進社會公平：直接稅可重課高所得或財富集中的階層，有助於促進社會公平。

4. 節省課稅費用：財產稅最初課徵時，所需的稽徵費用較多，惟查定後的稽徵費用則較少。

二、間接稅的優點

1. 負擔普遍：課稅對象不分身分、階級及職業均適用同樣稅率。

2. 納稅便利：間接稅納稅人零星繳納，較不覺得痛苦。

3. 降低生產不利誘因：對生產誘因的不利影響較直接稅少。

4. 可抑制消費，鼓勵儲蓄：特別對奢侈品課稅，將抑制奢侈品的消費，其較課其他稅有效，可提高儲蓄。

　　學者對直接稅與間接稅看法意見不一。過去較多的學者認為直接稅優於間接稅，主要理由為直接稅較符合社會公平正義，且有助於健全財政收入；而間接稅會產生超額負擔。因此，過去先進國家大都建立以直接稅為主的稅制。

　　最近，在全球化潮流下，各國租稅制度有所調整。依據《維基百科全書》（2007）定義，全球化指在經濟、社會、技術、文化、政治及生態等方面逐漸增加全球的連結、整合及互相依賴。也就是各國商品、資金、人員的移動更為便利，以及資訊交流、知識及技術擴張更為迅速。在這種環境下，多國公司興起，這些公司在世界各地選擇最有利的地點投資，往往將稅負列入重要考慮因素之一。有些多國公司在境外租稅天堂設立子公司便於報稅，以減少其稅負。亦即在低稅負的國家投資便於移轉價格，也就是多國公司把所得移轉到低稅地區，把高成本或支出放在高稅負國家作為納稅的減項。這種衝擊使政府課稅未能課到可移動的課稅對象，因而將使稅負落到無法移動的課稅對象。這意味著稅負將落到勞工、消費者及國內公司等。因此，歐盟的租稅改革，即以提高加值稅稅率及降低所

得稅稅率為重點，其理由為所得稅稅率高對經濟成長及工作意願衝擊較大，有必要降低稅率；加值稅以消費為稅基，對消費課稅不對儲蓄課稅，有助於儲蓄增加。另加值稅的稅基廣，採比例稅率課稅，可降低超額負擔。根據歐洲經濟顧問小組（European Economics Advisory Group, EEAG）的報告（2007），EU十五國在一九九五至二○○六年間公司所得稅稅率約降十個百分點，雖然稅率下降，公司稅收卻維持穩定。愛爾蘭二○○三年將公司所得稅最高稅率由16%降為12.5%，比利時二○○二年將公司所得稅最高稅率由40.17%降為33.99%；芬蘭二○○五年將公司所得稅最高稅率由29.0%降為26.0%。另根據黃建興（2007）研究，歐盟十五國加值稅平均稅率一九八○年為17.5%，一九九三年升至18.7%，二○○一年再升至19.4%，二○○四年續升至19.6%。

第三節　租稅對經濟的影響

一、租稅對工作意願的影響

　　縱軸 Y 表示所得，橫軸 L 表示時間，時間 $0G$ 不是用於休閒就是用於工作。Y_1G 表示稅前預算線，若不休閒全部時間工作則所得為 $0Y_1$，全部休閒則所得為 0，預算線斜率為工資率 W_1，即為 $\frac{0Y_1}{0G}$。U_1，U_2 表示無異曲線，預算線 Y_1G 與無異曲線 U_1 切於 E 點，EL_0 表示所得，$0L_0$ 表示休閒，亦即工作時間為 L_0G。課稅後全部時間工作所得由 $0Y_1$ 降為 $0Y_2$，稅後預算線為 Y_2G，其斜率工資率 W_2 下降，Y_2G 與無異曲線 U_2 切於 H 點。作 Y_3A 線與 Y_2G 平行，且切 U_1 於 K 點，E 點與 K 點在同一條無異曲線上，表示這兩點滿足程度相同，從 E 點移至 K 點，即 L_0L_2 為代替效果，表示工資率下降，休閒成本下降，因而增加休閒，減少工作時間；所得效果 L_1L_2，若休閒是正常財，實質所得下降，休閒亦將減少，也就是說工作時間增加。課稅後工作時間變動，端視所得效果與代替效果二者大小而定。圖8-1A顯示課稅後休息時間增加，由 $0L_0$ 增加為 $0L_1$，即工作時間減少，由 L_0G 減為

$L_1 G$；圖8-1B顯示課稅後休息時間減少，由 $0L_0$ 減為 $0L_1$，工作時間增加由 $L_0 G$ 增為 $L_1 G$。通常累進稅有較高的代替率，將使休閒消費大幅增加，減少工作時間。

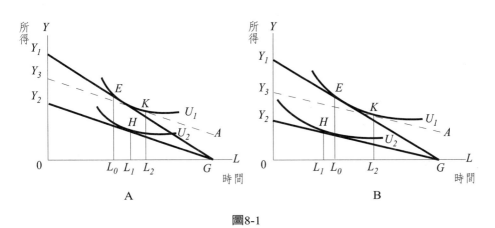

圖8-1

二、租稅與資源分配

每種租稅多少會影響資源分配，茲分述如下：

（一）所得稅

課徵所得稅將降低實質所得，在商品與服務是正常財的情況下，將導致消費減少，進而影響生產及資源分配。由於各種商品與服務的所得彈性不同，所得彈性大者，課稅後實質所得減少，對該商品與服務需求量減少幅度較大；所得彈性小的商品與服務，其影響相對較小。由於所得稅不會直接影響商品與服務價格，不至於影響資源分配。

（二）一般的銷售稅

銷售稅如果對所有商品與服務課稅，沒有減免規定，且採用單一稅率，則其與所得稅的影響類似，對資源分配影響不大。

（三）國產稅、貨物稅、關稅等間接稅

間接稅的課徵會改變商品與服務相對價格，影響消費型態與資源分配。

以課徵貨物稅為例，S 與 D 分別表示商品供給曲線與需求曲線，未課稅時其均衡價格與均衡數量分別為 $0P_0$ 與 $0Q_0$；課稅後供給曲線左移為 S_T，在需求不變下新的均衡價格和數量為 $0P_1$ 與 $0Q_1$，即稅後價格上漲，數量減少。政府稅收增加 P_1P_2GF，消費者剩餘減少 P_0EFP_1，生產者剩餘減少 P_0EGP_2，消費者剩餘損失與生產者剩餘損失之和大於政府稅收，其差額為 EFG（見圖8-2），這就是社會無謂損失（deadweight welfare loss）或稱為超額負擔（excess burden）。

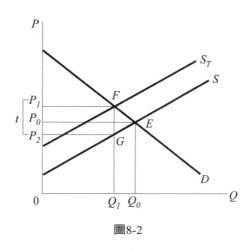

圖8-2

另對進口商品課徵關稅，具有保護國內產業的作用，惟將會促使國內資源轉向受保護、低效率的產業發展，導致資源錯誤分配。

三、對儲蓄與消費的影響

政府課稅將減少可支配所得，因而降低民間消費及儲蓄。一般而言，個人現在的消費會提高目前的享受程度，過度的消費將會降低儲蓄，因儲蓄是所得中未消費部分，可供未來消費。因此，在既定的所得限制下，如

何選擇消費及儲蓄是大眾關注的課題。政府課稅若是具有中立性，亦即只有所得效果，課稅後因實質所得減少，若消費與儲蓄皆為正常財，將使消費與儲蓄均下降。如政府亦對利息所得課稅，不但有所得效果，還有代替效果。代替效果指稅後利息所得減少，人們為維持原先的效用水準，寧可增加消費，以代替儲蓄，以致儲蓄下降。對消費的影響，所得效果使當期消費減少，代替效果使當期消費增加，因此消費變動端視所得效果與代替效果二者大小而定。

　　租稅課徵若包括利息所得，除所得效果外，透過代替效果，將會加重儲蓄下降幅度。儲蓄是稅後所得未用於消費的部分，對儲蓄報酬課稅，即對儲蓄雙重課稅（double taxation effect），將會降低儲蓄意願。

　　近年來有些國家為了鼓勵儲蓄，採取一般的消費稅或利息所得免稅措施，如台灣對利息所得每年有新台幣二十七萬元扣除額。

四、對投資的影響

（一）所得稅

　　企業從事投資活動，承擔風險，負責盈虧。若有盈餘，政府課徵公司所得稅，公司的利潤除須繳公司所得稅外，公司稅後盈餘分配給個人股東後，須繳交個人綜合所得稅，產生重複課稅，影響投資意願。為了避免重複課稅，許多先進國家紛紛採取兩稅合一制，即認為公司法人為法律虛擬體，不具獨立納稅能力，僅係將公司盈餘分配給股東，因此，公司所得與其盈餘分配給股東的股利應僅課徵一次所得稅。另為了降低稅制上的扭曲，各國政府透過獎勵投資措施，如加速折舊、投資扣抵，一定期間（如五年）免稅等措施鼓勵投資。

1.加速折舊

　　公司投資購置設備的成本從每年可稅所得減掉設備的折舊，如折舊等於設備實際損失價值（經濟折舊），則投資創造所得總額大於生產該所得的成本差額將課徵公司所得稅。如採用加速折舊超過經濟折舊，公司將增

提設備成本，減少可稅所得，降低稅負。因此，加速折舊將加速投資設備的回收，有利於投資。

2. 投資扣抵

指政府允許公司新增的投資額一定的百分比可以直接扣抵稅額，投資扣抵率愈高，投資成本愈低，有利於投資。

3. 一定期間免稅

指政府允許公司投資的盈餘於一定期間（如五年）免課公司所得稅。免稅期間愈長，愈有利於投資。

除上述獎勵投資措施，如前所述先進國家政府紛紛降低公司所得稅稅率，亦有助於提升投資意願。

（二）間接稅

通常一般銷售稅的課徵對投資意願影響不大，惟對特定商品及勞務課貨物稅或國產稅等，則將會影響該業者投資意願。另對資本財的進口課徵關稅，則將明顯不利於投資。

第四節　租稅的歸宿

課稅方式有對特殊財貨課稅如支出稅，對生產要素課稅，或對利潤或廠商收益課稅。當政府對某一特定經濟活動課稅，透過主要代理人來收稅，租稅的負擔實際上可能落在他人身上，這種稅負的移轉，稱為轉嫁。我們關心誰真正負擔租稅，這就是租稅歸宿（tax incidence）。所謂租稅歸宿是指消費者支付的價格和生產者收到的價格之間的差額所反映轉嫁程度。

一、對生產者課稅的租稅歸宿

政府對生產者課稅，將使生產者成本增加，供給曲線向左上移動。稅負由生產者與消費者共同分擔，至於誰負擔多少，端視供需彈性而定。

（一）需求彈性的影響

　　從圖8-3、圖8-4看出，在未課稅前市場均衡價格為 $0P_1$，均衡數量為 $0Q_1$；課稅（t）後市場供給曲線由 S 移至 S_T，此時租稅為 P_AP_T，價格上升 P_1P_T，數量減少 Q_1Q_T，如圖8-3需求有彈性，價格略為上漲，需求量將大幅減少；圖8-4需求缺乏彈性，價格上漲幅度較大，需求量也不會減少很多；從圖8-3及圖8-4顯示，課稅後消費者增加負擔 P_TP_1，生產者增加負擔 P_1P_A。很明顯，當需求有彈性，生產者負擔較大，消費者負擔較小；當需求缺乏彈性，消費者負擔較大，生產者負擔較小。課稅後，消費者剩餘損失為 EFH，生產者剩餘損失為 EGH，總剩餘損失為 EFG。

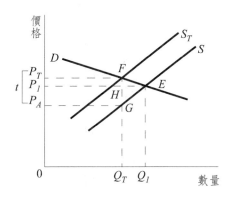

圖8-3　需求有彈性情況

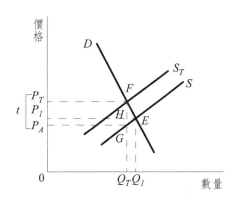

圖8-4　需求缺乏彈性情況

（二）供給彈性的影響

1. 供給完全彈性

　　在供給完全彈性下租稅 P_AP_T 全落在消費者（見圖8-5）身上，稅後生產者實際收到的價格與稅前一樣 $0P_1$ 或 $0P_A$，消費者付出的價格為 $0P_T$，價格增加 P_AP_T 等於租稅，租稅負擔完全轉嫁到消費者。在這種情況，沒有生產者剩餘損失，僅有消費者剩餘損失（P_TP_1EF）。

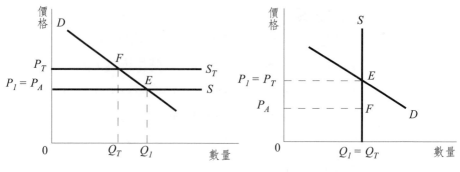

圖8-5 供給完全彈性的情況　　　　圖8-6 供給完全缺乏彈性的情況

2. 供給完全缺乏彈性

在完全缺乏彈性下租稅 $P_T P_A$ 負擔全落在生產者（見圖8-6），稅後生產者實際收到的價格為 $0P_A$，與稅前價格 $0P_1$（即 $0P_T$）之間差額 $P_T P_A$ 為租稅，租稅完全由生產者負擔。在這種情況下沒有消費者剩餘損失，僅有生產者剩餘損失（$P_1 EFP_A$）。

二、對消費者課稅的租稅歸宿

當稅法規定購買者有責任支付稅款給政府，即政府對消費者課稅，圖8-7顯示，需求曲線由 D 向左下移至 D_T，稅負表面上由消費者負擔，實際上是消費者與生產者共同負擔，租稅轉嫁能力應視供需彈性而定。

圖8-7未課稅前市場均衡價格為 $0P_1$，均衡數量為 $0Q_1$，對消費者課稅後市場需求曲線由 D 移至 D_T，價格由 $0P_1$ 增為 $0P_T$，上升 $P_1 P_T$，課稅 $P_T P_A$，其中 $P_1 P_T$ 由消費者負擔，$P_1 P_A$ 由生產者負擔。二者負擔大小，如同對生產者課稅一樣，端視供需彈性而定。需求彈性愈大，消費者負擔愈小，生產者負擔愈大；供給曲線彈性愈大，消費者負擔愈大，生產者負擔愈少。

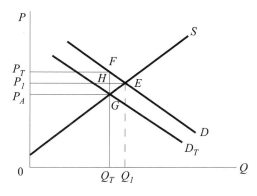

圖8-7　對消費者課稅情況

三、從量稅與從價稅比較

（一）從量稅（unit tax）

對每單位商品課固定金額的稅 T。P 為稅前價格，稅後價格 $P_T = P + T$。課從量稅，需求曲線由 D 移至 D_U（見圖8-8）。

（二）從價稅（ad-valorem tax）

對每單位商品價值課徵的稅率（t）。稅後的價格 $P_T = P(1 + t)$，課從價稅後需求曲線由 D 移轉至 D_A（見圖8-8），即商品價格愈高，課稅愈多。

在完全競爭下，為了籌措同樣的稅收，從量稅課的稅比從價稅多。圖8-8 D_U 與 D_A 是在 E_T 點籌措同樣的稅收，稅後銷售量從 $0Q_1$ 降為 $0Q_T$，價格從 $0P_1$ 上漲至 $0P_T$。二種稅均籌措 $P_TP_A \times 0Q_T$ 的稅收。若比較二者在稅前價格 $0P_1$ 時課的稅，從量稅為 E_1E_U，從價稅是 E_1E_A。可見從量稅課的稅比從價稅多。

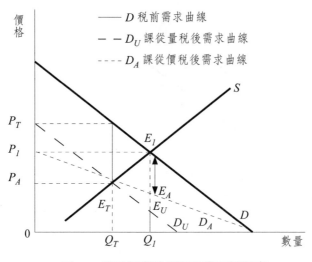

圖8-8 從量稅與從價稅課徵不同稅率

第五節 台灣稅制改革

一、背景

　　政府為積極推動經濟發展及社會福利措施而採取各項租稅減免，使租稅負擔率由一九九一年的17.4%，逐漸下降至二○○二年的11.9%，近年來略有回升，二○○四年為12.2%，較韓國的19.5%，日本的16.5%，以及OECD國家平均的27%為低。租稅負擔率偏低，影響財政健全及租稅公平。

　　由於政府支出規模未能縮小，以及租稅負擔偏低，致財政年年出現赤字（含特別預算），導致債務不斷上升。各級政府債務餘額占GDP的比率，由一九九一年的14.2%，提升為二○○○年的28.6%，二○○九年更增為38%（見表8-1）。政府於二○○三年提出財政改革方案，二○○六年起實施最低稅負制，二○○七年納稅義務人首次依最低稅負制申報納稅，使適用租稅減免規定而繳納較低所得稅負者，至少負擔一定比例之所得稅。

依規定營利事業適用稅率為10%，個人適用稅率為20%，惟個人所得新台幣六百萬元以上才適用。若一般所得稅額高於或等於基本稅額，則依一般所得稅款納稅；若一般所得稅額低於基本稅額，則就二者差額，繳納基本稅額。以使有能力納稅者，對國家財政有基本的貢獻。財政部於二○○七年三月提出稅制改革規劃報告、行政院於二○○八年二月提出輕稅簡政措施。二○○八年五月新政府上任後，翌月底成立行政院賦稅改革委員會，於一年內針對現行稅制與稅政改革進行深入檢討與研究，並提出具體改革措施。

表8-1　各級政府賦稅及債務餘額占GDP比重　　　　單位：%

年別	賦稅／*GDP*	債務餘額／*GDP*
1991	17.4	14.2
2000	13.3	28.6
2001	12.7	30.4
2004	12.2	34.1
2005	13.4	34.9
2006	13.1	34.2
2007	13.4	33.3
2008	13.9	34.5
2009	12.2	38.0

註：債務餘額（含特別預算），二○○八年度以前為決算審定數，二○○九年度為中央為院編
　　決算。
資料來源：行政院主計處統計手冊。

二、賦稅改革理念

　　國際間稅制改革趨勢，除考量稅租公平外，應兼顧市場效率與經濟發展；稅制改革規劃的理念，即在追求二者間的平衡。

　　二○○八年賦稅改革的四大願景為：經濟發展、社會公義、國際競爭

力與永續環境;其目標為增效率、廣稅基與簡稅政。

三、賦稅改革的重點

(一)擴大稅基

政府為達成特定經濟、社會目的,採行各種租稅減免措施,致稅基侵蝕影響稅收,特別是減免利益集中少數納稅義務人,造成租稅不公平,不符合社會正義。因此,各界期盼擴大稅基促使租稅公平。

1. 九十八年底促進產業升級條例(簡稱促產條例)落日後,終止各項租稅獎勵。九十九年五月政府公布產業創新條例,僅保留一項功能性獎勵,即研究發展支出可適用投資抵減(抵減率15%)。

2. 軍教人員薪資所得免稅規定的取消,將告別身分別免稅,符合量能及租稅公平原則。目前已將所得稅法修正草案送立法院審議。

3. 實施噸位稅(tonnage duos)。航運業從事跨國經濟活動,常在低稅區設立子公司,將其所屬的船舶在該公司登記,成為權宜船籍,以逃避營利事業所得稅(或公司所得稅),致船舶主要股東所屬國家課不到稅。先進國家乃紛紛實施噸位稅。九十八年底立法院通過噸位稅,營利事業得選擇以船舶淨噸位推計所得課稅,財政部估計實施噸位稅每年增加稅收約2億元。

4. 稽徵機關加強查核農舍是否與農業經營有關,覈實課稅。

5. 地方政府覈實評定房屋標準價格,及公告地價,並檢討土地稅及房屋稅減免規定,以提高財產稅收入。

(二)降低稅負

1. 調降所得稅稅率

(1)調降營利事業所得稅稅率

目前國際間朝向降低所得稅稅率趨勢,特別是如前所述先進國家紛紛調降公司所得稅稅率。台灣取消促產條例租稅獎勵後,營利事業所得稅(簡稱營所稅)稅率由25%降為20%。惟在立法院審議產業創新條例時,

決議營所稅率降為17%。立法院已在九十九年五月通過營所稅降為17%。

(2)調降綜合所得稅

① 九十八年底修正所得稅法，公布提高扣除額，綜合所得稅（簡稱綜所稅）標準扣除額個人由46,000元提高至73,000元；有配偶者由92,000提高至146,000元。薪資所得特別扣除額及身心障礙特別扣除額分別由78,000元及77,000元提高至100,000元。教育學費特別扣除額由就讀大專以上院校子女每戶以25,000元為限，修正為每人以25,000元為限。

② 調降綜合所得稅稅率級距，由「21%、13%及6%」調降為「20%、12%及5%」，已於九十八年五月底公布實施。

2. 調整遺產及贈與稅之稅率結構

(1)調整稅率結構

遺產稅最高邊際稅率由50%調降為10%，並採單一稅率；已於九十八年一月下旬公布實施。

(2)提高免稅額

遺產稅免稅額新台幣七百九十九萬元、贈與稅免稅額每年一百一十一萬元，分別提高為一千二百萬元與二百二十萬元。

（三）簡化稅制稅政

由於租稅減免措施涉及減免項目的認定、免稅所得計算、成本費用分攤等議題，致徵納雙方輒有爭議，增加稽徵手續及成本，因此，有必要簡化稅制稅政。

1. 簡化稅政

(1)新增綜所稅線上申辦項目及附件遞送方式，並於財政部稅務入口網新增具有試算功能之綜所稅結算申報書表。

(2)簡化營業稅網路申報附件之提供。

(3)成立推動小組推廣電子發票之使用。

⑷整合公司、商業,與營業登記資料,完成跨機關交換機制。

2.疏減訟源

⑴設立納稅人申訴中心及稅務線上諮詢服務中心,暢通溝通管道及提供「即時答」服務。

⑵申報期間設立網路申報專區提供人員及機台,專責服務營業人網路申報。

⑶具代表性案例之復查決定書及實質課稅原則核課稅捐之相關案例等上網公告,降低徵納雙方認知上差異。

⑷協談程序制度化,統一規範徵納雙方應行注意之事項及遵守之條款。

(四)研究綠色稅制

綠色稅制如能源稅或碳稅等有助於產業朝低耗能及低碳產業結構轉型,可提高能源使用效率並減少二氧化碳的排放量,符合世界潮流,並有助於節能減碳產業的發展。其稅收可用於促進經濟成長補助大眾運輸系統及低收入戶等。

第六節　結語

租稅是政府向人民強制課徵稅收,政治決定誰應納稅。租稅是政府財政收入的主要來源,且為公共財的主要財源,而且也是社會重分配的工具。最近思維為政府應減少介入經濟事務,降低稅負。政府在課稅時應考量財政、經濟、社會等觀點,以決定租稅最適合的準則,這就是租稅原則。租稅原則可歸為效率、公平及便利。

在全球化潮流下,各國租稅制度有所調整。由於多國公司將在世界各地選擇最有利的地點投資,往往將稅負列入重要考慮因素之一。致先進國家稅制有所改變,公司所得稅稅率下降,加值稅稅率提升。

租稅對經濟的影響有四點:⑴對工作的影響,課稅對工時的變動視

休閒及工作時間是否為正常財及所得效果與代替效果的影響而定；⑵對資源分配影響，端視課稅是否影響商品與服務的相對價格而定；⑶對儲蓄與消費的影響，端視儲蓄與消費是否為正常財，與是否僅有所得效果，或者還有代替效果而定；⑷對投資的影響，對公司所得與對特定商品與服務課稅，將影響投資。

　　無論是對生產者或消費者課稅，稅負由生產者與消費者共同分擔，至於誰負擔多少，端視供需彈性而定。

　　台灣租稅負擔率偏低，財政支出規模未能縮小，致財政赤字連連，債務餘額不斷增加。政府於二〇〇三年提出財政改革方案，財政部於二〇〇七年三月提出稅制改革規劃、二〇〇八年二月行政院輕稅簡政措施。二〇〇八年五月新政府上任後，翌月底成立行政院賦稅改革委員會，提出具體改革措施，改革願景為經濟發展、社會公義、國際競爭力與永續發展，其目標為增效率、廣稅基與簡稅政。賦稅改革的重點：⑴擴大稅基，如取消促進產業升級條例中各項租稅獎勵（研究發展支出除外）、取消軍教人員薪資免稅等；⑵降低稅負，如調降所得稅率及遺產稅稅率等；⑶簡化稅制稅政，如簡化營業稅網路申報手續等；⑷研究綠色稅制，如能源稅與碳稅等。

Chapter **9**

管制與促進競爭政策

第一節　管制與競爭意涵

政府採取管制（regulation）措施的主要原因為：(1)市場失靈，有自然獨占、外部性及資訊不對稱等形式，管制是要矯正市場失靈，以改善大眾的利益；(2)政府對某些商品或服務的市場價格不滿意而介入；(3)既得利益者遊說國會要求政府立法加以管制。

管制是由政府制定法律，經國會立法同意或經由國會同意授權行政機關訂定法規。這些法律或法規說明了管制的目的、權力，以及應用法律、法規的情況，對違反者採取制裁或罰鍰等法律的約束。管制內容包括市場進入、價格、工資、健康、安全、污染，對特定商品與服務之生產標準的規範等。管制對象範圍很廣，包括公用事業如水、電力、瓦斯、通訊及交通等。管制會使有些人增加成本，有些人會增加效益，有效的管制是使整個社會或國家總效益大於總成本。

促進競爭政策的目的在促進企業競爭與保護消費者福利。因此，政府採取消極政策規範違反競爭行為，如對反托拉斯（antitrust）及反卡特爾（anti-cartel）限制競爭協定或濫用市場力量加以規範，以及合併的管制等；並採取積極開放政策，包括開放市場、降低或取消關稅等。這些政策有助於加強開放及維持競爭市場。換言之，透過促進競爭政策來促使廠商之間的競爭及生產力提升而降低成本、降價及改善品質，並促進資源重分

配，使資源從低生產力廠商移轉至高生產力的廠商。另透過降價及品質改善的競爭也使消費者獲益。

管制與促進競爭政策有部分重疊，如管制獨占等。但促進競爭政策不等於管制，如歐盟促進競爭政策包括國家援助，這不屬於管制的領域。另管制政策包括基於安全、衛生、環保等的管制，這些項目不屬於促進競爭政策。

第二節　管制理論

管制是克服市場失靈的工具。歐美等先進國家對自然獨占的公用事業如電力、電信、鐵路、自來水、郵政等早期大都採取國營，後來政策改變，認為國營事業缺乏效率，因而紛紛改為民營。亦即由國營獨占事業移轉為民營獨占事業，政府有必要採取管制措施。因此，管制亦可應用於民營化後的公用事業等。

一、市場力量

在不完全競爭市場，廠商運用市場力量，管制者需要考慮哪種管制是可行的及令人滿意的。有些市場具有獨占力量，管制是為了促進競爭；有些市場競爭是可行的，可是卻令人不滿意的，因而需要加以管制。

英國民營化的時代，大部分的廠商具有獨占力量，但非自然獨占（如鋼鐵與煤）。因此，競爭是可行的，且可令人滿意的。在這種情況，新廠進入應受到鼓勵，且不需要管制。若產業是自然獨占，競爭是白費心機。瓦斯、輸電業、自來水及鐵路是屬於此一情況。

網絡（network）的特性讓競爭優勢的廠商成為自然獨占的廠商，新進入者很難與獨占廠商競爭。在這種情況，管制獨占事業是必要的。若技術進步挑戰自然獨占地位，且便於競爭，此時管制是不必要的。以通訊為例，中華電信公司獨占地位來自於電話網絡系統。然而，技術改變帶來了對傳統技術的挑戰及不利於電話網絡的獨占。手機、國際衛星電話及有線

電視取代傳統通訊技術。同樣地，無線電視受限於電波系統，僅能給少數幾家電台。小耳朵及有線電視的發展，創造了更多的頻道。在通訊產業與電視產業，技術進步意味著競爭更加激烈。

　　民營化後的企業試圖透過適當兼併或接管來擴大其市場力量，競爭管制部門須對此進行干預。如英國，獨占與合併委員會（Monopolies and Mergers Commission, MMC）與公平交易局（Office of Fair Trading, OFT）負責執行促進競爭政策，同時也對民營化企業的合併、接管活動予以監督、管制。

二、外部性

　　公共事業與鐵路事業透過網絡產生一些正的外部效果。以電信事業為例，網絡的覆蓋範圍愈大，所獲得的邊際效益愈大。當你的親朋好友都在同一網絡，你的電話費用將可節省許多。如果每家競爭者都在經營自己的網絡，由於網絡覆蓋範圍不夠大，以致每家平均固定成本居高不下。如競爭者共同使用一個網絡，則管制者將對網絡獨占者提供競爭者使用其網絡的定價進行監管。

　　通訊設備如公用電話的社會效益也是一個重要話題，中華電信公司在民營化後仍然保留著這項服務。公用電話的服務具有非常誘人的掠取利潤（cream-skimming）。所謂掠取利潤是指企業只在獲利豐厚的市場裡經營，即僅在繁華的機場、車站等地設立公用電話，而不願設在鄉村的路旁。管制者應決定在這種競爭環境是否需要保護現有企業。管制者應保障公眾的權利，這表示鄉村居民也應獲得和城市居民獲得同樣的服務，儘管這些服務可能是沒有利潤。如中華電信公司不僅在大城市、機場、車站提供公用電話以賺取厚利，並在鄉村地區提供公用電話服務。

　　負的外部效果也可能存在，如自來水和電力的污染。管制者應監督對環境有影響的企業的活動，這對自來水公司尤其重要。管制者需要監督水公司，保證飲用水和廢水處理達到國際規格。

三、資訊不對稱

　　許多事業有資訊不對稱的問題,管制者的責任是保護消費者,以防止企業利用其掌握資訊的優勢,影響消費者的權益。通常服務提供者比消費者擁有較多的資訊。如在健保服務的提供上表現尤為突出,教育提供次之。又如在證券市場,公司負責人、經理等掌握公司的資訊比一般投資人為多,若前者利用掌握資訊的優勢從事證券買賣,將使後者居於劣勢。政府為促進市場公平交易,對於資訊公開及內線交易有所規範。

四、管制的做法

　　通常採取管制的項目為對商品與服務的價格、品質及新廠進入的限制。

(一) 價格管制

　　價格管制首先應了解廠商生產成本。在實施多種費率的產業,對每一種商品價格進行管制的成本很高,因此,通常採取以一籃價格的平均水準來進行管制。在單一費率的產業,如瓦斯產業,可採取對單一價格來管制。價格管制通常採取價格(P)等於邊際成本(MC)法,即$P = MC$;或價格等於平均成本(AC)法,即$P = AC$。

1.價格等於邊際成本法

　　價格等於邊際成本可使資源達到最適的利用,惟在規模經濟的產業,平均成本隨著產品增加而下降,此時MC亦下降,降幅大於AC,致在$P = MC$時,$P < AC$(見圖9-1)會導致廠商虧損,除非政府加以補貼,否則廠商將無法維持長期營運。

2.價格等於平均成本法

　　採取價格等於平均成本法,廠商將可維持正常利潤,惟此時生產並非資源最適利用之點。另在$P = AC$下,若廠商提升效率,降低生產成本,管制者立即要求降價,廠商未能獲得降低成本的好處,將使廠商缺乏意願提升效率。

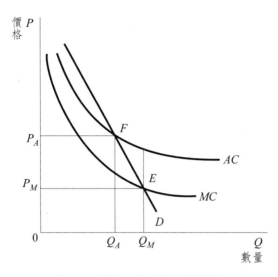

圖9-1　成本下降時的價格管制

（二）品質管制

　　管制者針對商品或服務制定一套的標準。其理由為：⑴高品質的商品或服務可能與低價格的目標衝突；⑵在缺乏競爭下，廠商沒有壓力提供高品質商品；⑶在某些領域，廠商必須依照法律的規定提供高品質的商品，如飲水。管制者必須確保廠商商品的品質符合標準。

（三）進入管制

　　管制者基於新廠進入將導致惡性競爭，影響安全之理由等，因而對新廠進入加以管制。如美國在一九三八年起對航空業進入的管制；有些國家對新銀行進入加以管制，如台灣在一九九〇年前商業銀行的設立受到管制。

五、管制失靈

　　正如公營事業的效能受到多重目標的限制，管制者也面臨太多的目標。價格管制與品質保證之間的矛盾已如前述。這種衝突可能在公共服務與獲利能力之間出現（如電信業中公共電話）。

　　管制者與企業之間資訊不對稱也將限制管制者的效能。此一問題在民營化後的企業仍是獨占者時更為突顯，因為管制者未能從該企業獲得完整的資訊。

　　管制者的利益和企業的利益如有密切關聯，將會形成政策獵取（regulatory capture），此一名詞是由Stigler（1971）率先提出。政策獵取指被管制企業能影響管制者的決策，即企業遊說政府採取管制。管制機關往往維護生產者的利益而非整個社會的利益，亦即消費者損失來自管制，管制利益由生產者獲得。如美國民航局維護航空業的利益，拒絕新的航空公司進入達四十年之久。因此，管制者的地位和業務應受公眾的監督。若管制者地位健全，他們較有動機做好監督工作。芝加哥學派經濟學者如Milton Friedman等認為管制對效率有不良的影響，管制會導致成本上升，所有管制是有害的，應加以廢除。此一論點獲得美國政府認同，因此一九七〇年代以來，美國政府逐步採取解除管制措施。

第三節　促進競爭政策

一、不完全競爭市場

　　在不完全競爭市場，寡占產業追求利潤極大化的廠商將從事策略行為，以獲得或維持市場力量，並獲取預期利潤。寡占廠商向後整合的動機在於控制生產要素的供應，以提高進入障礙；廠商向前整合的動機在於掌握經銷商或對於經銷商垂直整合，以提高進入門檻。在不充分資訊的條件，支配廠商採取掠奪性行為抵制未來新廠進入。在不完全競爭市場，追求利潤極大化的廠商從事策略行為，限制對手的機會，以增加其利潤；其採取購物折扣退款及其他契約等行為，以提高顧客轉向其他供應商購買的成本，或採取專屬經銷商以提高其他廠商之進入成本等。

　　在不完全競爭市場，廠商運用市場力量是正常的情況而非例外。理論上，在不完全競爭市場，合作是受到法律或法規的限制，廠商間達不到聯

合利潤極大化。廠商及市場結構的理論與實證研究，認為均衡市場結構是不完全競爭。現實世界，資訊是不完整的、產品品質是有差異的、新廠商的進入有沉沒成本（sunk cost），個別廠商從事策略行為以增加其市場力量；完全競爭市場績效是一種理想，可是卻不可能達成。現實世界能達成最佳市場績效是不合作的寡占均衡，在此一均衡下，廠商運用市場力量。

二、資源錯誤分配與消費者福利

美國反托拉斯政策（antitrust policy）建構一套企業執行的規則，其目的在極小化單一與集體廠商運用市場的力量。此一政策主要針對勾結、限制的策略及反競爭合併的禁止。最終目的是在保護消費者及社會不受廠商市場力量不利的影響。

假定反托拉斯政策追求極小化資源錯誤分配效果的市場力量，即

$$R_1 = min\ DWL \tag{1}$$

(1)式中 *DWL* 為社會無謂損失（deadweight welfare loss），R_1 為極小化社會無謂損失，即圖9-2的 *L*。

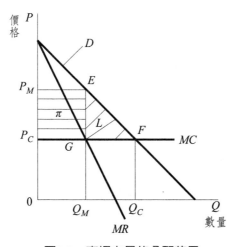

圖9-2　市場力量的分配效果

假定反托拉斯政策追求消費者從市場力量遭遇到的損失極小化,即社會無謂損失加上從消費者移轉給生產者的所得(π)(見圖9-2)。

$$R_2 = min(DWL + \pi) \tag{2}$$

(2)式中 π 是廠商由市場力量所獲得的經濟利潤,R_2 為極小化消費者損失。

如社會無謂損失為零,經濟利潤亦為零,亦即 $R_1 = 0$,也就是說沒有因為產出的限制而導致社會無謂損失,此時,R_2 亦為零,即達成極小化消費者損失。即沒有所得從消費移轉給生產者。若 $DWL + \pi = 0$,DWL 亦等於零。R_2 與 R_1 均達到極小化。此時,廠商無運用市場力量,也沒有資源錯誤配置,亦沒有消費者所得移轉至生產者的問題。

採取目標極小化社會無謂損失的公共政策,對提高生產效率、成本節省的合併計畫可能被批准,即使未降低價格讓消費者獲得好處。在消費者福利標準下,提高商品價格的合併計畫很難被消費者所接受,且將受到譴責。

美國芝加哥學派的觀點認為反托拉斯法(Antitrust Law)唯一的目標應在市場力量下極小化資源錯誤分派 R_1。反托拉斯關心是生產及分配效率。合併是企業策略,若未限制生產,不可能由於資源錯誤分配而造成福利的損失,因此,這不是反托拉斯關心的主題。

Lande(1982)認為美國反托拉斯法應以消費者福利為標準,強調價格增加而非產出限制。在價格法則下,合併即使可能導致成本節約,惟若提高價格,將受到消費者譴責;若能降低價格,使消費者獲益,則此一合併計畫對社會是有益的。

如產品品質沒有差異,廠商提高價格唯一的方法是限制生產,即沿著需求曲線移動。如產品品質有差異,廠商能移動需求曲線的位置,以自己的廠牌從事廣告及銷售努力。廠商透過需求曲線向右移動而使價格及生產

均增加。以這種方法，即使運用市場力量把資源錯誤成本加諸社會上，生產仍可能增加。

如現有廠商採取策略行為，提高實際或潛在的對手廠商的成本，迫使對手廠商減產。極端的情況，對手廠商的生產將被迫降為零，亦即退出市場。在這種情況下，通常現有廠商增產幅度小於對手廠商減產幅度。因此，整個市場生產將減少，且低於完全競爭水準。

就美國體制而言，競爭是市場基本的特性，不僅因為其鼓勵經濟效率及物質進步，而且因為其提出極端重要的政治目標。競爭過程很大的好處是能在極小化的政治干預下達成經濟活力。

三、美歐促進競爭政策

（一）美國促進競爭政策

美國是世界上最早將促進競爭政策明訂法律的國家，茲將其所訂定主要法律規範說明如次：

1. 蘇曼反托拉斯法（Sherman Antitrust Act）

該法案於一八九〇年訂定，有兩個主要條款，其重點為：

⑴任何一項合約，不論是在國內各州或與外國之貿易或商業行為，凡以托拉斯的形式結合或者共謀，均為非法，且被視為罪犯。

⑵任何人在國內各州，或與外國間貿易或商業行為，意圖獨占或圖謀與他人結合或共謀，任何一環節實施獨占者，將被視為違法。定讞時，法院可判決五萬美元以下罰金，或處一年以下有期徒刑，或是罰款與坐牢。

2. 克雷登法（Clayton Act）

該法於一九一四年訂定，針對企業慣例加以規範，以彌補蘇曼法案的不足，該法的主要內容：

⑴差別待遇

任何人從事商業行為，直接或間接對購買相同等級與品質商品的不同

客戶給予差別待遇，此種差別待遇的效果將大幅降低競爭，或導致獨占、傷害、破壞或阻礙競爭。

(2)行銷規範

有些行銷協定大幅降低競爭，甚至導致獨占，因此，有必要加以規範。

①禁止專屬經銷商合約：禁止合約規範經銷商不得向對手供應商進貨銷售。

②禁止搭售合約（tying contracts）：合約不得規定購買某一商品，同時需要購買其他商品。

(3)三倍賠償規定

任何人可以舉證說明自己曾經因為非法的交易協議受到損失者，可以提出控告，最多可獲其列舉損失金額三倍的賠償，這就是有名的三倍賠償規定（rule of treble damages），目的在鼓勵民眾循法律途徑對抗共謀的寡占廠商。

3. 聯邦貿易委員會法（Federal Trade Commission Act）

依據該法設立獨立聯邦貿易委員會，有五位委員，由總統提名經參議院同意任命，任期七年，該委員會與司法部共同執行美國反托拉斯政策。該法主要規範為，商業上或影響商業不公平的競爭方法，與不公平行為或詐欺行為，或商業慣例，被認為非法。

4. Celler-Kefauver Act

克雷登法規範禁止透過股票取得而達成違反競爭的合併，但未禁止透過資產取得達成合併，執行上產生漏洞。因此，在一九五〇年提出Celler-Kefauver Act修正克雷登法，修正為禁止以股票或資產取得達成合併，以使合併的影響大幅降低競爭。

（二）歐盟促進競爭政策

截至二〇〇七年底，歐盟會員國有二十七國，在二〇〇四年五月會

員國由十五國增為二十五國，這是歐盟歷史上最大的增幅。儘管歐盟各國經濟發展與競爭背景之間有顯著差異。為促進歐盟競爭，使企業與政府能夠順利運作，歐盟採取改善競爭政策，加強開放市場及維持競爭市場，可提升競爭力，並促進經濟整合，以保障消費者權益。歐盟的促進競爭政策肇始於歐盟前身歐洲經濟體（European Economic Community, EEC）一九五七年的羅馬條約（Treaty of Rome）。現在已改名為歐市條約（Treaty Establishing the Economic Community）。

Pucinskaite（2004）指出歐盟促進競爭政策三個支柱為反托拉斯、合併管制及國家援助（State Aid），其中國家援助是其特點，茲扼要說明如次：

1. 反托拉斯

反托拉斯重點為限制競爭協定與濫用市場力量。

(1)限制競爭協定

事業之間勾結，或事業組成卡特爾，試圖固定價格或劃分市場，違反競爭行為是被禁止的。

(2)濫用市場地位

事業擁有高的市場占有率並不違法，若事業濫用市場地位，如使客戶付出不公平的價格，或透過掠奪性的定價壓榨較小規模的競爭者，或與經銷商訂定專賣條款、搭售（tying）等，該事業將違反競爭規範。

2. 合併管制

合併與接管可能影響歐盟的競爭，因此，規範事業在一定期間銷售額超過一定金額，若要合併則受到歐盟執委會（European Commission）的管制。

3. 國家援助

歐盟禁止會員國政府援助事業，其理由是避免扭曲歐盟內部市場的競爭，有助於會員國財政健全，促進經濟及社會凝聚。若會員國政府對該國競爭力較差的事業加以援助，扭曲競爭將影響會員國之間交易，這與歐盟

促進競爭精神背道而馳。會員國政府援助事業在特殊情況可以被接受，惟須向執委會申請，執委會嚴格管制這種豁免。

歐盟促進競爭政策由歐盟執委會及競爭總署（Directorate-General for Competition）、會員國競爭署及會員國法院共同執行。

第四節　台灣的促進競爭政策

一、公平交易法的目的

民國八十年二月台灣通過公平交易法，翌年二月開始施行，並於八十八年二月、八十九年四月、九十一年二月及九十九年六月四次修法。公平交易法的目的為維護交易秩序，確保自由公平的競爭，使資源利用達到最大的效率，並維護消費者利益，及促進經濟之安定與繁榮。

公平交易法規範主體為事業，依該法規範事業有四種類型，即公司、獨資或合夥之工商行號、同業公會、其他提供商品或服務從事交易之人或團體。

公平交易法規的範圍可分為「限制競爭」與「不公平競爭」兩大部分，茲分述如次：

（一）限制競爭

公平交易法第二章獨占、結合、聯合行為屬限制競爭範疇，旨在排除妨礙競爭之行為，促進市場自由競爭。

1.獨占

⑴獨占的定義

公平交易法所稱獨占事業不僅包括經濟學所指某一市場唯一的買方或賣方，還包括二家以上的事業，不為價格競爭，且其全體之對外關係具壓倒性地位，可排除其他競爭能力者。

⑵獨占市場占有率

獨占事業若未達下列標準者，不列入獨占事業認定範圍：

①一事業在特定市場占有率達二分之一。

②二事業全體在特定市場占有率達三分之二。

③三事業全體在特定市場占有率達四分之三。

此外，基於規模考量，上述個別事業在該特定市場占有率未達到十分之一，或上一會計年度銷售金額未達新台幣十億元者，亦不列入獨占事業。

(3)獨占事業的禁止行為

為防止獨占事業濫用市場地位，破壞競爭秩序，因此，規範獨占事業不得有下列行為：

①以不公平之方法，直接或間接阻礙他事業參與競爭。

②對商品價格或服務報酬，為不當之決定、維持或變更。

③無正當理由，使交易相對人給予特別優惠。

④其他濫用市場地位之行為。

2.結合

事業結合的結果，可能導致獨占、限制市場競爭，因此，有必要對事業結合加以規範。

(1)結合的定義

結合的定義有下列五種態樣：

①與他事業合併者。

②持有或取得他事業之股份或出資額，達到他事業有表決權股份或資本總額三分之一以上者。

③受讓或承租他事業全部或主要部分之營業或財產者。

④與他事業經常共同經營或受他事業委託經營者。

⑤直接或間接控制他事業之業務經營或人事任免者。

(2)結合申報

為鼓勵中小企業合併以達到經濟規模，公平交易法僅對達到一定規模的事業結合予以規範，即有下列情形者，應事前向公平交易委員會（稱公

平會）提出申報。

①事業因結合而使其市場占有率達三分之一者。

②參與結合之一事業，其市場占有率達四分之一者。

③參與結合之事業，其上一會計年度之銷售金額，超過公平會所公告之金額者。

公平會對銷售金額公告為：

a.參與結合之事業為非金融機構，其上一會計年度之銷售金額超過新台幣一百億元，且與結合之事業，其上一會計年度之銷售金額超過新台幣十億元者。

b.參與結合之事業為金融機構，其上一會計年度之銷售金額超過新台幣二百億元，且與結合之事業，其上一會計年度之銷售金額超過新台幣十億元者。

3. 聯合

(1)聯合行為的定義

聯合行為指事業以契約、協議或其他方式之合意，與有競爭關係之他事業共同決定商品或服務之價格，或限制數量、技術、產品、設備、交易對象、交易地區等，相互約束事業活動之行為。上述聯合行為以事業在同一產銷階段之水平聯合為限。

(2)聯合行為的禁止

聯合行為限制市場競爭，妨礙價格調整功能，危害消費者權益，因此，原則禁止。惟聯合行為若有益於整體經濟與公共利益時，則不宜完全否定其功效而予以禁止，因此，有例外許可規定，若有下列情況，經向公平會申請且獲許可者，不在此限。

①降低成本，改良品質或增進效率，而統一商品規格或形式者。

②為提高技術、改良品質、降低成本或增進效率，而共同開發商品或市場者。

③為促進事業合理經營，而分別做專業發展者。

④為確保或促進輸出，而專就國外市場之競爭予以約定。

⑤為加強貿易效能，而就國外商品之輸入採取共同行為者。

⑥經濟不景氣期間，商品市場價格低於平均生產成本，致該行業之事業，難以連續維持或生產過剩，為有計畫適應需求而限制產銷數量、設備或價格之共同行為者。

⑦為增進中小企業經營效率，或加強其競爭能力所為之共同行為者。

（二）不公平競爭

公平交易法第三章：不公平競爭包括對限制轉售價格行為、限制競爭或妨礙公平競爭之虞、仿冒行為、虛偽不實行為、損害他人信譽行為、多層次傳銷，以及其他欺罔或顯失公平行為之規範，簡述如次：

1. 限制轉售價格行為

係規範上、下游廠商間垂直限制競爭行為之一，指事業對於其交易相對人，就所供給之商品設定轉售價格，限制交易相對人遵行之行為，規範這種約定無效。

2. 限制競爭或妨礙公平競爭之虞

涵蓋杯葛、差別待遇、不當爭取交易相對人，不當使他事業參與結合或聯合、不當獲取他事業營業秘密，以及不當限制交易相對人之事業活動等禁制規定。妨礙公平競爭之虞應從「競爭手段」與「競爭結果」來看，事業採取競爭手段是否具有不公平性，若不公平未達違法應從競爭結果來看，是否減損市場之自由競爭機能來判斷。

3. 仿冒行為

仿冒行為嚴重侵害他事業的權益，影響市場競爭的公平性。仿冒行為的規範涵蓋「商品表徵」、「營業、服務表徵」，以及「未經註冊外國著名商標」的仿冒行為，禁止仿冒行為有助於維護事業長期努力的成果，確保公平競爭。

4. 虛偽不實或引人錯誤廣告、表示行為

廣告是影響消費者購買行為的直接因素，廠商以虛偽不實或引人錯誤的廣告促銷，將造成消費者無法正確選擇所需的商品或服務，同時對其他守法同業形成不公平競爭，影響競爭秩序，因此有必要加以取締。

5. 損害他人營業信譽行為

禁止事業陳述或散布足以損害他人營業信譽的不實資訊，藉以爭取交易機會，破壞公平競爭行為。

6. 多層次傳銷

指事業透過多層的直銷商來銷售商品或提供服務。多層次傳銷經營靠人際關係來拓展其業務，可縮短產銷之間距離，節約通路成本，讓消費者享受物美價廉的商品，及高品質的服務，對經濟有正面貢獻。若多層次傳銷被不肖商人惡意濫用，成為詐財吸金的老鼠會，造成多人受害，形成社會問題。因此，有必要對多層次傳銷加以規範，禁止事業從事變質多層次傳銷行為。

7. 其他欺罔或顯失公平行為

除上述規範外，事業對於交易相對人，以欺瞞或隱匿重要交易資訊，致使交易相對人陷於錯誤，影響交易秩序；或以不符合商業競爭倫理、手段或濫用市場相對優勢地位，從事不公平交易行為，亦有必要加以取締，維護公平競爭。

二、違反公平交易法情況

根據行政院公平交易委員會統計，公平交易法執行，從民國八十一年至九十九年七月底違反公平交易法處分件數總計有三千二百八十六件，進一步分析，違反限制競爭行為計有三百五十二件，其中以聯合行為一百五十一件與妨礙公平競爭行為一百一十五件較多；違反不公平競爭行為有二千四百一十六件，其中以虛偽不實或引人錯誤廣告行為一千四百五十四件最多。其次為欺罔或顯失公平行為九百七十六件，第三為非法多層次傳銷行為四百四十二件（見表9-1）。

表9-1　違反公平交易法案件統計　　　　　　單位：件

總　　　計	3286
限制競爭行為	352
獨占行為	9
結合行為	47
聯合行為	151
約定轉售價格行為	39
妨礙公平競爭行為	115
不公平競爭行為	2,416
仿冒他人商行或服務表徵行為	34
虛偽不實或引人錯誤廣告行為	1,454
損害他人營業信譽行為	18
欺罔或顯失公平行為	976
非法多層次傳銷行為	442
其他	100

註：處分件數與各違法行為別之合計不符，係因部分案件違反二種以上行為所致。
資料來源：行政院公平交易委員會網站，http://www.ftc.gov.tw。

第五節　結語

　　政府採取管制措施的主要理由為：⑴市場失靈；⑵政治力量介入；⑶政策獵取。促進競爭政策的目的在促進企業競爭與保護消費者福利。

　　市場失靈主要原因為市場力量、外部性與資訊不對稱所造成，政府因而介入管制。政府採取管制的做法為對價格、品質或新廠進入加以管制。價格管制通常採取價格等於邊際成本法，與價格等於平均成本法。品質管制為管制者針對商品或服務制定一套標準，以確保品質。進入管制基於新廠進入將導致惡性競爭，影響安全的理由而管制新廠進入。有些學者認為管制對效率有不良影響，會提升成本，因而主張解除管制。

　　美國反托拉斯政策目的在極小化單一與集體廠商運用市場力量。此一政策主要針對勾結、限制的策略及反競爭合併的禁止，亦即在保護消費者

及社會不受廠商市場力量不利的影響。美國是世界上最早將促進競爭政策明訂法律的國家，一八九〇年訂定蘇曼反托拉斯法，接著有克雷登法，聯邦貿易委員會法等。

歐盟促進競爭政策肇始於一九五七年的羅馬條約，目前已改為歐市條約，歐盟促進競爭政策三個支柱為反托拉斯、合併管制及國家援助。國家援助是促進歐盟競爭政策的特色，歐盟禁止會員國政府援助，其理由是避免扭曲歐盟內部市場的競爭，健全會員國財政。

台灣於民國八十年通過公平交易法，其目的為維護交易秩序，確保自由公平競爭，使資源利用達到最大的效率，並維護消費者的利益。該法分為限制競爭與不公平競爭兩部分。限制競爭行為包括獨占、結合、聯合行為，指在排除妨礙競爭的行為，促進市場自由競爭。不公平競爭行為包括對限制轉售價格行為、限制競爭或妨礙公平競爭之虞、仿冒行為、虛偽不實行為、損害他人信譽行為、多層次傳銷以及其他欺罔或顯失公平行為之規範。

Chapter 10

政府失靈

第一節 政府失靈來源

市場失靈是指當競爭體系不能達到柏雷圖（Pareto）效率結果。政府失靈（government failure）也有類似的情形，指政府面臨市場失靈而採取對策，卻未能有效率地分配商品或服務給民眾，亦即導致柏雷圖缺乏效率。政府採取課稅、補貼及管制等措施，往往加深市場失靈，甚至引起新的失靈。也就是說，政府干預比政府不干預引起商品與資源更加缺乏效率分配。Wolf（1988）認為分配不均等（distributional inequity）亦是一種政府失靈。政府失靈來源有：

1. 民主制度下，直接民主的程序及投票規則導致柏雷圖缺乏效率結果。

2. 政府的行動通常是由官僚體系來執行，大部分國家不是採直接民主，而是透過代理人來做決策，官僚與從政者行動視為選民的代理人，代理人不能達成委託人的目的，就是缺乏效率。

3. 選舉的壓力，導致不當的政府支出及租稅決策，如在選舉前大幅增加社會福利支出，或在選前未經過成本效益分析就提出重大的基礎建設。

4. 在資訊不完整下，政府如何確認民眾需求是什麼？我們的選舉制度不是一種理想的方法來發現民之所欲。學者認為自由市場機能是發

現消費者偏好最佳的方法，以及依據民眾意願及能力購買特定商品及服務的偏好加總。

5. 政客與官僚二者之間的自利追求，而非代表民眾做事，導致於資源錯誤配置。如未經評估就興建道路、醫院及學校的決策，不當的關稅及其他進口管制，以及決定何種產業由政府提供補助等決策均影響資源配置。

6. 政策獵取（regulatory capture）來自既得利益者專注於與其有利害關係的決策，尋找方法以獲取決策制定者（管制者）的支持。有些學者認為管制者防礙市場自由運作，我們可以發現，農業、通訊業及其他公用事業管制均是如此。

7. 以治標（短期）方式而非以治本（長期）方式解決經濟問題。短視的決策僅能解決短期問題，未能解決結構性問題。如交通壅塞從興建新的道路或擴充道路著手，雖然解決短期交通問題，可是隨著都市發展、車輛增加，交通問題又成為夢魘，卻未從興建大眾運輸系統解決交通根本問題。又如有些國家對鋼鐵業或煤業生產者短期補貼，以使虧損的業者能持續經營，以免造成失業。事實上，長期不能賺錢的廠商，政府的補助只是讓廠商苟延殘喘，最後證明是浪費資源。

8. 政府採取措施引起的副作用，如降低所得不均所採取的累進稅率措施，導致有較高能力的人缺乏工作誘因；最低工資提高中小企業生產成本，降低企業競爭力。同樣地，政府對無益財（demerit goods）如香菸課重稅，可能導致於避稅、走私及黑市交易興起。又政府把原先非法的政策合法化，如對毒品課稅，導致於毒品供應迅速增加，以及吸毒所造成社會福利嚴重損失。如對肥料補貼因而增加肥料使用，導致對環境的衝擊。如對農產品（稻米等）保證價格，導致該產品長期結構失衡，即產生超額供給。因此，政府採取政策應通盤考量，即應同時採取配套措施，以降低政策的副作用。

第二節　政府政策失靈

　　政府矯正市場失靈是否能夠成功？首先要考慮政府干預市場的主要理由，是否能證實有嚴重的市場失靈，才需要由政府來矯正？其次政府政策是否有能力改善市場績效？也就是說，從市場失靈所帶來的經濟缺乏效率或社會無謂損失，是否因政府干預而減少？當然，有些政策可以矯正市場失靈，可是卻要付出很大的代價才能成功，這種代價付出是否值得？最後要考慮是政府政策是否最適？是否有效率地矯正市場失靈及極大化經濟福利？事實上，從Winston（2006）的研究，美國因市場失靈而採取的對策如反托拉斯、經濟管制、社會管制、公共生產等，造成福利成本增加，一年高達千億美元以上。

一、政府矯正市場失靈的限制條件

　　有些市場失靈不是很嚴重，透過市場功能可以矯正市場失靈。因此，不需要政府介入，若政府貿然採取對策，往往做過頭，亦即政府採取對策所花的成本相當可觀，成果卻不顯著，因而造成政府失靈。事實上，市場力量有助於降低外部成本。舉例而言，各個家庭選擇住宅及工作地點反映不同所得階層的需求，及考量交通擁擠成本、噪音、空氣污染、房價及房租等條件。環境較差的地區，住的成本相對較低，低所得者可以容忍這種環境。若將這些地區環境改善，房價及房租上漲，低所得者將住不起而被迫搬家。政府改善貧民區的環境，卻引發低所得者住的問題。因此，政府在採取政策時，應考量如何將副作用降至最低。

二、政府矯正市場失靈政策的必要性

　　因為市場失靈，政府會採取某些政策，這些政策有效性值得進一步研究。市場失靈理論上可用柏雷圖最適基準來衡量，即以市場績效與適當效率基準來衡量。同樣地，方法亦可來衡量政府失衡，即政府政策對資源分配、經濟福利、效率的影響，與柏雷圖最適準則加以衡量。

有些學者如Schultze（1997）、Wolf（1979）等對政府採取市場失靈政策的效果加以質疑。美國政府曾經研究市場失靈政策的效力，認為政府失靈的福利成本遠比市場失靈的福利成本大。

具體而言，政策制定者想要矯正市場失靈，其所設計的政策將影響消費行為、廠商行為及資源分配。經由學者專家的努力研究，讓我們了解到有效的及無效的矯正市場失靈政策。舉例來說，價格管制政策缺乏效率，因此美國政府近來很少採用價格管制來解決超額需求的問題。另以政府對環境問題所採取的對策為例，美國環保署以超級基金（superfund）因應環境問題，但效能很差，若代之以污染稅及排放交易制度，即可減少汽車廢氣的排放、飛機噪音、空氣及水污染，所耗用的成本相較前者為低。

三、政府代理人缺點

（一）政府代理人短視及缺乏彈性

政府代理人努力解決社會問題，可是由於其短視及缺乏彈性，不能適當地調整其政策，達到社會願望的結果，導致政策失靈。有些政策最初執行時產生效益，或者面對經濟危機所採取善意回應，可是經過一段時間後時空改變，政策制定者卻缺乏勇氣修正或刪除當前無效的政策。如農產品價格支持制度是在美國經濟最糟時所定，此一制度並非針對所有農產品，而僅針對少數農產品如小麥、花生、糖、牛奶等加以補貼。當前農業政策理應反映時代背景而取消這些補貼。再如反托拉斯法的實施是另一個短視的例子。反托拉斯法開始實施後解決了一些獨占案例。反托拉斯當局發現很難對獨占及合併案例形成一致的判決，就長期而言，合併因規模擴大，降低成本而使消費者獲利。

（二）政府政策或措施目標前後不一致

1. 促進所得分配均等是政府政策目標之一，惟政府政策往往與目標背道而馳。許多競租，政府常受制於利益集團的壓力，而犧牲大眾利

益，從貧窮的所得移轉到富人的所得重分配，造成社會無謂損失，也提高所得分配不均程度。台灣租稅減免的優惠大都集中在高科技產業，致傳統產業稅負較高科技產業稅負高出一倍以上，致使資源的利用受到扭曲，產生科技新貴，擴大貧富差距。

2. 美國證券交易委員會（SEC）有責任防範上市公司財務狀況誤導大眾，因此，要求上市公司定期公布財務報告。另外，SEC卻採取管制措施，阻止獨立信用評等機構提供有價值的上市公司信譽評估報告給投資者。

（三）政府代理人之間政策目標衝突

政府部門本位主義有時會發生各部會之間目標衝突，如經濟部負責推動經濟成長，其採取措施以成長為優先而犧牲環境；環保署採取措施則以環境為優先，疏忽經濟成長。如何兼顧環保與成長？這是值得探討課題。通常政策制定者很少去努力解決機構內部的不一致，以及機構間的衝突。

第三節　政府代理問題

在第五章資訊不對稱探討代理問題，本章從政治觀點探討代理問題。個人或一群人為他人或另一群人行動，導致缺乏效率，稱之為代理問題，

一、代理問題

1. 在代理人與委託人之間資訊不對稱。
2. 代理人與委託人的目的不同。
3. 如委託人監督代理人成本昂貴，監督代理人的行動將是不可行的。

二、政府代理關係

從表10-1分析政府代理關係：

1. 在直接民主，選民選出政治領袖組成政府，來治理國家；在間接民主，選民選出一群國會議員，通常由多數黨的國會議員領袖組成政

府。不管是直接或間接民主，選民是主人或委託人，政府是代理人，代表人民治理國家。選民希望政府能實現人民的願望。

2. 從政者（politician）決定政策，利用國家龐大的官僚體系來推動及執行政策，官員依據法規及程序執行任務。在此，從政者是主人，官僚體系是代理人。

3. 官僚體系下各政府機關訂定各種法規，並經立法機關通過，針對市場進入、價格、工資、污染、特定商品與服務的生產標準等加以規範。管制部門依法執行，違反規範則加以制裁。在此，官僚體系為主人，管制部門為代理人。

4. 部長為政務官，推動政策，這些政策須由各層級公務員來落實。部長為主人，公務員為代理人。

表10-1　政府代理問題

委託人	代理人
選　民	政　府
從政者	官僚體系
官僚體系	管制部門
部　長	公務員

　　直接及間接民主均有代理問題，事實上不像上述（表10-1）那麼簡單，各種組織間存在著代理問題，即使組織內部高級主管與其員工之間也有代理問題。

三、政黨模型

　　Connolly和Munro（1999）引用Hotelling模型，說明單純政黨模型。單純的政黨模型顯示代理問題未必導致扭曲選民的希望，此一模型所產生的結果符合中間選民的偏好。政黨基本的模型有五個假定：

　　1. 每人只有一張選票，且均去投票。

2. 有兩黨，每一黨都可提出其政治綱領。

3. 政黨僅關心選舉獲勝。

4. 選上的政黨執行其承諾政見。

5. 選民的固定偏好，沿著單一方向排列，其偏好是單峰。

在這種環境下，每個政黨採納中間選民的偏好。

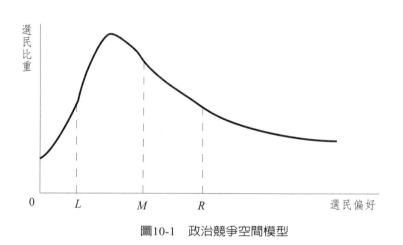

圖10-1　政治競爭空間模型

　　圖10-1顯示選民偏好結果的分配。根據假定1、4、5，選民將會把其選票投給政見與自己意見最接近的政黨。根據假定2與3每個政黨將提出吸引中間選民的政見，藉以增加其支持率。如政黨常去改變或修正其政治綱領，以迎合部分選民的偏好，那麼就會讓選民懷疑其選上後是否會兌現承諾？事實上，政黨或候選人承諾是很重要。雖然選民無法強制政黨或候選人兌現其政見，惟選民將其是否信守承諾作為下次選舉時的參考。

　　在均衡狀態，兩個政黨提出在 M 點的政見，M 點是中間選民的位置，其均獲得50%的選票，此種情況，哪一黨被選上已不重要。

四、代理機構的限制

　　代理機構是要降低資訊不對稱的程度，以及要將委託人和代理人的目標結合起來。代理機構可以透過直接手段將代理人的偏好調整到更接近委

託人的偏好，或者間接透過獎勵措施來達成目標。

（一）改變偏好的方法

以公務員為例，這種方法包括透過嚴格錄用程序和建立公共道德的形象來改變公務員的偏好。理論上，改變偏好可以解決代理問題，但在實際上，困難還是很多。如忠誠的公務員可能被唯利是圖的政客所利用。改變從政者偏好的機制是不容易的。要求公務員忠心提供公共服務，以及限制退休的從政者在其以前主管的企業工作，這些都可以避免個人將公權力作為致富工具。

（二）披露資訊的方法

披露資訊的方法有以下三種：

1. 對政府活動的監督是一種公共財，可是政府對人民提供的資訊有限，致人民不易監督政府。晚近，人民要求政府公開資訊聲浪愈來愈大，因此，先進國家政府紛紛訂定資訊自由化法案（Freedom of Information Act）。我國於九十四年底公布政府資訊公開法，其目的在建立政府資訊公開制度，便利人民共享及公平利用政府資訊，保障人民知的權利，增進人民對公共事務之了解、信賴及監督，並促進民主參與。

2. 由專責機構來執行監督和評價官僚機構。如英國設立獨立機構審計部（National Audit Office, NAO）行使監督審查預算執行，及考核公共支出的效率及效能，並向國會報告。

3. 引進服務競爭的機制，以降低資訊不對稱程度。此一機制如不需要很大的規模，就能提高效率，這將使委託人獲得可資比較的資訊。

（三）審慎的獎勵方法

這種方法包括績效評價計畫與民營化，使公有企業接受市場更加嚴格的制約，從而使利潤極大化和公共利益結合起來，可是如有市場失靈與政府失靈，這將變得困難起來。就從政者而言，提高瀆職與貪污的懲罰，並

對上述行為的揭露,可限制不合規範的代理行為。

第四節　獨占官僚體系

一般商品與服務供給與需求由市場來決定,公共財提供由政治程序來決定。現代民主社會,民選的政府主要功能之一就是供應公共財及重分配實質資源,而公共財的供應與資源分配需要透過預算才能落實。政府預算是由選民、從政者(politician)及官僚(bureaucrat)來決定。官僚在公共決策網中扮演最重要的人物,在許多方面,謙虛的官僚或文官協助政府決策及執行政府政策。不過官僚往往過分強調公共財的效益,導致缺乏效率的撥用。特別在選舉年,尋求連任執政黨(政府)致力於反映利益集團的需求及勒索,因而擴大預算規模。因此,政府預算規模擴大成為常態。Niskanen(1968)利用經濟學效用理論來說明政府預算規模擴大。

一、Niskanen的獨占官僚模型

Niskanen的獨占官僚模型假定官僚為公共財獨占供應者,立法機關是獨買者,這是個雙占模型。由於官僚在公共財提供具有專業知識,其比立法機關有較多的公共產出及成本資訊,因此在雙方協議預算時,往往官僚占優勢。Niskanen認為官僚體系的成員從預算的增加獲利,因此他們熱衷於擴張預算,以增加其權力,並透過政府支出的增加而促進經濟成長,惟卻減少社會效率。官僚之獨占力量將會擴張業務預算,隨著官僚機構業務擴大,其功能擴大幅度逐漸減少,直至擁有機構的功能與其放棄機構功能之間無差別,這就是獨占官僚模型。假定政府機構供應商品及服務的總效益TB(total benefit, TB)、總成本TC(total cost, TC)、淨效益NB(net benefit, NB),則

$$TB = aq - \frac{b}{2}q^2 \tag{1}$$
$$TC = cq \tag{2}$$

其中 a 與 b 均為常數項, q 為產出, c 為平均成本及邊際成本

$$NB = TB - TC = (a-c)q - \frac{b}{2}q^2 \tag{3}$$

政府機構供應商品及服務的邊際效益（MB）為 MB = $a - bq$。機構最適產出水準是淨效益極大化或 MC = MB，即 $Q^* = (a-c)/b$。官僚體系的自利行為偏好擴大預算規模，因此，Niskanen結論是官僚體系大力支持產出超過社會最適水準。在主人與代理人的架構下，較高的產出是否為選民最佳利益？

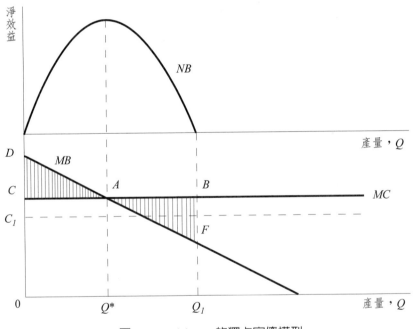

圖10-2　Niskanen的獨占官僚模型

Niskanen的結論認為政府機構擴大公共部門產出達到社會最適產出水準的兩倍。若機構將設定產出水準在淨效益（NB）為零的產出水準（Q_l），$Q_l = 2(a-c)/b$，此點產出水準是較最適產出水準多出一倍。在此一產出水準下，政府對社會福利沒有貢獻。

社會生產 $0Q^*$ 增加消費者剩餘（DAC）；若生產由 $0Q^*$ 增到 $0Q_l$ 導致

減少消費者剩餘（ABF）（見圖10-2），二者互相抵銷，以致社會對政府機構提供服務或不提供服務之間覺得沒有差別。

由於公共財提供缺乏效率，解決之道或者減少官僚體系的規模，或者放棄公共財的提供，改由市場提供。

二、預算極大化模型面臨問題

Dunlevy（1991）提出官僚機構成形模型（bureau-shaping model），有理性的官員不追求預算極大化，而是追求自身工作極大化個人效用。如官僚偏好在小而精緻機構，且接近政治權力中心工作，並做自己有興趣的事，而非在一個擁有龐大預算機構並有許多員工，該機構卻面臨很大的風險及問題。

支持預算極大化模型較少，這是因為預算極大化模型本身有一些缺點，茲說明如次：

1. 官僚有不同目標，不是僅有一個預算極大化目標，並非所有官僚致力於實現預算極大化目標。
2. 預算極大化模型未考慮租稅的限制因素。若考慮平衡預算，則政府支出將受限於稅收，那麼就不會有過度膨脹預算，而且政府各部門之間也會面臨預算排擠問題，將有助於提升預算資源的使用效率。
3. 在某種程度，成本是由官僚機構所控制的，官僚希望看到成本的增加（如擴大編制，將津貼和薪水提高到市場價值以上），而不是產出的增加，這稱之為 X 無效率（X-inefficiency）。

第五節　競租

競租（rent seeking）指利益集團以利誘、賄賂或威脅的方式，遊說國會議員支持某特定法案或政策，以獲得或維持經濟利潤或經濟地租（economic rent）。Krueger（1974）最早提出競租，指個人尋求影響公共政策以實現自己的目標。競租是由代理問題所引發的，由於執政黨和官僚

機構擁有獨占力量，使利益集團能以政治和經濟的支持，確保擁有政府的特許權或專營權或政策支持，以增加其財富，即經濟地租。此一理論關心利益集團影響政府政策，很多學者認為競租是一種資源的浪費。Bhagwati（1980）等學者卻認為競租的活動可以增加社會效益。競租存在的好處，可提供政策選擇的成本及效益的資訊，以及對代理人及政客的監督資訊。

競租的成功要件：(1)利益集團成員少，才易團結一致；(2)成員目標及利害一致，不會有政策的衝突；(3)動員組織的成本低；(4)成員供應私有財，因競租成功將獲益很大。

競租可從政府對部分利益集團賦予恩惠的供需模型來分析，此一模型將是假定人民遊說政府以達到自利的極大化。

一、政府賦予恩惠的需求（demand for favors）

以鋼鐵市場為例，鋼鐵需求曲線為D，其邊際收益曲線為MR。為了簡化起見，假定鋼鐵生產成本固定不變，即平均成本AC等於邊際成本MC。如鋼鐵廠商組成卡特爾（Cartel），協調其生產，其行為類似獨占。假定卡特爾決定採取聯合生產 $0Q_C$ 噸鋼鐵，每噸價格 $0P_C$，因此，將賺取經濟利潤 A（見圖10-3）。從卡特爾理論看出，即使卡特爾能執行生產配額，很難維持價格在 $0P_C$。因為有經濟利潤，新廠將陸續進入，以分享經濟利潤。若新廠不斷進入，鋼鐵供給不斷增加，將促使鋼價下跌，最後使卡特爾成員經濟利潤為零，除非卡特爾能阻止新廠進入。

卡特爾成功重要因素之一就是必須對新廠進入加以限制。如卡特爾能獲得政府支持，禁止新廠進入，則卡特爾就可長期維持，其成員能持續賺取經濟利潤。因此，卡特爾產生對政府賦予恩惠的需求。

競租的例子很多，如美國汽車業者因對自日本汽車進口配額而獲利；日本稻農因自美國米進口配額而獲利等。競租驅使對政府賦予恩惠的需求，因為現有廠商希望對進入者加以限制，且願意花錢遊說國會議員，以維持其既得利益。如政府因而採取行動，廠商有機會獲得經濟利潤。為了獲得或維持其利潤，廠商願意支付最大的遊說金額以獲得經濟利潤。只要

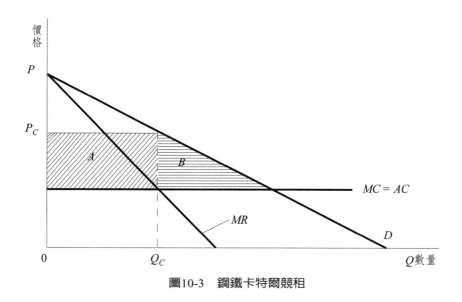

圖10-3　鋼鐵卡特爾競租

遊說的代價小於經濟利潤，廠商願意花錢遊說。

二、政府提供恩惠的供給（supply of favors）

前揭說明政府賦予恩惠的需求，然而，政府提供恩惠有其成本。只要政府提供恩惠的邊際成本MC遞增，則其供給曲線斜率為正數。政府提供恩惠的成本是什麼？對某一利益集團而言，政府提供恩惠有機會成本，排除其他利益集團從事該項生意。如美國面板業遊說國會議員支持對自日本進口的面板課徵關稅，可是美國生產筆記型電腦公司如IBM、蘋果公司等卻認為對面板課稅將傷害該公司以及日本出口商。因為這些公司需要進口面板的競爭，以降低其生產成本。由於利益集團的競租活動傷害某些廠商或某些人，因而迫使受害者亦採取遊說國會議員，反對課徵關稅的防衛措施。

三、政府提供恩惠市場均衡

政府提供恩惠供需曲線交叉點達到市場均衡。均衡告訴我們獲得政府提供恩惠的代價，這些代價包括資訊取得、遊說活動以及賄賂的成本等；

誰獲得好處？獲得多少好處？主要問題在於獲得好處者往往犧牲了消費者利益。圖10-3消費者受到損失為消費者剩餘減少面積 $A + B$，獲得恩惠的廠商增加經濟利潤面積 A 減掉其遊說成本，社會無謂損失為 B 加上所有的遊說成本。為什麼消費者不群起反對？理論上，消費者花在遊說的經費應比廠商為多，以打消廠商獲得的好處而犧牲消費者的利益。問題在於消費者損失分散到成千上萬的消費者，要把這些人集聚在一起並採取一致行動的成本太高，且有些人想坐享其成，加重這種困難度。不過消費者在選舉時，可以用選票反對違反人民利益的政客及國會議員。

第六節　結語

　　政府作為未能有效率地分配商品或服務給民眾，導致柏雷圖缺乏效率。政府失靈的來源很多，如民主程序及投票規則、選舉的壓力、官僚體系執行決策等。

　　政府矯正市場失靈首先要證實有嚴重的市場失靈，才需要由政府來矯正，且政府可以改善市場績效，提升經濟效率，降低社會無謂損失。根據過去經驗，可了解政府採取矯正市場失靈措施的有效性，如價格管制缺乏效率，因此，最近美國很少用價格管制來解決問題。

　　直接及間接民主均有代理問題，單純的政黨模型顯示代理問題未必導致扭曲選民的希望，此一模型所產生的結果符合中間選民的偏好。

　　Niskanen利用經濟學效用理論來說明政府預算規範擴大，其認為官僚具有獨占力量，其成員從預算的增加獲利，因而熱衷擴張預算。Niskanen的結論認為政府機構擴大公共部門產出達到社會最適產出水準的兩倍。事實上，預算極大化模型有其缺失，如官僚不是僅有一個目標預算極大化、未考慮租稅的限制等。

　　競租是由代理問題所引發的，由於執政黨和官僚機構擁有獨占力量，使利益集團能以政治和經濟的支持，確保擁有政府特許權或專營權，或政策支持，以增加其財富，獲得經濟地租。

第二篇
公共經濟學專題

Chapter 11

民間參與公共建設

第一節　民間參與公共建設理論

　　各國政府為滿足民眾對公共建設的需求、提升生活水準；或者為刺激有效需求，振興經濟，往往大力推動公共投資。惟因政府面臨財政困難，為紓解財政壓力，而採取鼓勵民間參與公共建設，除可降低政府財政負擔外，亦可引進民間資金及經營效率，擴大提供公共服務及提升公共服務品質。換言之，這就是政府與民間建立夥伴關係合作開發制度（Public-Private Partnerships, PPP）。PPP是政府與營利實體之間的契約協定，透過雙方資產與技術的協定，規範雙方權利及義務，民間在計畫完成後，提供服務或設備給一般民眾使用，並規範分享提供服務或設備的潛在風險與利益。這種制度已成為世界潮流，特別是開發中國家，由於其國內資金不足、人才缺乏，往往須借助外人投資來興建公共建設，以促進經濟發展。Thomsen（2005）引用世界銀行統計在開發中國家一九九○年至二○○三年計有二千七百五十個PPP，投資金額達七千八百六十億美元。

一、推動PPP的理論基礎

　　開發中國家致力改善公共服務提供的效率及降低預算的負擔，因而採取PPP。從公共政策的觀點來看民間參與公共建設的理論基礎：

　　1. 民間部門在資金、技術及管理等參與公共建設計畫，對地主國政府

　　的好處是可使公共建設儘早完成及使用，降低政府部門財政負擔，且可提升資金的使用效率。

2. 民間參與有助於擴大公共服務的提供。民間部門的技術及管理專家，以及較佳財務經驗，讓較多的資源流向於公共建設，有助於擴大公共服務的範圍，提升國家福利。

3. 民間參與提供公共服務的效率比公營事業提供服務效率為佳，因為民間業者有強烈的誘因降低成本，增加資本報酬率。

4. 大規模的基礎建設計畫帶來的乘數效果，可由營建業及服務業短期及長期工作增加來突顯，對當地及國家具有相當大的效益。技術與創新的溢出效果對技術勞力亦有重大的貢獻。

5. 在治理及透明度有問題的國家，民間參與有助於改善公用事業或基礎建設事業的治理及透明度，因為民間部門有誘因降低成本，改善公用事業收費，消除收入的漏洞，降低收費受到的扭曲。另利用合約約束PPP預算的透明度，可減少賄賂政府官員及不具生產性的支出。

6. 有些人批評民間提供公共建設服務將提高服務的價格，致未能讓全民享受服務。根據OECD（2004）研究發現民間參與公共建設，有助於提升效率，促使提供的服務擴大到偏遠地區，大幅增加當地福利。如因低所得者缺乏能力負擔公共服務的支出，則政府應對這些人加以補貼，讓全民能享有基本服務。

二、採取PPP補助民間企業的理論基礎

　　基礎建設計畫的龐大資金，開發中國家民間部門財務上往往無法負荷，因此需要政府補助或國際間的協助。特別是有些開發中國家缺乏行政與管理能力，缺乏執行達成PPP目標的專業知識，這種情況可透過國際發展署（ODA）的協助，讓這些官員有機會受訓，獲得必要的知識。採取PPP要補助民間企業的經濟理論基礎為：

1. 有些開發中國家面臨政治及其他商業風險，PPP計畫失敗或不履行與一國的行政管理與管制有關。政治與社會意外事件，使PPP長期契約關係面臨無法執行風險遠大於政府治理不彰及法規不能明確遵守。因此，風險減輕措施有助於降低市場失靈。

2. 即使地主國的管制環境不錯，上述的風險已加以處理。可是有些計畫社會報酬率為正；惟民間投資者報酬率卻為負，因而興趣缺缺。為了吸引民間投資，使民間獲得合理的報酬率，政府可透過對投資者的補貼；或者在過度期間採取成本還原定價（full cost recovery pricing），補貼消費者。

第二節　PPP採取形式

政府與民間建立夥伴關係合作開發制度（PPP），結合公共部門與民間部門力量一起來設計、融資興建、經營管理基礎建設計畫。這種夥伴關係可視風險及責任的分攤而採取多種方式，包括民間融資方案（Private finance initiative, PFI）、營建支持（construction support）、服務契約（service contracts）、委任管理契約（delegated management contract, DMC）及合資（joint ventures）等，分別說明如次：

一、民間融資方案（PFI）

一九九二年英國率先提出民間融資方案（PFI），目的在解決政府面臨的財政問題，引導民間參與公共建設投資。即由民間業者獲得公共投資營運或管理特許權的自償收入及未來獲利能力向金融機構借錢，或在資本市場發行公司債來籌措投資公共建設興建及營運資金，而非以提供擔保品的方式取得融資。

二、營建支持

營建支持是屬於廣義的PPP，即民間業者介入基礎建設的設計、興建及營運。營建支持有多種形式，茲僅就下列五種形式加以說明：

（一）**興建營運移轉**（build-operate-transfer, BOT）

民間業者負責對公共建設設計、融資及興建，並依契約規定經營一段期間後移轉給政府，在BOT下，財產所有權屬於政府。民間在經營期間提供服務，賺取合理的報酬。

（二）**興建設計營運**（build-design-operate, BDO）

政府委任民間業者在一定期間內從事公共建設設計、興建及營運，財產所有權屬於政府，政府承擔建設及營運成本。業者負責計畫的設計及承擔管理風險。

（三）**興建擁有營運**（build-own-operate, BOO）

對照BOT，民間業者投資興建公共建設，經營並保留所有權。

（四）**興建移轉營運**（build-transfer-operate, BTO）

民間業者投資興建完成後，政府無償取得所有權或有償支付建設經費以取得所有權，並委託該民營業者經營，營運期間屆滿後，營運權歸還政府。

（五）**設計興建融資營運**（design-built-finance-operate, DBFO）

民間特許公司承擔設計、興建、融資及營運風險，政府給予民間收取費用，特許公司提供的服務包括現有路段之營運及維護，契約期滿，特許公司須將專案計畫道路及固定設施交還政府。

三、服務契約

民間部門對公用事業提供特別服務，公共部門對全盤營運仍然負有責任。服務契約通常有兩種方式：

（一）**管理支持**（management support）

民間部門對政府部門提供人力及技術的服務而收取費用。在政府控制下，業者提供對公用事業營運、財務技巧及訣竅的服務。管理支持使政府

從特定領域的專家獲得好處如品管等。

（二）營運與管理（operation and management, O & M）

民間業者負責日常營運。依據特別的及有條件的績效準則，政府對民間業者提供的服務付費。不像管理支持，在某些情況，業者對營運設備負有責任。

四、委任管理契約

政府擁有所有資產，委任民間經營，委任期間民間業者負有營運的責任。委任管理契約有兩種方式：

（一）租賃契約（lease agreement）

依據合約條件，在合約期間民間業者租賃設備有責任維護及更新設備，並提供服務。在這種情況下，業者管理及使用現有資產，可是並沒有責任投資新的設備；新的投資由政府負責，業者僅扮演顧問及諮詢的角色。

（二）特許（concession）

政府完全委任民間業者在特許期間提供管理服務及必要的投資，政府保留控制服務條件與適用費率的關鍵決策。特許契約的特點是責任移轉到民間業者，讓業者有空間採用特定計畫以達成最佳的經濟績效。

五、合資

政府與民間業者針對某一公共建設計畫聯合投資、擁有及營運，依據投資比例及合夥人之間契約協定，分享利益，並分擔風險及責任。

第三節　PPP實施面臨的問題與風險

一、推動政府與民間建立夥伴關係合作開發制度（PPP）所面臨的問題

開發中國家政府以擴大公共建設來改善人民生活水準，惟因其公共資金不足，往往藉助民間或國外力量，鼓勵民間參與投資，可是卻帶來許多問題，僅就犖犖大者加以說明：

（一）目標衝突

常常一個PPP計畫有幾個政策目標，包括總體經濟目標、社會目標及環境目標等。這些目標往往彼此間互相衝突。

（二）法規不健全

許多國家缺乏PPP相關法規，或法規不健全，未對民間參與的情況加以適度規範，造成法規解釋模糊空間，產生灰色地帶，因而引起政府與民間企業的爭執，導致PPP計畫延遲執行，甚至停止，影響民間投資意願。

（三）審查程序不公

PPP審查程序常常缺乏透明度，不是基於客觀評估標準，而是主觀評估，有些案例因貪污而影響決策的公正性。另外，有些計畫因政府官員偏好而妥協，政府偏好國人參與PPP，亦即獲得小包，藉以吸取經驗，並增加國人就業機會。

（四）公共治理不足

民間投資者必須克服與政府間的衝突。如中央政府與地方政府之間、管制機關與行政機關之間衝突。此外，管制者應避免價格及設定費率的不確定性。

（五）管制與監督問題

通常政府對具獨占性的公用事業加以管制。若政府將具有獨占性公用事業PPP，亦將面臨管制與監督問題。另政府若對PPP計畫加以保證貸款，則必須對該計畫加以監督，以免業者發生問題，造成政府收拾殘局。

（六）未能遵守承諾

許多國家政府無法堅守承諾，新政府取消前任政府簽訂的契約。有些案例，政府取消民眾不滿意的契約條款，致引起與民間業者的爭執。

由於上述問題未能處理，致有些計畫因而被迫取消。根據Thomsen（2005）引用世界銀行統計，一九九○至二○○三年間，開發中國家有九十一個計畫，二百七十億美元被迫取消，僅占全部的PPP總投資金額的3%；同一期間包括被迫取消與遭遇困難的計畫有一百四十二個計畫，七百二十三億美元，占總投資金額9.2%。

二、開發中國家民間投資者面臨的風險

在訂定PPP契約，每一方分攤風險，投資者面對的風險將視與當地政府協商的結果而定。風險之間區分是有其必要性，可以了解影響風險的要素，可採取不同的因應對策。此外，不同風險之間可能互相影響，如通貨風險未能迅速處理可能轉為政治風險。根據Thomsen（2005）研究，開發中國家民間投資者參與公共建設，面臨六大風險，茲分述如次：

（一）政治風險

政府的支持常是計畫成功的關鍵因素。如面臨民眾不滿意，政府若犧牲民間供應商利益；或者新政權否認前任政府的某些政策，民間業者可能發現，政府縮減其義務，不再履行前任政府承諾，這將引起訴訟風險。另外，一國政治不穩定會影響投資者投資意願，以及PPP計畫成敗。若有徵收PPP計畫的條款或可能性，亦會影響民間投資意願。

（二）通貨風險

投資者面臨最大的風險是地主國通貨迅速的貶值，特別是外國投資者。開發中國家公共建設計畫部分透過國際借款融資，部分是由國外投資者投資。公共建設的服務提供給當地的民眾所獲得的收入，是以地主國的貨幣來支付，投資者購買的國外資產及債務以外國貨幣（如美元等）來償付，若地主國貨幣大幅貶值，將傷害到投資者的獲利能力，嚴重扭曲投資報酬率及計畫可行性。另地主國發生通貨膨脹，亦會影響PPP計畫的財務及償債能力。

（三）設計與營建風險

有些基礎建設計畫，政府與民間業者投資準備不夠充分，等到計畫動工後，因為政治或環境的因素而須修正原先的設計，致使工期延誤、計畫成本大幅增加。民間業者須承擔這種風險，即使這個計畫最後由政府來經營。

（四）營運風險

當民間業者接管先前公營事業的資產，這些資產的品質在未接管之前完全不知道，如自來水事業大部分資產（水管）埋在地下。若民間業者事先能與政府部門有營運與維持契約，了解資產品質，再接管則將可減少風險。

（五）商業風險

因為任何投資所提供服務在現行價格水準下，無法保證需求，以確保長期利潤，將成為投資者商業風險。事實上，需求可能受到總體經濟影響。有些地區先前沒有基礎建設服務，以致未能預估潛在需求；或者政府取消補助影響需求，此時民間業者投資面臨風險很大。另有些契約規定，政府有責代為收費，或同意以固定價格向PPP購買基礎服務，這將減少投資者風險。

（六）管制風險

部分開發中國家設立管制機構來處理基礎建設相關事宜。開發中國家引進先進國家基礎建設相關法規，往往未經消化就全盤引進，管制機構在執行法規因缺乏經驗及未能適應當地環境情況而引起爭執。

若能克服上述PPP計畫面臨的問題及降低其風險，將是PPP計畫成功的基礎，當然還需要民間業者對計畫推動具有相當的人力、財力及經驗，才能使PPP計畫順利推動。

第四節　我國推動民間參與公共建設的歷程與檢討

一、法規的訂定

我國推動民間參與公共建設的法規肇始於一九九四年的「獎勵民間參與交通建設條例」、一九九五年的「開放發電作業要點」、一九九六年的「鼓勵公民營機構興建營運焚化廠作業辦法」，這些法規都是以個案方式規範民間所能參與的項目。事實上，政府需要民間參與並非僅限於上述項目。二〇〇〇年通過的「促進民間參與公共建設法」即採取通案的規範，除涵蓋原有的交通建設、發電、焚化廠外，還包括污水下水道、自來水、衛生醫療設施、社會及勞工福利設施、文教設施、觀光遊憩設施、運動設施、公園綠地設施、重大工業商業及科技設施、新市鎮開發、農業設施等項目。

二、民間參與方式與申請及審核程序

（一）民間參與方式

行政院公共工程委員會將民間參與公共建設的方式規範為：

1. 興建營運移轉（build-operate-transfer, BOT）

由民間機構投資興建並營運；營運期間屆滿後，移轉該建設之所有權予政府。興建營運移轉可分為無償與有償興建營運。

(1)無償興建移轉營運

由民間機構投資興建完成後，政府無償取得所有權，並委託該民間機構營運；營運期間屆滿後，營運權歸還政府。

(2)有償興建移轉營運

由民間機構投資興建完成後，政府一次或分期給付建設經費以取得所有權，並委託該民間機構營運；營運期間屆滿後，營運權歸還政府。

2. 修復營運移轉（rehabilitate-operate-transfer, ROT）

由政府委託民間機構，或由民間機構向政府租賃現有設施，予以擴建、整建後並為營運；營運期間屆滿後，營運權歸還政府。

3. 營運移轉（operate-transfer, OT）

由政府投資興建完成後，委託民間機構營運；營運期間屆滿後，營運權歸還政府。

4. 興建擁有營運（build-own-operate, BOO）

為配合國家政策，由民間機構投資興建，擁有所有權，並自行營運或委託第三人營運。

5. 其他經主管機關核定之方式

（二）申請及審核程序

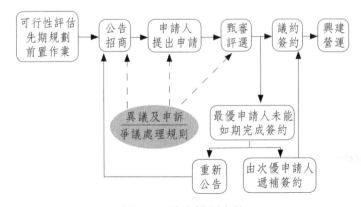

圖11-1　政府規劃案件

資料來源：行政院公共工程委員會網站。

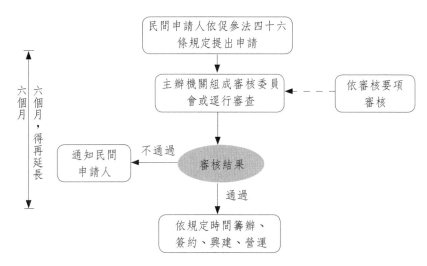

圖11-2　民間自行規劃案件──民間自備土地

資料來源：行政院公共工程委員會網站。

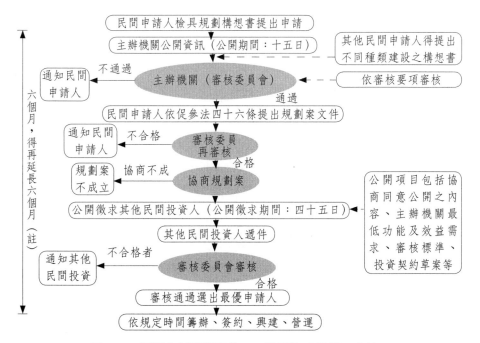

圖11-3　民間自行規劃案件──使用政府設施、土地

註：不含民間申請人依促參法四十六條提出規劃案文件、主辦機關公開徵求民間投資人及民間
　　投資人補正文件期間。

資料來源：行政院公共工程委員會網站。

三、獎勵民間參與的誘因

鼓勵民間參與公共建設首先要使投資者有誘因參與公共建設的投資，也就是讓民間業者賺取合理的利潤。其次，政府要提供行政及法令上的協助，因為公共建設的興建及營運等涉及公權力的行使，若政府不加以必要的協助，民間業者很難推動。因此，政府應排除民間參與公共建設的障礙，提供誘因，以吸引民間業者參與，並合理規範政府與民間業者投資契約之權利義務，明訂政府甄審與監督程序。政府提出誘因有用地取得及開發、融資及租稅優惠三部分，茲分述如下：

（一）用地取得及開發

1. 政府應核定公共建設整體計畫所需之用地，含其附屬設施所需用地，並協助用地變更地目。

2. 公共建設所需用地如為私有土地者，由政府或民間機構與所有權人協議價購；價購不成由政府依法辦理徵收。如為公用土地，政府辦理撥用後，訂定期限出租、設定地上權、信託或以使用土地之權利金或租金出資方式提供民間機構使用，其出租及設定地上權之租金，得予優惠。

3. 政府取得公共建設所需用地計畫中載明辦理聯合開發、委託開發、合作經營、出租、設定地上權、信託或以使用土地之權利金或資金出資方式，提供民間機構開發、興建及營運。

4. 政府對於公共建設毗鄰之公有、私有建築物及廣告物，得經勘定範圍，公告禁止或限制建築，以確保公共建設興建及營運之安全，但對於拆除之建物應給予補償，並計入公共建設成本。

（二）融資

1. 公共建設未具完全自償能力者，得就非自償部分由政府補貼其所需貸款利息，或投資其建設。

2. 政府視公共建設資金融通之必要，得洽請金融機構或特種基金提供

民間機構中長期貸款。

3. 參與公共建設之民間機構得公開發行新股；另為支應公共建設所需之資金，得發行指定用途之公司債。

4. 民間機構在公共建設興建、營運期間，因天然災變而受重大損害時，政府應協助提供重大天然災害復舊貸款。

（三）租稅優惠

1. 五年免稅

民間機構參與重大公共建設開始營運後有課稅所得之年度起，五年免納營利事業所得稅，並可在四年自行選定延遲開始免稅之期間。

2. 投資抵減

⑴民間機構參與重大公共建設投資於興建營運設備或技術、購置防治污染設備或技術、投資於研究發展人才培訓之支出，這些支出金額在5%至20%限度內，可抵減當年度應納營利事業所得稅；當年度不足抵減時，得在以後四年度內抵減。

⑵營利事業原始認股或應募參與重大公共建設之民間機構因創立或擴充而發行之記名股票，其持有股票時間達四年以上者，得以其取得該股票之價格20%為限度，抵減當年度應納營利事業所得稅額；當年度不足抵減時，得在以後四年度內抵減。

3. 免徵關稅

民間機構及其直接承包商進口供其興建重大公共建設使用之營建機器、設備、施工用特殊運輸工具、訓練器材及其所需之零組件，國內尚未產製者，免徵關稅。

4. 減免地價稅、房屋稅及契稅

民間機構在興建或營運重大公共建設期間，供其直接使用之不動產應課徵之地價稅、房屋稅及取得時應課徵之契稅，得予適當減免。

四、推動民間參與公共建設的情形

　　政府在一九九四年通過「獎勵民間參與交通建設條例」後，即積極推動民間參與交通建設，特別是一九九七年的台灣高鐵案，更是大眾矚目。又如前所述，二〇〇〇年通過「促進民間參與公共建設法」（簡稱促參法），由於民間參與公共建設涉及相當廣泛，政府為了事前統一，仍成立行政院公共工程委員會負責推動民間參與公共建設。依據行政院公共工程委員會的統計，民間參與公共建設投資簽約金額二〇〇二年僅新台幣四‧一億元，二〇〇三年增為六百二十三‧六億元，二〇〇四年更增為一千二百二十四‧九億元，二〇〇五年降為五百二十六‧三億元，二〇〇六年為六百二十五‧六億元，二〇〇七年再降為三百六十八億元，二〇〇八年更降為一百六十二‧八億元，二〇〇九年增為五百二十九‧九億元。截至二〇〇九年底簽約金額累計超過四千億元。

五、推動民間參與公共建設的檢討

　　如上所述，政府在推動民間參與公共建設已獲得一些成果，惟在執行上仍面臨諸多問題，茲加以檢討，並提出建議。

（一）推動民間參與公共建設面臨的問題

1. 現行法規不足與過時

　　台北國際金融中心BOT案，在取得建照，進行地下室施工時，才發現高達五百零八公尺的國際金融中心位於台北松山機場班機航線正下方，嚴重影響飛航安全及在金融大樓內部工作人員的生命財產。由於建築基地距離松山機場直線約三千八百公尺，不在民航法的「禁止限制建築辦法」規定的三公里管制區的範圍內，因此，面臨無法可管的窘境。基於飛航安全，政府、民間業者及專家的溝通協調，並加以解決。顯示現行法規不足與過時，有必要重新檢討。另國外許多PPP的案例，均歡迎外資參與。我國「促進民間參與公共建設法」第四條第二項民間機構有政府、公營事業出資或捐助者，其出資或捐助不得超過該民間機構資本總額或財產總額

20%。此一對民間機構資格限制，造成有政府投資超過 20% 之金融機構無法參與促參法的招商；第四條第三項，民間機構資本有外國人持股時，其持股比例受到限制，影響外資參與意願。

2. 風險分擔不明確

公共建設的興建是政府的義務，民間參與公共建設有助於降低政府財政負擔及提升公共建設的品質。因此，政府不應將BOT的風險全部由民間業者承擔，而應由政府與民間共同分攤。雖在「促進民間參與公共建設法」第十一條有規範政府與民間機構簽訂投資契約，應記載風險分擔，惟並未建立政府與民間機構間風險分擔原則，致增加民間業者風險。

3. 專案融資問題

民間參與公共建設，所需資金龐大，不易獲得融資。因此，國際上經常採用民間融資方案（PFI），以未來的收入作為擔保品，專案向銀行團聯貸取得資金，並藉由融資機構督導，提升計畫的營利及償債能力，促使專案的開發、興建及營建更加有效率。這種無追索權、有限追索權的專案融資模式不易被國內銀行界接受，不利籌資。或另專案融資機構參與的時點及方式引發專案融資機構、政府及特許廠商三方僵局，專案融資機構認為特許契約必須先確定，才能做融資的評估；政府認為必須以專案融資機構的評估，作為甄選特許廠商的依據；特許廠商則認為融資未定，未能確定專案計畫的內容。

4. 人才不足

政府機關承辦民間參與公共建設人員，為計畫規劃及合約監督管理者，承辦人員對於民間參與公共建設相關法令、財務、風險分擔、法律契約、契約談判等應具備專業能力，惟大部分政府機關承辦人員缺乏這種能力；又承辦人員雖獲得行政授權，惟囿於圖利他人罪嫌之虞，致觀念及行動傾向於保守。另民間業者參與公共建設計畫，計畫管理、工程營造、金融財務以及法律契約等各類人才亦有不足，致增加計畫失敗的風險。

5. 民間投資意願不足

公共建設兼顧全民的福祉,其服務社會的功能遠大於商業的利益,即使該案虧損,政府仍有必要執行。而鼓勵民間參與公共建設案的辦理,若不能使其有利潤,即提供合理報酬,很難吸引民間業者投資。以交通建設為例,交通建設通常有自償能力不足的問題,根據促參法第二十九條第一項規定:「公共建設經甄審委員會評定其投資依本法其他獎勵仍未具完全自償能力者,得就其非自償部分,由主辦機關補貼其所需貸款利息或投資其建設之一部。」由政府編列預算參與投資可提升該案的自償能力。

6. 促進民間參與公共建設的正確理念有待宣導

有些學者認為促進民間公共建設精神是政府不出資,而在台灣高鐵與高捷案卻看到政府大幅投資,違背促進民間公共建設基本精神。高鐵案政府是否出資?出資多少?應在高鐵招標時說明清楚,不能在招標後,得標廠商再要求政府出資。另有學者認為促進民間公共建設是圖利財團,犧牲全民福祉,有言過其實。只要政府對促進民間公共建設案前置作業做好,且能切實監督PPP案,將可達成PPP的基本精神。

(二) 對推動民間參與公共建設的建議

1. 檢討修訂法規

如建議修正「促進民間參與公共建設法」放寬第四條第二項對民間機構資格之限制;第四條第三項民間機構有外國人持股時,其持股比例受到限制的規定,以利外資參與。另為推動PFI制度,可考量在促參法中增訂條文。

2. 規範風險分擔原則

如前所述,民間參與公共建設面臨諸多風險,這些風險並非全部由民間業者承擔,有些應由政府承擔。因此,有必要明確劃分政府與民間業者承擔權利義務,風險分擔,以利雙方遵循,減少爭議。

3. 民間業者與專案融資機構應同時參與甄選

專案融資機構在授信時，是以專案計畫的現金流量作為擔保，因此，其承擔計畫失敗的風險。從另一角度來看，專案融資機構是專案計畫的實質投資者，因此，應和業者共同提出專案計畫。亦即業者在參與投標前應先和專案融資機構結合，共同提出專案計畫，在甄選的過程中提出的特許契約條款，均必須獲得業者、專案融資機構及政府三方的同意，在決標時，特許契約和專案融資契約應同時簽訂。

4. 積極培訓人才

可從三方面著手積極培訓人才：(1)政府承辦民間參與公共建設計畫人員，應安排接受法律、財務、談判等專業領域的訓練；(2)委由專業訓練機構，舉辦民間參與公共建設融資相關訓練課程，加強授信人員專案融資之專業知識；(3)加強民間辦理促參計畫所需計畫管理、工程營造、金融財務、法律等人才培訓。

5. 提升民間參與投資意願

若公共建設於規劃階段已顯示自償能力不足，建議可改採促參法第八條第一項第三款「由民間機構投資新建完成後，政府一次或分期給付建設經費以取得所有權，並委託該民間機構營運；營運期間屆滿後，營運權歸還政府。」方式辦理規劃工作，由政府負擔建設經費，以增進民間機構參與投資的意願。

6. 積極宣導民間參與公共建設的正確理念

政府應透過媒體或文宣積極宣導民間參與公共建設的正確觀念及意涵，以利政策推動。

第五節　結語

政府為滿足民眾對公共建設的需求，積極推動公共投資，惟因政府面臨財政困難，為紓解財政壓力，而採取鼓勵民間參與公共建設，引進民間資金及經營效率，擴大公共服務提供，提升服務品質，這就是政府與民間

建立夥伴關係合作開發制度（PPP）。

　　PPP採取形式有民間融資方案（PFI），營建支持包括興建營運移轉（BOT）、興建設計營運（BDO）、興建擁有營運（BOO）、興建移轉營運（BTO）、設計興建融資營運（DBFO）、服務契約、委任管理契約及合資等。

　　PPP面臨的問題有目標衝突、法規不健全、審查程序不公、公共治理不足、管制與監督問題、政府未能遵守承諾等問題。PPP計畫面臨風險有政治風險、通貨風險、設計與營建風險、營運風險、商業風險及管制風險。若能克服這些問題及風險，將是PPP計畫成功的基礎，當然還需要民間業者對計畫推動具有相當的人力、財力及經驗，才能使PPP計畫順利推動。

　　台灣推動民間參與公共建設法律肇始於一九九四年的「獎勵民間參與交通建設條例」，二〇〇〇年通過「促進民間參與公共建設法」，採取通案的規範。採取方式有興建營運移轉（BOT）、修復營運移轉（ROT）、營運移轉（OT）、興建擁有營運（BOO）等。政府提出獎勵民間參與公共建設的誘因有協助用地取得及開發、融資及租稅優惠等。

　　台灣推動民間參與公共建設面臨的問題有：⑴現行法規不足與過時；⑵風險分擔不明確；⑶專案融資問題；⑷人才不足；⑸民間投資意願不足；⑹促進民間參與公共建設的正確理念有待宣導。對推動民間參與公共建設的建議：⑴檢討修訂法規；⑵規範風險分擔原則；⑶民間業者與專案融資機構應同時參與甄選；⑷積極培訓人才；⑸提升民間參與投資意願；⑹積極宣導民間參與公共建設的正確理念。

Chapter **12**

民營化

第一節　國有化與民營化的理由

二次世界大戰後，歐洲國家政府在國有化與民營化的政策一直搖擺不定。社會主義或左派的政黨執政就採國有化政策，右派政府執政則採公營事業民營化政策，直到一九七九年英國保守黨柴契爾夫人執政，開始積極大力推動民營化，民營化才逐漸蔚成世界的潮流。

一、公營事業的理由

為什麼社會主義的政黨偏好國有化？其偏好設立公營事業的理由可歸納為：

（一）自然獨占

只有一家廠商供應商品，其在成本遞減的條件（如電力、自來水等管線產業）下，較兩家以上廠商供應成本為低（見圖12-1）。在自然獨占下，追求利潤極大化的廠商供應數量 $0Q_m$ 的商品或服務，價格為 $0P_m$。惟獨占公營事業雖有獨占力量，其目標不是追求利潤，而是降低價格，增加就業，滿足社會需要，且政府可透過對公營事業的管制，以達成其政策目標。政府管制獨占事業定價方法：(1)價格等於長期平均成本定價法則；(2)價格等於邊際成本定價法則，有關這兩種定價法則的分析，參見第九章第二節。

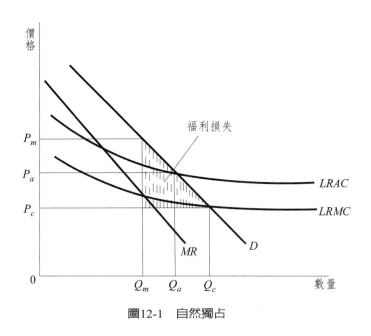

圖12-1 自然獨占

（二）公平

民營企業以追求利潤為目標，對鄉村或偏遠地區往往不願意提供服務或提供服務價格偏高，影響當地人民的權益。公營事業訂定全國統一價格，即在偏遠的鄉村所提供服務的價格與都市一樣，且不計成本，儘量提供服務，以滿足社會的需要。

（三）就業

政府的政策目標之一是達成充分就業，透過公營事業多僱用員工，以增加就業機會，造成公營事業成本增加，效率降低。

（四）抑制通貨膨脹

政府採取管制或壓抑公用事業商品或服務的價格，以抑制通貨膨脹，雖可短期間達成效果，惟將造成資源錯誤使用，影響資源使用效率。

（五）政治緩衝器

公營事業的領導人都是由政府指派；換言之，這是政治上的照顧，也就是說可擴大政府的政治力量及影響力。又政府是公營事業的所有者，以致有本錢與工會或其他利益集團交易。亦即政府利用公營事業作為政治緩衝器。

（六）國家安全

戰略產業如煤、鐵、交通運輸產業；公用事業如水、電、瓦斯業；以及國防工業如航空工業等都應由國家經營，以確保國家安全（見圖12-2）。

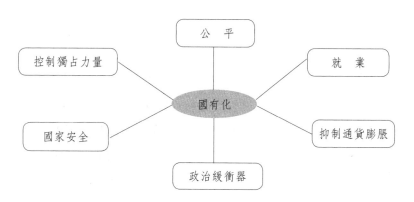

圖12-2　公營事業設立的理由

二、民營化理由

公營事業缺乏競爭壓力，價格高、獲利能力低、服務品質差及效率低，以致常為人所詬病。因此，政府乃改弦易轍採公營事業民營化政策，藉以提升事業效率。民營化（Privatization）是指政府經營的公營事業全部或部分股權或資產移轉、出售或協議讓售給自然人或私法人經營。民營化理由可歸納為：

（一）思想方面

政府應制定遊戲規則，讓人民與企業遵行；並監督及執行規則，使遊戲能夠公平、公開的進行。因此政府不應球員兼裁判，也就是說政府不應經營事業。換言之，政府應該儘量釋出資源，讓民間使用，民營事業在追求利潤動機下，不但可促進資源的使用效率，還可提升民間部門經濟占GDP的比重，有助於改善公私部門經濟結構。

（二）經濟方面

政府經營公營事業，往往績效不彰，引起反彈。有些學者主張自由放任的經濟，減少政府干預，發揮市場應有的機能，讓這些事業面對市場壓力，才能提升其效率。此外，公營事業主管機關太多，多方掣肘，不像民營事業具有合理化經營的環境。另公營事業工會規模相當龐大，經常過分要求工人的福利與薪資，犧牲事業利益，造成勞資關係的緊張，使經濟陷入困境。若公營事業民營化，勞工成為事業股東，分享利潤，這些員工將成為事業穩定因子，有助於提升效率及勞動生產力，工會也就不會經常發起勞工運動。

（三）管理方面

公營事業預算、投資計畫、人事、費率等均受國會、行政部門，甚至審計部門的干預，喪失經營自主權，亦即經營業務受到限制，無法多角化經營，錯失有利時機。另有些大規模的公營事業，員工動輒數萬人，甚至數十萬人，這種規模龐大的事業，往往具有獨占力量，且具有官僚體制及內部組織過於鬆散，成本偏高，致缺乏效率，產生 X 無效率（X-inefficiency）。公營事業民營化可消除外在的干預及 X 無效率，惟須注意民營化後的事業，若仍擁有獨占力量，則政府應訂定一套規則加以規範。

（四）財務方面

公營事業常常經營不善，虧損累累，不但沒辦法增加政府收入，還要

政府財政支援。因此，民營化有助於減少政府融資及財政負擔，降低政府財政風險。另外，在民營化時，政府出售公營事業股票，增加上市股票籌碼，促進國內股票市場的成長，擴大資本市場規模，公股除在國內市場出售，亦可在國際資本市場出售，以吸引外資，有助於進入國際資本市場。

（五）政治方面

公營事業受到政治干預，資金配置以政治作為衡量的基礎，而非以最適報酬率；人事任意安插，升遷不依效率而依政治的忠誠度；業務方面外行領導內行，或基於政治利益對業務加以干預。公營事業民營化後將可減少政治的干預，有助於效率提升。另有些政黨以民營化為其黨綱或重要的政見，認為民營化可使沉疴的經濟起死回生（見圖12-3）。

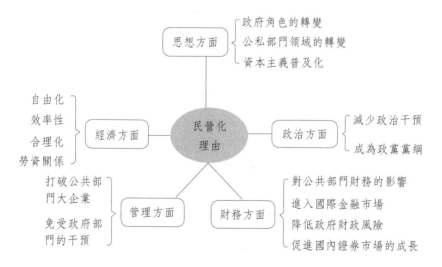

圖12-3　民營化的理由

第二節　民營化理論

一、財產權理論

不同的財產權擁有者對經濟誘因態度有別,致有不同的結果。民營企業所有者是股東,在法律規範下,民營企業經營者利用該企業資產來生產商品或服務,其所出售商品或服務價格大於其生產成本,將會有利潤;若其價格低於其成本,則將面臨虧損,減少企業淨值。企業經營成效會直接影響業主(股東)的權益。因此,股東將監督經營者及員工的行為,藉以提升企業的績效。

相對而言,公營事業所有者是全國人民,而非特定人。公營事業經營良窳與人民無直接關係,也就是說人民沒有切膚之痛,亦即缺乏強烈意願監督公營事業的經營者及員工的行為,因此,員工之怠惰成本低,致增加生產成本。即使有人想要監督公營事業,以提高經營效率,其監督成本很高,遠大於其獲得的好處。

公民營事業均須提出事業計畫,二者對計畫提出態度有所不同。公營事業計畫通常由該事業經營者提出,其不需負擔決策錯誤的成本,亦不能因洞燭機先而獲益,其強調計畫提出符合規定及程序。

民營事業計畫試圖精準預期需求及生產成本,因為民營事業計畫的現值及投資報酬率往往視預期的需求及成本而定。民間股東關心事業獲利能力,企業經營者要讓股東獲得適當的報酬率,否則將會被質疑其經營能力。理論上,民營事業基於維護私人財產權,其比公營事業更有效率。實證上亦多支持此一理論。

二、代理理論

委託人不能完全監督代理人的行為,委託人如何讓代理人達成委託人的目標?委託人可設計一套誘因機制,促使代理人努力工作,以達成委託人的目標。通常,民間企業以薪水、公司利潤分紅、股票選擇權等誘因來

解決代理問題。

　　公營事業的代理問題比民間企業來得複雜。公營事業受到法規的限制，不像民營企業可採取具有激勵員工的措施。在民間部門，經理只對股東及員工負責（見圖12-4）。公營事業的委託人與代理人之間關係更為複雜（見圖12-4），這是因為其有多項目標，如低成本、充分就業與公平等。其面對的問題有：

1. 事業多項目標不一致性，如充分就業與降低成本目標之間衝突。
2. 公營事業的目標量化很困難。公營事業應極大化其員工數，增加就業機會，或極大化其利潤，或降價以抑制通貨膨脹嗎？這些目標如何量化？
3. 公營事業領導階層的動機是公共利益或私人利益，或者追求預算的極大化？
4. 工作保障是關鍵的課題。相對於公營事業的僱用關係較穩定，且其工作環境較舒適與效率較低。

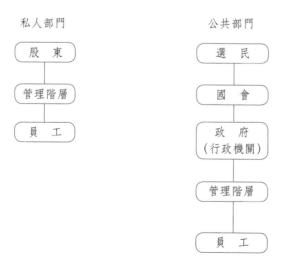

圖12-4　私人及公共部門的行政管理系統

第三節　民營化的方式

政府對公營事業民營化方式的選擇如次：

一、民營化後的事業結構

民營化後仍保留事業獨占地位，或者將原有獨占事業分割為幾家事業？若保留事業獨占地位，可獲得獨占利潤，較易吸引投資，惟將使人們要求對事業提升效率，現任管理者偏好採用此種方式民營化。若政府想要改善效率與引進競爭機制，則須調整獨占事業的結構。

二、資產銷售方式

（一）採取股份贈送全民

此時股權最為分散，而且也很公平，可是政府卻沒有任何財政收入。

（二）限量出售公股

政府在做抉擇時，若考慮股權分散，可訂定一個合理價格，每人限購一定數量股份，出售公股，讓全民認股。惟這種方式窮人恐怕沒錢認股。

（三）採取拍賣方式

1. 拍賣股份方式

政府希望擴大收入，則應採取拍賣方式，讓出價最高者來買。這將導致僅有少數投資者購買，不符合股權分散原則。

2. 拍賣資產方式

可採整個公營事業拍賣，或採取分廠拍賣。

三、出售公股定價方式

公營事業還未上市之前，出售公股定價方式，主要有：

1. 依事業資產重估後的淨值定價。
2. 參考類似公司的市場價值，及該事業營業狀況、淨值以及未來發展

潛力而定。

3. 採取公開標售的方式決定價格。

公營事業上市後,可依市場價格或依市場價格打折扣後出售。

四、特許權（franchising）

政府對民營企業出售特許權,由其供應市場。特許權通常出售給出價最高的投標者。

五、承包或投標（contracting-out or tendering）

政府對民間企業提供的服務而付費,民間企業互相競標,通常由出價最低的企業得標,承包業務。

第四節　民營化的影響

公營事業民營化對經濟與產業影響如次:

一、股權分散

公營事業採公開釋股民營化,吸引民眾購買公股,促使資本大眾化,小股東的數量增加;另政府除向國人推銷股票外,亦可開放外資入股,增加海外股權,促進資本市場國際化。

二、改變公民營事業的結構

公營事業民營化降低政府持股,使公營事業生產比重下降,相對地,民營事業生產比重提升。也就是說,降低政府的經濟影響力,讓民間經濟更有活力。另在公營事業未完全民營化之前,公民營合營的事業增加,政府對這些事業影響力的大小,視持股多寡而定。

三、績效改變

公營事業民營化後減少經營上的束縛,有助於提升事業的效率及生產力,增加利潤,改善事業財務,便於籌資、融資。惟為提升生產效率,往

往採取裁減冗員，將減少就業機會。

四、增加政府規範

為防範獨占公營事業的民營化後濫用獨占權力，政府在獨占公營事業民營化之前，須訂定規範，作為管制與監督的依據（見圖12-5）。

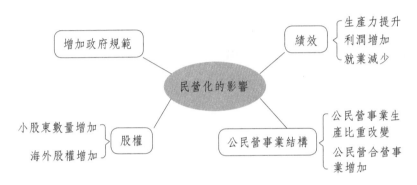

圖12-5　民營化的影響

第五節　台灣民營化推動情形

一、政策緣起與目的

一九八○年代以來，國際間盛行公營事業民營化，民國七十八年七月間，政府成立「行政院公營事業民營化推動專案小組」負責推動民營化政策，並研擬「公營事業民營化推動方案」，明訂民營化之政策目的為：

1. 增加經營自主權，提高經營績效。
2. 籌措公共建設財源，加速公共投資，藉以提升生活素質。
3. 增加資本市場籌碼，擴大資本市場規模，以健全資本市場之發展。
4. 吸收市場過剩游資，紓解通貨膨脹壓力。

二、民營化政策推動情形

（一）民營化相關法令修訂及訂定

1. 配合民營化需要，民國八十年、八十九年及九十二年三度修訂完成「公營事業移轉民營條例」。

2. 訂定「公營事業移轉民營條例施行細則」以來，截至九十九年九月底先後修正細則十二次。

3. 為落實民營化推動，自八十一年起財政部、經濟部、交通部及退輔會等先後訂定移轉民營從業人員權益補償辦法。

4. 財政部、經濟部、交通部及退輔會等先後訂定移轉民營從業人員優惠優先認購股份辦法。

（二）公營事業移轉民營條例修正後重點

公營事業移轉民營條例經多次修正，其修正後重點分述如次：

1. 公營事業移轉民營方式

⑴出售股份。

⑵標售資產。

⑶以資產作價與人民合資成立民營公司。

⑷公司合併、且存續事業屬民營公司。

⑸辦理現金增資。

2. 員工權益保障

⑴員工年資及退休金權益保障

①公營事業改制民營時，員工願隨同移轉者，應隨同移轉。但其事業改組或轉讓時，新舊雇主另有約定者，從其約定。員工不願隨同移轉者應辦理離職。其離職給與，應依勞動基準法退休金給與標準給付，不受年齡與工作年資限制，並加發移轉時薪給標準六個月薪給及一個月預告工資。繼續留用人員，由原事業主就其原有年資辦理結算，其結算標準依上述規定辦理。

②配合勞工退休金條例（簡稱勞退條例）訂定，增列員工選擇適用勞退條例之退休金制度（簡稱退休新制）後，其退休新制之工作年資，於移轉民營時，不得請求離職給與或年資結算金。

③勞退條例施行後，員工選擇適用退休新制，並依勞退條例第一條第一項規定，保留其選擇適用退休新制前工作年資（簡稱舊制年資）者，於移轉民營時之離職給與或年資結算金，依①規定辦理；其於選擇適用退休新制，並已依勞退條例第十一條第三項規定，結算舊制年資者，於移轉民營時，不得再行請求離職給與或年資結算金；未選擇適用退休新制者，其離職給與或年資結算金，依①規定於移轉民營時辦理。

(2)在現行法令規章規定下，員工因改制權益受損部分，如公保養老給付或勞保老年給付者，屬明確可估計者，應予以補償。

(3)改制時，因資遣或命令提前退休者，由民營化員工權益補償準備金優予補償。

(4)予員工優先認購一定金額股票。

(5)公營事業移轉民營之日起五年內被資遣之員工，均按移轉民營當時或資遣時之薪給標準擇優核給資遣給與，並加發六個月薪給及一個月預告工資；且均可在五年內免費接受轉業訓練。

3.規範公營事業移轉民營政府所得資金的用途

(1)撥入特種基金，其用途：

①支應加發六個月薪給與補償各項損失之費用及政府負擔之民營化所需支出。

②支應財務艱困事業不足支付移轉民營之給與支出。

③支應財務艱困事業不足支付移轉民營前辦理專案裁減人員或結束營業時之給與支出。

④供政府資本計畫支出。

(2)繳庫，並作為資本支出之財源。

4. 規範黃金股

具有公用或國防特性之公營事業移轉民營時,其事業主管機關得令事業發行特別股,由事業主管機關依面額認購之。該事業行使:

(1)變更公司名稱。

(2)變更所營事業。

(3)讓與全部或主要部分之營業或財產。

若未經該特別股股東同意無效。另特別股不得轉讓,且在所定一定期間屆滿後,由該事業以面額收回後銷除之。

(三)民營化執行遭遇問題

自七十八年七月行政院成立「公營事業民營化推動專案小組」以來,已逾二十一年,雖然已有三十八家公營事業完成民營化,惟在過程中遭遇不少問題,茲舉犖犖大者:

1. 民意機關的抵制

(1)台灣省議會曾於七十八年十月通過決議,省屬三商銀公股比率不得低於資本額51%,該項決議於八十六年五月刪除,之後三商銀民營化才能推動。

(2)立法院於八十一年六月審查台機公司預算附帶決議:「應將該公司民營化計畫書送立法院審議」;在審查八十三年度中央政府總預算執行條例附帶決議:「國營事業釋出官股結果,如其持股低於50%,應送立法院同意方能實施。」

2. 員工抗爭

部分員工抗爭的理由:

(1)公營事業用人過多,民營化後為提升績效可能裁減人員,員工擔心失去工作機會。

(2)公民營事業員工薪資結構不同,公營事業基層員工待遇較民營高,員工害怕民營後減薪。

(3)公民營事業人事任免、升遷、獎懲等工作條件不同，公營事業工作
壓力較民營小，員工認為民營後工作條件可能改變，心理不易調
適。

3.行政部門共識不足，未能貫徹政策的決心

行政部門與公營事業負責人對民營化政策共識不足，致未能貫徹政策
的決心。

(1)行政部門執行民營化時倘遇與現行規定不符，常囿於既有規範，無
法積極處理。

(2)事業負責人在政策推動過程，可能面臨裁減同仁壓力，或個人現職
無法延續等衝突。

（四）民營化成果

政府推動公營事業民營化以來，一方面進行相關法規研修及制定工
作，一方面陸續進行公股與資產之出售作業，截至九十八年底止，已完成
中國產物保險公司、中國石油化學開發公司、中華工程公司、中國鋼鐵公
司、陽明海運公司、液化石油氣供應處、榮民氣體廠、彰化銀行、第一銀
行、華南銀行、台灣中小企業銀行、台灣產物保險公司、台灣航業公司、
台灣人壽保險公司、岡山工廠、台灣土地開發信託投資公司、台肥公司、
中國農民銀行、交通銀行、高雄銀行、台北銀行、台北市政府印刷所、台
灣新生報業股份有限公司、台汽客運公司、中興紙業、台機公司、中央再
保公司、台灣農工公司、台鐵貨搬公司、食品工廠、台鹽公司、合作金
庫、榮民製藥廠、中華電信公司、唐榮公司、龍崎公司、台船以及榮工公
司等三十八家事業民營化（見表12-1），出售公股及資產所得已逾新台幣
七千億元。

表12-1　三十八家已移轉民營事業

主管機關	事業名稱	民營化基準日	備　註
經濟部	中國石化	83.06.20	
	中工	83.06.22	
	中國鋼鐵	84.04.12	
	台肥	88.09.01	
	中興紙業	90.10.16	
	台機	90.11.19	
	台鹽	92.11.14	
	台灣省農工	92.01.01	
	唐榮公司	95.07.05	
	台船	97.12.18	
財政部	中國產險	83.05.05	併入兆豐金控
	交通銀行	88.09.13	
	農民銀行	88.09.03	併入合作金庫
	中央再保	91.07.11	
	合作金庫	94.04.04	
交通部	陽明海運	85.02.15	
	台汽客運	90.07.01	
	台鐵貨搬	92.01.01	
	中華電信	94.08.12	
新聞局	新生報業	89.12.31	
原台灣省政府	彰化銀行	87.01.01	併入台新金控
	華南銀行	87.01.22	併入華南金控
	第一銀行	87.01.22	併入第一金控
	台灣企銀	87.01.22	
	台灣產險	87.01.22	
	台灣航業	87.06.20	
	台灣人壽保險	87.06.30	
	台灣土地開發信託投資	88.01.08	
退輔會	液化石油氣供應處	85.03.16	
	榮民氣體廠	87.01.01	
	岡山工廠	87.08.01	
	食品工廠	92.07.01	
	榮民製藥廠	94.12.31	
	龍崎工廠	95.10.31	
	榮工公司	98.11.01	
台北市政府	台北銀行	88.11.30	併入富邦金控
	台北市政府印刷所	89.09.27	
高雄市政府	高雄銀行	88.09.27	

資料來源：行政院經濟建設委員會網站。

另為兼顧員工權益，行政院於九十二年十一月成立「行政院公營事業民營化監督與諮詢委員會」（勞委會擔任幕僚），由產、官、學及社會人士組成，擔負監督與諮詢之責。原「行政院公營事業民營化推動與監督管理委員會」改為「行政院公營事業民營化推動委員會」，雙軌並行，繼續推動公營事業民營化。九十七年十二月行政院將上述二個委員會合併為「行政院公營事業民營化推動與監督委員會」。

（五）目前正在推動民營化情形

目前台電、中油、漢翔、台糖、台水、台灣菸酒、台灣鐵路管理局及中華郵政等八家公司尚未民營化，正在推動中。

（六）加速已民營化事業的釋股

國內雖然已有三十八家公營事業民營化，政府持有這些事業的股權低於50%，不過只要政府持股在20%以上，若介入經營決策權，對公司營運仍有決定性的影響，卻不受民意機關的制衡。在這種情況，民營化往往維持原有的管理模式，對業務創新不積極，無法依市場機能發揮民營化的效果，讓民間更有活力。因此，政府應加速已民營化事業的釋股。

政府於民國九十四年三月訂定「財政部公股股權管理小組設置要點」，設立公股股權管理小組，把分屬不同機關掌管的公股股權統一有效管理，避免各單位本位主義，造成決策不一或失當的現象，並可累積傳承公股管理及釋股的經驗，以發揮公股管理整體綜效。公股股權管理範圍除包括國營事業外，還包括已民營化但還有部分官股的事業，以及其轉投資事業等，如中油、台電、中鋼、兆豐金控、華南金控、第一金控等。公股管理主要辦理事項有民營化計畫及釋股計畫之核議與執行；民營化基金預算之編列與執行；公股股權管理制度、法規命令之擬修訂；事業董監事席次之規劃及選舉策略之擬定與執行等。

公股集中管理立意甚佳，惟因管理逾新台幣一·五兆元的資產，公股股權管理小組無法抗拒由上而下的決策，特別是高層人事、併購案等，公

股小組成員多未實質參與，只能奉命行事。因此，引起各界質疑，九十七年十月廢止。

行政院於九十八年十一月底訂定「公股管理督導小組設置要點」，該小組由行政院副院長擔任召集人，成員除行政院祕書長及財政部部長外，還包括各部會副首長。督導小組任務統合中央政府公股事業之完整資訊，確立及規劃中央政府公股事業經營、管理、運用之策略，以及督導公股事業之成效。

第六節　結語

二次世界大戰後，歐洲國家政府在國有化與民營化的政策一直搖擺不定，直到一九七九年英國保守黨柴契爾夫人開始積極推動民營化，民營化逐漸成為世界的潮流。

社會主義的政黨偏好設立公營事業的理由：(1)控制獨占力量；(2)促進公平；(3)增加就業機會；(4)抑制通貨膨脹；(5)政治緩衝器；(6)國家安全。

主張民營化的理由：(1)思想方面政府角色的轉變；(2)減少政治干預；(3)降低政府財政風險；(4)減少政府干預，以提升管理效率；(5)經濟自由化、合理化。

不同的財產權擁有者對經濟誘因態度有別，民營企業在股東的壓力下，企業經營者必須使股東獲得適當的報酬率。公營事業所有者是全國人民，公營事業決策成敗經營良窳與人民無直接關係，在缺乏人民的積極監督下，其經營效率比民營企業為差。

公營事業民營化資產銷售方式有：(1)股份贈送全民；(2)限制出售公股；(3)採取拍賣股份或資產方式。未上市前公股出售定價方式有：(1)資產重估後事業的淨值；(2)參考類似公司的市場價值及該事業營業狀況、淨值及未來發展潛力而定；(3)公開標售的方式。

公營事業民營化後的影響有：(1)股權分散；(2)改變公民營事業的結構；(3)績效改變；(4)增加政府規範。

　　台灣於七十八年七月政府成立「行政院公營事業民營化推動專案小組」推動民營化，民營化政策目的有：(1)提高經營績效；(2)籌措公共建設財源；(3)擴大資本市場規模；(4)紓解通貨膨脹壓力。配合民營化需要多次修訂「公營事業移轉民營條例」及相關法規。

　　公營事業移轉民營條例修正後重點為：(1)放寬公營事業移轉民營方式，包括出售股份、標售資產、合資、合併及現金增資等；(2)重視員工權益保障；(3)規範公營事業移轉民營政府所得資金的用途；(4)規範黃金股。

　　民營化執行遭遇問題有：(1)民意機關的抵制；(2)員工抗爭；(3)政府未能貫徹政策的決心。截至九十九年九月底止，民營化成果已有中鋼等三十八家公司完成民營化，目前仍有八家公司正在推動民營化。

Chapter 13

醫療保健

第一節　醫療服務的特色

　　一般的市場裡，消費者選擇其所需的商品與服務。病人生病看醫生有醫療服務需求，醫療服務內容或項目卻是由醫生決定，也就是醫生針對病人病情開處方。事實上，每一種疾病往往有多種不同的治療方法及藥物，且有不同的醫療效果，病人大都欠缺這種專業知識，只有聽從醫生處方來治療。醫生也不見得會在看病過程中告訴病人醫療知識。因此，醫生和病人之間資訊不對稱。其次，一般商品及服務品質良窳消費者比較容易判斷，而醫療服務品質的好壞卻很難判斷。

　　醫療服務具有排他性（excludability）及互斥性（rivalry），因此，其屬於私有財。惟這種私有財與一般私有財有所不同。如某一病人感染傳染病，如肺癆、禽流感等會影響他人的健康，因此，傳染病本身具有外部性，政府對傳染病的治療通常會加以補助，或採取公費治療，以維護全民健康。

　　醫療服務是私有財，病人生病去診所、醫院看病，醫生提供醫療服務，病人必須付費。若生重病或重傷，醫療費用相當龐大，造成病人財務負擔沉重，甚至無法負荷。因此，有些人基於「天有不測風雲，人有旦夕禍福」的觀點，防患未然及因應急難不時之需，因而購買商業醫療服務保險，藉以分散風險。可是有些人沒有能力購買醫療保險，生重病或受傷時

也沒有能力支付昂貴的醫療費用，因而不敢就醫，只好坐以待斃。這種情況顯然不符合人道社會主義。因此，基於平等主義，許多國家大都採取由政府公辦全民保健或社會保險來維護人民的健康。

第二節　醫療保健的經濟理論

醫療保健如同營養、外在環境與人類生活環境等都是影響健康的因素。健康可用福利或效用來表示，其效用函數為 $U = (C, f(C_h, H))$，U 是效用，C 是消費財，C_h 是與健康有關的消費財，H 是醫療保健。C 與 C_h 之間有重疊，食品提供重要的營養與飲食的樂趣。可是亦可能與健康有衝突，如牛排雖可獲得飲食的樂趣，但同時卻可能引發心臟病的危險。

一、健康與醫療保健

健康與醫療保健（healthcare）之間關係的不確定性，可以兩種方式來說明：

1. 醫學對效用函數的理解是有限的，其具有的特性為高度的不確定，以及醫療保健與其他非醫療因素之間錯綜複雜關係。臨床經驗發現心臟病的治療與健康之間關係不大，而與非醫療保健因素如營養有較大的關係，這說明非醫療因素對健康的重要性。
2. 疾病常常具有間歇性的，病因是變化多端。因此，病人對醫療保健有需求，醫療保健需求可以視為醫療保險的需求，其供給是醫療機構。如前所述，資訊不對稱導致保險市場失靈，在健康保險情況亦然。

二、醫療保健目標

醫療保健目標是公平和效率。有些學者如Tobin（1970）認為醫療保健公平應超越一般福利公平標準，也就是特殊平等主義（specific egalitarianism），即所有資源應該平等地分配，這主要是基於人道主義，讓全民在生病時均能獲得醫療服務。至於效率層次可分為：

1. 技術效率：以最少的投入獲得既定的產出。
2. 經濟效率（亦稱成本效率）：在既定的要素價格下，以最小的成本生產既定的產出。
3. 配置效率：沒有其他任何一種配置方式能使一個人的情況變好，而不使其他人的情況變差。

三、配給（rationing）

在自由市場裡，透過價格機制，消費者行為決定資源配置效率。若不以市場機制來配置資源，而由政府負起控制日益膨脹的醫療保健支出的責任時，則資源配置就成為政治問題。政府介入醫療保健都會有效地避開總體資源配置的問題，將保健預算建立在過去配置的基礎、經濟情況、當前人口變化趨勢及公共壓力的基礎，這些通常與等候看病的數量有關。很少直接談論到較高層次的配置效率上，而是集中在保健支出占GDP的比重上。

四、醫療保健市場失靈

Arrow（1963）認為醫療保健商品與一般商品有別，具有相互依賴、規模報酬、供給限制及資訊不對稱等四個特性，茲分別說明如次：

（一）相互依賴（interdependencies）

就是外部性。每個人都關心他人的健康，每個人的健康都是一種公共財，可是民間市場卻供給不足，因此，醫療保健應像其他具有正的外部性商品一樣獲得補貼。

（二）規模報酬

醫院服務有規模報酬與範疇經濟問題。在小城鎮，如由民間市場來提供醫療保健服務，則地方醫院將產生獨占。醫院服務有規模經濟，且有一條顯著複雜的療程學習曲線。有豐富經驗的外科醫生，其開刀出錯率相對較低。小醫院醫生會有缺乏經驗的問題，致不利於病人。Enthoven

（1990）以開心手術為例，只有每年開刀超過一百五十個案例的醫生，其
開刀的死亡率才會大幅下降。

（三）供給限制

　　供給面限制來自於醫生對醫療保健供給的有效獨占。大多數國家只
有受過訓練並獲得執照的醫生才能從事醫療活動。醫療職業的自我管理會
使供給面的限制更為複雜化。許多國家的醫師公會對醫生之間競爭加以限
制，如醫療服務的競爭和廣告被視為不道德的，會受到醫師公會內部的懲
罰或處分，這些限制超出法律的規範，形成一種卡特爾（cartel），將導致
醫療服務價格提高。因此，有必要限制醫生獨占力量，但是，政府卻默許
這種行為。

（四）資訊不對稱的幾種形式

1. 醫療保健如由市場提供，這場交易有三個參與者，病人、醫事單位
   或醫生，及健保保險公司或保健機關。如病人保全險，或醫療支出
   由保險公司或保健機關支付，醫生沒有控制成本動機，將發生道德
   危機（moral hazard），也就是說將產生多餘的治療，醫療支出大幅
   增加，導致保險公司或保健機關虧損。
2. 病人與醫生對疾病性質了解，顯然要比保險公司或保健機關多。
   因此，易導致逆向選擇（adverse selection），以致保險公司採取掠
   取利潤（cream-skimming），即民間保險公司能夠輕易地規避高風
   險、高成本的族群，只對索賠率很低的那一群人提供保險服務。
3. 醫生對藥的了解遠多於病人，這可能導致供給者誘發需求
   （supplier-induced demand），即病人被引誘購買多於正常需要的
   藥。

　　在缺乏對醫生有效的監督下，這種醫生與病人之間的資訊不對稱，會
導致醫療供給的檸檬問題（lemons' problem），病人就很難辨別有道德的
醫生和江湖庸醫。

第三節 醫療保健的成效及面臨問題

一、醫療保健的成效

醫療保健（healthcare）是疾病的預防、治療及管理，透過醫藥、護理及相關醫療保健服務的提供，維護身心的健康。各國政府積極推動醫療保健，大部分的國家都是由政府辦理保健，少數國家如美國是以民間部門辦理保健為主，政府辦理社會保險為輔。OECD國家醫療保健財務由公私共同負擔，在二〇〇〇年平均公共財源占總醫療支出72.2%，私有財源占27.8%。有些國家如捷克、斯洛伐克、盧森堡、挪威、瑞典、冰島、丹麥與英國公共財源達八成以上（見表13-1）。醫療保健財務體系可分為單一支付體系（single-payer system）與多層次支付體系（multiple-payer system）。單一支付體系指單一實體，典型的型態是政府經營機構，由管理者收取所有保健收入，支付保健費用，即統收統支。多層次支付體系，有社會保險與私人健康保險，收支各自成一體系。

醫療保健的推動，理論上有助於促進民眾健康，這種成效如何具體衡量？根據Docteur和Oxley（2003）的研究，提出兩項客觀的指標，即平均壽命（life expectancy）與嬰兒死亡率（infant morality）；另外歐盟提出一項主觀的指標，即民眾對保健滿意度。

（一）平均壽命

OECD三十個國家平均壽命男性從一九六〇年的66歲，增加到二〇〇〇年的74.2歲，四十年來平均壽命增加13.1%；女性從一九六〇年的71歲，增加到二〇〇〇年的80.1歲，這段期間增加13.6%（見表13-2），顯示壽命不斷延長。

（二）嬰兒死亡率

OECD國家平均嬰兒死亡率由一九六〇年的36.4‰，降低為二〇〇〇年的7‰，四十年來嬰兒死亡率降低81%（見表13-3），顯示嬰兒健康狀況大幅改善。

表13-1 二○○○年公共及私有財源占總醫療支出比例

	公共財源			私有財源			
	社會安全體系	其他	合計	個人健康保險	自行醫療支出	其他	合計
澳大利亞	0.0	68.9	68.9	7.3	18.5	5.4	31.1
奧地利	40.2	29.2	69.4	7.2	18.8	4.6	30.6
比利時			72.1				27.9
加拿大	1.4	69.5	70.9	11.4	15.8	1.9	29.1
捷克	81.7	9.7	91.4	0.0	8.6	0.0	8.6
丹麥	0.0	82.5	82.5	1.6	15.9	0.0	17.5
芬蘭	15.4	59.7	75.1	2.6	20.4	1.9	24.9
法國	73.3	2.5	75.8	12.7	10.4	1.0	24.2
德國	68.7	6.3	75.0	12.6	10.5	1.8	25.0
希臘			56.1				43.9
匈牙利	63.3	12.2	75.5	0.2	21.3	3.0	24.5
冰島	24.7	59.0	83.7	0.0	16.3	0.0	16.3
愛爾蘭	0.9	72.4	73.3	7.6	13.5	5.6	26.7
義大利	0.1	73.3	73.4	0.9	22.6	3.1	26.6
日本	65.4	12.9	78.3	0.3	16.8	4.5	21.7
韓國	34.3	10.1	44.4	8.7	41.3	5.6	55.6
盧森堡	72.7	15.1	87.8	1.6	7.7	1.2	10.5
墨西哥	31.5	16.4	47.9	0.6	51.5	0.0	52.1
荷蘭	59.4	4.0	63.4	15.2	9.0	12.4	36.6
紐西蘭	0.0	78.0	78.0	6.3	15.4	0.4	22.0
挪威	0.0	85.2	85.2	0.0	14.3	0.5	14.8
波蘭			70.0				30.0
葡萄牙			68.5				31.5
斯洛伐克	84.4	5.0	89.4	0.0	10.6	0.0	10.6
西班牙	6.9	64.8	71.7	3.9	23.5	0.9	28.3
瑞典			85.0				15.0
瑞士	40.4	15.2	55.6	10.5	32.9	1.0	44.4
土耳其[a]			71.9				28.1
英國	0.0	80.9	80.9				19.1
美國	15.0	29.2	44.2	35.1	15.2	5.6	55.8
OECD 國家平均[b]	32.5	40.1	72.2	6.4	18.7	2.6	27.8

a. 土耳其為一九九八年資料。

b. 未加權平均。

資料來源：Docteur, E. & Oxley, H. (2003) "Health-Care Systems: lesson from the reform experience," OECD Economics Department Working Paper, no. 374.

表13-2　一九六○至二○○○年OECD國家平均壽命

	男　性		變動百分比	女　性		變動百分比
	1960[a]	2000[b]	1960–2000	1960[a]	2000[b]	1960–2000
澳大利亞	67.9	76.6	12.8	73.9	82.0	11.0
奧地利	65.4	75.4	15.3	71.9	81.2	12.9
比利時	67.7	74.6	10.2	73.5	80.8	9.9
加拿大	68.4	76.7	12.1	74.3	82.0	10.4
捷克	67.9	71.7	5.6	73.4	78.4	6.8
丹麥	70.4	74.5	5.8	74.4	79.3	6.6
芬蘭	65.5	74.2	13.3	72.5	81.0	11.7
法國	67.0	75.2	12.2	73.6	82.7	12.4
德國	66.9	74.7	11.7	72.4	80.7	11.5
希臘	67.3	75.5	12.2	72.4	80.6	11.3
匈牙利	65.9	67.2	2.0	70.1	75.7	8.0
冰島	70.7	78.0	10.3	75.0	81.4	8.5
愛爾蘭	68.1	74.2	9.0	71.9	79.2	10.2
義大利	67.2	76.3	13.5	72.3	82.4	14.0
日本	65.3	77.7	19.0	70.2	84.6	20.5
韓國	51.1	71.7	40.3	53.7	79.2	47.5
盧森堡	66.5	74.9	12.6	72.2	81.3	12.6
墨西哥	55.8	71.6	28.3	59.2	76.5	29.2
荷蘭	71.5	75.5	5.6	75.4	80.5	6.8
紐西蘭	68.7	75.7	10.2	73.9	80.8	9.3
挪威	71.3	76.0	6.6	75.8	81.4	7.4
波蘭	64.9	69.7	7.4	70.6	77.9	10.3
葡萄牙	61.2	72.7	18.8	66.8	79.7	19.3
斯洛伐克	68.4	69.2	1.2	72.7	77.4	6.5
西班牙	67.4	75.5	12.0	72.2	82.7	14.5
瑞典	71.2	77.4	8.7	74.9	82.0	9.5
瑞士	68.7	76.9	11.9	74.5	82.6	10.9
土耳其	46.3	65.8	42.1	50.3	70.4	40.0
英國	67.9	75.4	11.0	73.7	80.2	8.8
美國	66.6	74.1	11.3	73.1	79.5	8.8
30個*OECD*國家平均[c]	66.0	74.2	13.1	71.0	80.1	13.6

a.加拿大和義大利為一九六一年資料。b.德國、希臘和韓國為一九九九年資料。

c.未加權平均。

資料來源：同表13-1。

表13-3　一九六〇至二〇〇〇年OECD國家嬰兒死亡率

	每千人嬰兒死亡人數		變動百分比
	1960	2000[a]	1960-2000[a]
澳大利亞	20.2	5.2	−74.3
奧地利	37.5	4.8	−87.2
比利時	31.2	4.8	−84.6
加拿大	27.3	5.3	−80.6
捷克	20.0	4.1	−79.5
丹麥	21.5	5.3	−75.3
芬蘭	21.0	3.8	−81.9
法國	27.5	4.6	−83.3
德國	35.0	4.4	−87.4
希臘	40.1	6.1	−84.8
匈牙利	47.6	9.2	−80.7
冰島	13.0	3.0	−76.9
愛爾蘭	29.3	6.2	−78.8
義大利	43.9	4.5	−89.7
日本	30.7	3.2	−89.6
韓國		6.2	
盧森堡	31.5	5.1	−83.8
墨西哥		23.3	
荷蘭	17.9	5.1	−71.5
紐西蘭	22.6	5.8	−74.3
挪威	18.9	3.8	−79.9
波蘭	56.1	8.1	−85.6
葡萄牙	77.5	5.5	−92.9
斯洛伐克	28.6	8.6	−69.9
西班牙	43.7	3.9	−91.1
瑞典	16.6	3.4	−79.5
瑞士	21.1	4.9	−76.8
土耳其	189.5	39.7	−79.1
英國	22.5	5.6	−75.1
美國	26.0	6.9	−73.5
OECD國家平均[b]	36.4	7.0	−81.0

a.韓國和紐西蘭為一九九九年資料。
b.未加權平均。
資料來源：同表13-1。

（三）醫療保健滿意度

一九九九年歐盟曾經調查歐盟十五國醫療保健的滿意度，十五國未加權平均的滿意度為57.5%，其中七個國家滿意度超過七成，以奧地利滿意度83.4%為高，其次為法國78.2%，第三為比利時77.0%；滿意度最差三國分別為希臘18.6%、葡萄牙24.1%，與義大利26.3%（見表13-4）。

表13-4　一九九九年歐盟醫療保健體系滿意度　　　　　單位：%

	很滿意	相當滿意	總滿意度
奧地利	31.4	52.0	83.4
比利時	15.8	61.2	77.0
丹麥	30.7	45.1	75.8
芬蘭	18.0	56.3	74.3
法國	16.0	62.2	78.2
德國	7.4	42.5	49.9
希臘	2.9	15.7	18.6
愛爾蘭	11.4	36.3	47.7
義大利	2.1	24.2	26.3
盧森堡	26.0	45.6	71.6
荷蘭	19.0	54.2	73.2
葡萄牙	3.1	21.0	24.1
西班牙	9.6	38.0	47.6
瑞典	13.5	45.2	58.7
英國	13.0	42.7	55.7
歐盟15國 加權平均[a]	10.6	42.2	52.8
歐盟15國 未加權平均[b]	14.7	42.8	57.5

a.加權平均。
b.未加權平均。
資料來源：同表13-1。

二、醫療保健面臨的問題

如上所述醫療保健的推動有其成效，惟亦帶來一些問題，如醫療保健財務惡化，民眾等候看病時間太長，醫療服務的品質問題，以及部分國家納保率有待提升等問題，分別敘明如后：

（一）醫療保健財務問題

醫療保健的財源不外乎公共財源與私有財源，二○○○年OECD國家平均72.2%來自公共財源，27.8%來自私有財源（見表13-1）。公共財源中部分來自社會安全體系、部分來自其他公共財源（稅收）；私有財源包括私人健康保險費、自行醫療支出及其他支出。有些國家如捷克、斯洛伐克、盧森堡、挪威、瑞典等公共財源占總醫療支出85%以上，顯示政府財務負擔沉重。

各國推動醫療保健以來，保健支出不斷增加，醫療費用增加的速度遠超過其經濟成長率，致醫療支出占GDP的比重不斷提升。根據Docteur和Oxley（2003）研究，指出一九七○年OECD國家平均醫療保健支出占GDP5.1%，二○○○年增為8.2%，其中公共財源占GDP比重一九七○年為3.6%，二○○○年增為5.7%，政府支出不斷上升，是導致政府財政赤字的原因之一。

根據OECD經濟展望（2006）的研究，醫療保健支出增加的原因有：

1. 人口老化

老年人口增加，維護健康的成本將隨著年齡增加而提升，致使醫療支出不斷增加。

2. 所得增加對醫療保健品質需求提升

如前所述醫療保健支出較GDP成長為快。這可說明當所得增加，對健康偏好增加，即健康是優等財（superior good）。

3. 新的醫療技術及處方增加保健支出

新藥的研究成本很高，新藥往往較為昂貴；新的技術也需要新的醫療

設備配合，昂貴的新設備亦將增加醫療支出。

4.女性勞動參與率提升

有些國家女性勞動參與率顯著上升，因而減少簡單家庭醫療照顧，導致對醫療照顧需求增加。

5.醫療保健的價格上漲較快

醫療保健的價格上漲比消費者物價上漲為快，造成醫療支出的增加。

（二）醫療市場失衡的問題

假定醫療保健市場是競爭的市場，透過價格機能，從圖13-1看出，D 與 S 分別代表醫療市場需求曲線與供給曲線，消費者在 $0P_0$ 的價格，購買 $0Q_0$ 醫療服務，此時市場達到均衡。由於醫療服務具有特性，其與一般商品與服務有別。如前所述，政府以大量公共資金來補助醫療服務，致病人對醫療服務支出大幅下降。如病人對醫療服務支出價格降為 $0P_1$，也就是病人自付的價格為 $0P_1$，在 $0P_1$ 的價格下對醫療需求量增為 $0Q_1$，遠較競爭市場需求量 $0Q_0$ 為大，此時供給價格為 $0P_2$，在 $0P_1$ 與 $0P_2$ 之間差額為 P_1P_2，此一差額由第三者支付，也就是由政府加以補助或保險公司支付，才能使市場達到均衡。若政府補助或保險公司支付的差額小於 P_1P_2，則將產生醫療服務需求大於供給，此時將會發生病人等候問題，如英國採取公醫制度，消費者支付醫療服務價格很低，不到市場價格的五分之一。政府補助金額低於上述差額，致產生病人等候看病的問題。

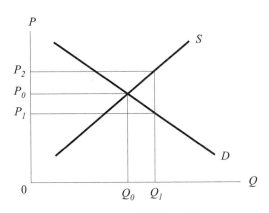

圖13-1　醫療保健市場

（三）醫療品質問題

有些國家面臨醫療資源分配不均、醫療人員不足、醫療品質可靠性（accountability）等問題而導致醫療品質不佳。茲分述如次：

1. 醫療資源分配不均

即使先進國家也會面臨區域性醫療資源不足，如在地廣人稀的鄉村，低所得區或少數民族居住地區等，常常面臨醫療機構及醫療人才的不足，致無法就近提供有效率醫療保健服務。

2. 醫療人員不足

有些國家面臨醫療人員不足的主要原因，是醫療服務體系中對醫生等醫療服務人員支付偏低，導致醫療人員不足。另一個原因為有些國家限制醫學院的擴充，致醫療服務人員的供給受到限制，造成醫療人才不足。

3. 未能適時提供醫療服務

許多國家以公共資金來推動全民醫療保健，民眾看病支付的醫療費用很低，致對醫療需求大幅增加，導致醫療需求超過醫療供給，因而延遲醫療，特別是慢性病的開刀，列在等候名單，致未能適時提供醫療服務，影響病情。

（四）部分國家公共健康保險納保率偏低

截至二○○一年，OECD三十個國家已有英國等十八國公共健康保險的納保率達100%，也就是達到全民保險；另有奧地利等五國納保率達99%，已接近全民納保（見表13-5）。OECD國家中，公共健康保險納保率最低的美國，二○○一年僅25.3%，其次為墨西哥50%。美國公共基金保健計畫提供老人、失能、軍人眷屬、退撫軍人及窮人等醫療服務。

表13-5　一九九六至二○○一年OECD國家公共健康保險納保率　單位：%

	1960[a]	1970[b]	1980	1990[c]	2000[d]	2001[e]
澳大利亞	76.0	85.0	100.0	100.0	100.0	100.0
奧地利	78.0	91.0	99.0	99.0	99.0	99.0
比利時	58.0	97.8	99.0	97.3	99.0	99.0
加拿大	100.0	100.0	100.0	100.0	100.0	100.0
捷克	100.0	100.0	100.0	100.0	100.0	100.0
丹麥	95.0	100.0	100.0	100.0	100.0	100.0
芬蘭	55.0	100.0	100.0	100.0	100.0	100.0
法國		95.6	99.1	99.4	99.9	99.9
德國	85.2	89.2	92.3	88.8	90.9	90.9
希臘	44.0	55.0	88.0	100.0	100.0	100.0
匈牙利			100.0	99.0	100.0	100.0
冰島	100.0	100.0	100.0	100.0	100.0	100.0
愛爾蘭	85.0	85.0	100.0	100.0	100.0	100.0
義大利	87.0	93.0	100.0	100.0	100.0	100.0
日本	99.0	100.0	100.0	100.0	100.0	100.0
韓國			29.8	100.0	100.0	100.0
盧森堡	90.0	99.6	99.8	98.8	99.0	99.4
墨西哥					50.0	50.0
荷蘭	71.0	71.0	74.6	73.9	75.6	75.7
紐西蘭	100.0	100.0	100.0	100.0	100.0	100.0
挪威	100.0	100.0	100.0	100.0	100.0	100.0
波蘭						
葡萄牙	18.0	40.0	100.0	100.0	100.0	100.0
斯洛伐克						97.9
西班牙	54.0	61.0	83.0	99.0	99.8	99.8
瑞典	100.0	100.0	100.0	100.0	100.0	100.0
瑞士	74.0	89.0	96.5	99.5	100.0	100.0
土耳其		26.9	38.4	55.1	66.0	66.0
英國	100.0	100.0	100.0	100.0	100.0	100.0
美國				24.5	24.7	25.3
*OECD*國家平均[f]	80.4	86.6	92.3	93.9	93.0	93.2

a.澳大利亞、加拿大、捷克、希臘、愛爾蘭和日本為一九六一年資料。

b.荷蘭為一九六七年資料。

c.盧森堡為一九九三年資料。

d.義大利、西班牙和土耳其為一九九七年資料。

e.愛爾蘭、日本、墨西哥、葡萄牙和瑞士為二○○○年資料，義大利、西班牙及土耳其為一九九七年資料。

f.非加權平均。

資料來源：同表13-1。

根據《維基百科全書》二〇一〇年資料，二〇〇七年美國有約84.7%民眾有健康保險，其中雇主購買健康保險約占六成，即以民間保險為主。美國沒有保險民眾約四千六百萬人，占總人口的15.3%。缺乏保健最大的風險是未能就近醫療，未投保民眾不能獲得正常醫療保健及預防醫療服務，特別是慢性病因為未能獲得例行治療，使得病況加重，甚至死亡；由於後期的治療比早期的治療花費更多的費用，造成醫療成本增加及醫療服務缺乏效率。

美國不願意建立全民保健理由，認為全民保健將導致增稅，可能促使保健設備的品質及醫生績效變差。同時因缺乏市場機能而降低新處方、創新及研究發展，將導致如同英國一樣，要透過等候時間來分配醫療資源。

歐巴馬當選總統後，積極履行其競選政見，推動美國全民健保。二〇一〇年三月二十三日國會通過「Patient Protection and Affordable Care Act」，其主要內容包括：強制健保，除了低收入者外，任何人必須加入健保；禁止保險公司以投保人病史為由而拒保；對富人課稅作為健保財源等措施，預計二〇一四年可讓三千二百萬未投者加入健保。

第四節　醫療保健制度的改革

如前所述，先進國家醫療費用增加的速度超過其經濟成長，致醫療費用占GDP的比重不斷提升，也使得醫療費用占政府支出不斷的提升，成為政府財政赤字擴大的主要原因之一。因此，各國紛紛提出醫療改革方案，茲將改革的重點歸納如次：

一、控制醫療支出

根據OECD經濟展望（2006）報告中，「由保健支出及長期照護引起預算壓力」的分析，如各國政府對醫療保健不採取任何措施，到二〇五〇年醫療保健支出占GDP的比重將高達13%，約較目前增加一倍。由於醫療保健支出所占比重很高，各國政府均致力於醫療保健制度的改革。根據

Docteur和Oxley（2003）的研究，採取成本抑制（cost containment）措施，有管制醫療保健的價格與數量；訂定醫療保健支出的總額或上限；透過提高成本分擔（cost-sharing）把醫療費用移轉到民間部門等。

（一）管制醫療保健的價格與數量

　　大部分國家對醫療保健部門採取管制價格、數量或二者均管。特別是管制醫事人員薪資與藥價是大部分國家節約保健支出所採行的措施。政府在行政上監督保健購買者與提供者之間價格協定，有些國家政府與保健提供者協商破裂，政府直接設定費用，如澳洲、比利時、法國、日本、盧森堡、加拿大等。日本採取由政府決定醫療服務的價格，以控制醫療費用。

　　價格管制對總支出的衝擊可能受到醫事單位採取因應措施而降低其影響，如增加醫療數量以補償價格或工資上漲的限制，或由提供較高成本的服務等。價格與工資的管制對長期供給有負面影響。相對價格或工資偏低，將導致某些專科醫生不足，如麻醉師、婦產科醫師及精神病醫師等，許多國家都面臨醫療人才不足。醫療保健人員加入工會，其在工資與價格協商議價能力較佳，較能維護保健人員的權益。管制價格可達成短期降低公共保健支出，可是長期間很難維持足夠水準的醫療服務。

（二）訂定醫療保健支出的總額或上限

　　訂定總額支付制度（budgetary caps），即醫療保健支出的總額或上限的制度，是透過預算作為控制醫療保健支出的工具。此一工具最初用於醫院，後來擴大到藥品支出等。根據OECD國家經驗，對醫院部門控制支出比對藥品部門控制支出較易執行。丹麥、愛爾蘭及英國等對總額支出的管制相當成功，特別是這些國家採取單一支付體系（single-payer systems）較採多層次支付體系（multiple-payer systems）國家容易縮減醫療支出。另總額支付制度考量的成本是以過去成本為基礎，還是以前瞻性或有效率的成本為基礎。若以過去成本為基礎，可能有利於缺乏效率醫事單位，不利於有效率醫事單位。

　　總額支付制度，意味著醫事單位在受到預算嚴格的限制下，將調整醫療服務供給以配合醫療需求增加。若採取由上而下的總額支付制度不符合誘因效果，其不鼓勵醫事單位增加產出或提高生產力。因預算分配與產出無關，產出減少，將不會有財務成本的壓力。如醫事單位努力提升效率、降低成本，致在既定的總額支出下有節餘，其節餘若被給付人收回，將會導致醫事單位缺乏動機提升效率，降低成本，並將保健支出花到上限。

　　在總額支付制度下，醫事單位會管制生產要素投入，即常縮減員工人數及增加工作負荷，員工士氣可能受到打擊，由於薪資及僱用的限制，可能影響人事政策及吸引人才的能力。

（三）提高成本分擔

　　成本分擔的改革降低政府保健支出的成長，轉移由民間部門負擔部分成本。雖然各國成本分擔的程度有所不同，惟自一九八〇年以來，醫療服務的共同特點就是醫療成本分擔增加。醫療服務成本分擔增加的主要原因受藥品的影響，保險人不支付的藥品增加了，這是因為這些藥是味素藥，沒有療效；個人不願使用學名藥，而要買品牌藥或較高貴的藥，因而成本分擔增加；此外，採取每個處方計次收費等措施。這些措施降低了政府的醫療支出。

　　Docteur和Oxley（2003）指出，醫療保健需求彈性很低，在負〇·二至負〇·三之間。因此，應採取適度的醫療成本分擔，以使整體醫療服務消費的衝擊減至很小，若大幅提高醫療成本分擔，對部分民眾醫療需要會有影響，亦即對部分民眾就近醫療有不利的影響。的確，有些國家因為提高醫療成本分擔，而減弱了民眾就近醫療的效果。有些國家採取補救措施，如豁免弱勢團體（窮人、老人及慢性病人）的分擔；設定個人或家庭每年醫療保健支出的上限（如瑞典）；採取互補性的保險來涵蓋成本分擔的增加（如法國），惟這些補救措施將使行政管理成本增加，降低成本分擔的淨效果。

二、提升醫療健保效率

提升醫療保健效率，有助於降低醫療保健需要增加所面臨的預算限制的衝擊。各國對提升醫療保健效率改革措施臚列如下：

（一）醫院部門改革

1. 加強醫療保健購買者的角色

醫院改革首先要使醫療保健購買者（保險公司或政府機構）與醫療保健供應者（醫事單位）分離。進而強化醫療保健購買者代理人的角色。購買者或醫療保健基金所有者（funders of health care）有責任對預算機關做成本控制，亦對病人醫療品質與病人就近醫療負有責任。有些國家積極採取公共合約模型（public contract models）來購買醫療服務，購買者直接與醫療服務提供者（醫院）就所提供服務簽訂合同，即購買者與醫院或其他醫療服務提供者就收費和某些限制性的條款達成協議。購買者與提供者就治療處方、費用支付達成協議。由於醫療服務提供者間的競爭，使合約體系的醫療服務價格低於償還體系（reimbursement system）。所謂償還體系指病人看病時支付醫療費用後再向保險公司索回所付的醫療費用，由於病人實際支出醫療費用為零，以致常小病大治，浪費醫療資源。

2. 增加醫療服務提供者之間的競爭

美國、英國、瑞典、捷克、紐西蘭等國曾嘗試以醫院之間的競爭作為誘導效率、醫療品質的改善。美國的管理醫療服務制度，對民間被保險人支付與醫療救助支付，在醫療服務提供者競爭環境下，使得民間醫療保健支出成長較為緩慢，且不影響其醫療品質。

美國為了抑制醫療保健成本的上升，大幅修正保險體系下的賠償金模型（indemnity model）。由病人原本可自由選擇醫療院所看病，事後申報醫療費用，改為限制病人選擇醫療院所。保險公司以價格為基礎向特定醫療院所購買醫療服務，以達到降低成本目的，且維持其服務品質。病人看病侷限於保險公司簽約的醫療院所，否則病人將面臨財務處罰。另一個情

況，健康維持機構（health maintenance organizations）提供醫療服務，包含保險及醫療服務供應，允許病人有選擇醫療院所的自由，可是病人卻要增加成本分擔，及支付較高的保險費。在二〇〇二年這種型態的保險，占美國私人保險人數的5%。

　　醫療服務提供者之間競爭改革除美國外，成功的實例很少。改革失敗部分原因反映限縮提供服務範圍，與在地方醫療保健市場提供者的獨占地位，以及缺乏勝任的購買者。

（二）促進保險公司之間的競爭

　　保險市場競爭可以下列兩種方式提升效率：

1. 在多家保險公司的市場裡，由於醫療保健商品多樣化，及其承保範圍有所不同，讓消費者有更多的選擇機會。即使多家保險公司與有些國家僅有單一保險公司比較，擁有較高的營運、行銷費用，競爭促使保險公司極小化管理成本及改善對被保險人的服務。

2. 由於醫療保健提供者的競爭，使得保險人在選擇合約對保健提供者產生壓力，可能獲得更有效率的醫療保健條款。

　　有關保險公司之間促進競爭的經驗，多層次支付體系最顯著的特點是促進保險市場競爭，這種競爭有正面的效果，促使保險公司降低保費，提供較佳醫療服務，訂定行政成本減少的誘因。

第五節　台灣健保制度改革

一、全民健保架構

　　台灣在民國八十四年三月實施全民健保制度以前，計有勞工保險、公務人員保險、農民健康保險、軍人保險等制度，分別由勞工保險局、中央信託局承辦，各類保險對象醫療給付水準、保險費率、保險分擔比率申報作業等規定均不相同。全民健保開辦以後，設立中央健康保險局（簡稱健保局）統籌上述健保業務，健保局成為台灣唯一、且具經濟規模的醫療服

務採購者，並提供醫療保健服務。

　　全民健保制度係依據憲法增修條文及全民健康保險法而建立，其目的在去除全民就醫財務障礙，保障身心健康。全民健保運作的架構就是符合全民健保法投保資格的民眾，都是全民健保的保險對象，民眾只要按時繳交保費，健保局核發健保卡，在需要醫療服務時，就能獲得全民健保的保障，也就是說不必擔心生病時沒錢看病。健保局對保險對象的付費是有條件的，首先，保險對象所享受的醫療服務，必須在全民健保的「給付範圍」。有些醫療服務，如美容外科手術等不在給付範圍；其次，民眾看病的醫療院所，原則上必須是與健保局有特約關係的醫療院所，稱為「特約醫事服務機構」或「特約醫療院所」（見圖13-2），也就是要確保民眾的醫療服務品質。

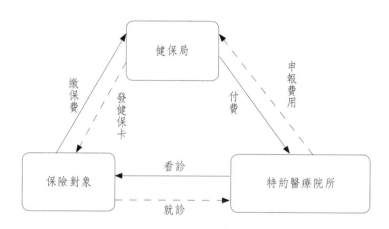

圖13-2　健保架構

資料來源：全民健保公民共識會議閱讀資料，94年2月。

二、全民健保的成果

　　根據中央健康保險局執行成果報告（2007及2009），全民健保實施的成果可歸為：

（一）納保率高達99%

實施全民健保前，許多社會保險（如勞工保險、公務人員保險、農民健康保險等）包含健康保險，可以保障某些職業或族群的醫療照顧需求。這些受照顧的民眾約占全國人口的60%，也就是說，還有40%的民眾沒有健康保險的保障。全民健保實施後，受惠最大的是當時沒有健保的八百五十多萬弱勢人口。目前，除受刑人外，全民皆可納入健保，而且還包括在台灣的外國人，如外商、僑生、外勞等。截至九十八年底納保人數為二千三百〇三萬人，納保率高達99%以上。

（二）民眾就醫方便

台灣地區九成以上的醫療院所都是健保的特約醫療院所。民眾看病很方便，可以自由選擇醫療院所或醫生。

（三）給付範圍日益擴大

健保開辦之初，給付範圍較狹窄，近年來已逐較擴大給付範圍，包括愛滋病、罕見疾病用藥、促進山地離島服務、安寧照護給付、老人流感疫苗等。

（四）低所得家庭受益大

最低所得組之家庭，截至九十四年底，歷年平均健保受益倍數（健保受益／保費支出）高達四·八倍，也就是每繳一元的保費，可獲得四·八元的醫療照護。遠大於最高所得組家庭二·二倍。低所得民眾為健保最大受益者。

（五）民眾滿意度超過七成，國際評價高

民眾對健保的滿意度開辦初期只有39%，一年後快速增加為六成。根據中央健康保險局九十五年六月調查，牙醫、中醫及西醫民眾滿意度調查分別為71.3%，71.7%與72.4%，均高於七成，較一九九九年歐盟十五國平均滿意度52.8%高出甚多。

　　另根據全民健保公民共識會議基礎資料引用《經濟學人》雜誌（*Economist*）發行之保健產業（Healthcare Industry）二〇〇〇年季刊，比較二十七個先進及新興工業國家後發現，台灣在健康指標、醫療保健支出、醫療資源及品質等方面之成就，全球排名第二。二〇〇七年瑞士洛桑管理學院世界競爭力評比，台灣醫療保健基礎建設為全球第13名（受評比國家55國）。2009年獲得諾貝爾獎克魯曼教授稱讚台灣健保制度為全球最好。

三、全民健保面臨的問題

　　全民健保雖有上述的成果，卻面臨一些問題，如：

（一）健保財務危機

1.醫療支出大於保費收入

　　健保開辦以來至九十七年底，醫療費用的年平均成長率為5.33%，保險收入的年成長率僅為4.34%（見表13-6），導致財務入不敷出，產生財務赤字危機。全民健康保險安全準備金在九十六年三月底已全部用罄。健保支出增加的原因為：

(1)人口成長

　　台灣地區人口總數，從八十四年到九十七年，增加一百六十八萬人，平均每年增加十二萬九千人。

(2)人口結構老化

　　老人身體機能衰退、看病的次數與醫療費用比年輕人多。從八十四年到九十七年，65歲以上老人占總人口比重從7.64%增至10.43%，這段期間老人增加七十七萬人。根據健保局統計，老人醫療支出占總健保醫療支出三分之一以上。

(3)醫療費用上漲

　　根據行政院主計處物價統計，八十四年到九十七年間，醫療保健類物價平均每年上漲2.51%，遠較消費者物價上漲1.45%為高，致醫療支出不斷增加，且醫療支出平均年成長為5.33%較平均年經濟成長4.32%為高。

表13-6　歷年全民健康保險財務收支狀況（權責基礎）　　　單位：億元

年別	保險收入		保險成本		保險收支餘絀	安全準備累計餘額
	金額	成長率%	金額	成長率%		
84年3～12月	1,940	－	1,569	－	371	371
85	2,413	－	2,229	－	184	555
86	2,436	0.96	2,376	6.58	60	616
87	2,605	6.91	2,620	10.28	－15	600
88	2,649	1.69	2,859	9.10	－210	390
89	2,852	7.65	2,842	－0.59	10	400
90	2,861	0.34	3,018	6.19	－157	243
91	3,076	7.50	3,233	7.12	－157	87
92	3,368	9.48	3,371	4.29	－3	83
93	3,522	4.60	3,527	4.61	－5	79
94	3,611	2.51	3,674	4.18	－63	15
95	3,819	5.76	3,822	4.02	－3	12
96	3,874	1.44	4,011	4.96	－138	－126
97	4,020	3.77	4,159	3.68	－139	－265
85～97年平均	3,162	4.34	3,211	5.33		

資料來源：中央健康保險局。

(4)新的醫療設備及新藥引進，增加醫療支出

為了提升醫療品質，引進現代化醫療設備及新藥有其必要，惟這些昂貴的設備及新藥支出，導致醫療支出不斷增加。

(5)不易調整保險費率

全民健保八十四年三月實施時，保險費率為4.25%，至九十八年底十四年間，僅於九十一年九月調整保險費率為4.55%。根據健保局「民國九十八年全民健康保險費率精算報告」精算結果，九十九至一百〇三年財務平衡之保險費率為5.65%，高於現行費率，依規定須重行調整費率，唯受限國內環境，費率一直無法調整。

（二）健保保費分擔與給付不公平

依據社會保險的精神，健保目的除分擔風險外，也要讓高所得者多負擔保費，以符合社會正義。惟根據健保局被保險人保險費分為六類，一些

影視巨星，年收入上千萬元、億元者其屬第六類其他人口，每月僅繳六百元；無固定雇主勞工比有固定雇主勞工付較高的保費等規定，均與較高所得者應付較多的保費的公平原則相牴觸；又被保險人因保險類別不同，保費分擔比率亦不同，致所得相同，因保險類別差異，負擔保費有所不同（見表13-7）。根據民國八十五年的十等分家庭所得的資料估計，台灣最富有的家庭組保費僅占其所得的3.64%；最低所得組家庭卻占12.71%，顯示窮人負擔太重。

　　另外，健保給付也不符合社會公平，在偏遠地區、鄉下或離島地區由於醫療資源不足，致使當地的民眾繳納保費後，生病時未能享受一般民眾就醫的方便。

表13-7　被保險人分類與政府、雇主、被保險人保際費分擔比率

類目別		保險對象	分擔比率（%）		
			政府	雇主	被保險人
第一類	第一目	公務人員（本人及眷屬）	0	70	30
		私校教職員（本人及眷屬）	35	35	30
	第二、三目	有固定雇主勞工（本人及眷屬）	10	60	30
	第四、五目	雇主、自營作業者、專技人員（本人及眷屬）	0	0	100
第二類	第一目	無固定雇主勞工（本人及眷屬）	40	0	60
	第二目	外僱船員（本人及眷屬）	40	0	60
第三類	第一目	農民（本人及眷屬）	70	0	30
		水利會員（本人及眷屬）	70	0	30
	第二目	漁民（本人及眷屬）	70	0	30
第四類	第一目	義務役軍人、軍校學費學生、無依軍眷	100	0	0
	第二目	替代役軍人	100	0	0
第五類		低收入戶（成員）	100	0	0
第六類	第一目	榮民或榮民遺眷代表（本人）	100	0	0
		榮民或榮民遺眷代表（眷屬）	70	0	30
	第二目	其他人口（本人及眷屬）	40	0	60

資料來源：同表13-6。

（三）醫療品質堪憂

根據全民健保公民共識會議基礎資料，台灣的醫療服務被批評為「三長兩短」，即掛號時間長、候診時間長、領藥時間長，但醫生問診及為病人說明病情，與治療方案的時間卻很短。三長兩短導致醫病溝通不良，醫療品質堪憂。有些醫療品質的問題來自健保支付過低，以致醫療服務的供給太少。如麻醉科醫生執業風險高，特別為老人麻醉的風險很高，健保支付麻醉費用，並未考慮病人的狀況，致麻醉科醫生不足，影響病人安全。有些醫療品質的問題來自使用太多，台灣平均每人每年門診次數超過十四次，比歐美國家平均的四到七次高出甚多。顯示民眾使用醫療資源過多，致影響醫療品質。

另外，醫療服務及品質的資訊不足，影響就醫權益。以健保支付自然生產為例，每位產婦生產住院以三天為原則，如病人有特殊需要，醫院可申報延長住院天數，但健保局要審查，審查不過，醫院須自行負擔。為了降低審查不過的風險，醫院告知病人三天必須出院，超過的部分一律自費，導致生產過程有併發症，需要延長住院天數的病人，因無法自行負擔住院費用，而未能獲得醫療服務。

四、全民健保改革

全民健保實施以來，使民眾可就近醫療，且大幅降低就醫經濟障礙，達到全民保險的目的，惟在全民健保推動過程仍然面臨許多問題，如財務收支不平衡、醫療品質有待提升等問題，針對這些問題，政府與健保局先後推動一些措施，以改善健保制度。隨著國民平均壽命延長，醫療科技進步，經濟環境變化，民眾對健保制度期待，加上現行健保制度一些問題未能解決。因此，政府乃決定推動二代健保，以使健保制度更形完善，使全民健保能永續經營。行政院已完成全民健康保險法修正案，並送立法院審議。

（一）全民健保修正相關措施

根據中央健康保險局「民國九十四年及九十八年全民健康保險費率精算報告」，政府曾經採取的措施有：

1.保險收入措施

⑴提高保險費率

全民健保實施以來，保險收入不敷保險支出。因此，在九十一年九月保險費率由開辦時的4.25%，微調為4.55%。此次調整並未能使健保財政收支達到平衡。

⑵提高投保金額

九十四年四月起投保金額最高一級由九十一年八月公告之新台幣八萬七千六百元，調高為十三萬一千七百元，投保金額等級由三十八級增加為四十七級。

⑶調整保險費

調整軍公教人員投保金額占全薪比率依

① 全民健康保險法第二十二條之一的規定，公教人員投保金額按其俸（薪）給總額乘以公告比率計算，公告比率由九十一年八月的82.42%，九十四年四月起逐漸調整，九十八年十月起調整為93.52%。

② 第一類第四、五目被保險人最低投保金額九十八年十月起由33,300元調整為34,800元。

③ 第四、五類被保險人定額保險費九十八年十月起由1,317元調整為1,376元。

⑷提高菸品健康福利捐

九十五年二月中，提高菸品健康福利捐，徵收金額由每千枝（或公斤）二百五十元，調高為五百元，用於全民健康保險安全準備比例由70%調高為90%。九十八年六月起菸品健康福利捐每包10元調整為20元。全民健康保險安全準備比率，由90%調降為70%，調降的20%用於癌症防治、

補助醫療資源缺乏地區、提供罕見疾病之醫療費用及補助經濟困難者之保
險費。

2. 保險成本措施

(1)實施總額支付制度

為抑制健保醫療費用的成長，提高健保特約院所的專業自主權，
八十七年起逐步推動總額支付制度。此一制度不再是病人用多少，健保局
就付多少錢給特約醫療院所的論量計酬，而是「支出有上限」的總額制。
也就是由付費者與醫事服務提供者，共同協商未來一年醫療給付費用總
額。總額固定後，醫療服務量愈大，每單位服務的健保核付費用愈低。另
九十九年於住院部門導入診斷關聯群（Diagnosis-Related Groups, DRGS）支
付制度。實施半年，衛生署發現在不影響病患就醫權益的前題下，其平均
每件住院天數，實際醫療服務點數下降，有助於降低醫療成本。

(2)縮少藥價差

所謂藥價差就是健保給付藥價與醫事單位購買價二者之間差額。即醫
療院所大量採購藥品購買價格低於健保局給付價格，因而獲得利益。依據
全民健保法規定，藥品及計價藥材依成本給付。可是各醫院的實際購藥價
格，涉及商業機密，外界不易得知。因此，政府公布藥價基準，醫療院所
依藥價基準向健保局申報藥價。健保局透過藥價調查，取得市場實際交易
價格調整藥價基準。截至九十八年底，健保局已辦理六次藥價調查，第六
次藥價調查及價格調整，達七千六百餘項，自九十八年十月開始實施。此
外，擴大代位求償，將預防保健法定傳染病、教學醫院之教學成本等回歸
公務預算等措施，均有助於節省健保支出。

3. 醫療資源管理及品質提升措施

(1)推動卓越計畫

為降低個別醫院財務風險，促進醫院平衡發展及鼓勵品質提升，健保
局於九十三年九月推動卓越計畫。依據個別醫院規模及特性，在確保民眾
權益及醫療最適服務，協定個別醫院之醫療費用總額及改革計畫，藉由總

量管制達到抑制醫療費用逐年上升的目的，使醫院財務風險責任明確化，促進醫院穩健經營。

(2)提供健保醫療品質資訊公開查詢

醫療品質資訊之公開與透明化，可促進醫病關係，維護保險對象的就醫權益。健保局於九十三年九月於該局網站公布醫療品質指標資訊；九十四年十一月起建置「健保醫療品質資訊公開查詢」系統，提供各家醫院醫療品質指標資訊之查詢。

（二）二代健保改革

如上所述政府採取修正健保相關治標措施，獲得相當成果，及時解決健保財務問題，延後健保財務缺口發生時機。從長遠觀點，必須推動全民健康保險制度改革，以治本做法謀永續經營。行政院二代健保規劃小組歷經數年研議，就建構權責相符的健保組織體制，健保財源籌措之公平性、健保醫療品質的確保，及擴大社會多元參與等層面，進行全面性的檢討與前瞻性的改革。

依據二代健保改革精神，修正全民健康保險法草案，其修正重點如下：

1. 明確定位本保險為強制性之社會保險

目前全民健康保險法未明確定位，爰修正定位為強制性之社會保險。

2. 建立權責相符的全民健康保險組織體制

將現有全民健康保險監理委員會及全民健康保險醫療費用協定委員會合併全民健康保險監理會（簡稱監理會），俾建立收支連動機制。

3. 擴大民眾參與，公開保險資訊

(1)監理會可辦理公民參與活動，俾以審議保險重要事項。

(2)醫療服務給付項目及支付標準、藥物給付項目及支付標準之擬定，納入保險付費者代表。

(3)醫療院所財務資訊應透明化，領取保險醫療費用超過一定數額以上之醫事服務機構，保險人得公開其財務報表。

(4)保險人及醫事服務機構定期公布醫療品質資訊。

4. 簡化相關手續與提升財源籌措之公平性及合理性

(1)保險費改按所得總額計收,已無區分被保險人及眷屬之必要,因而均改稱為被保險人。

(2)將現行六類十四目被保險人簡化為兩類,並增列保險費繳納義務人之規定。

(3)保險總經費,除法定收入外,由中央政府、雇主及被保險人分擔,其中中央政府分擔部分,依一定公式計算,責任固定;雇主分擔部分亦依一定公式計算,且與保險人負擔連動;差額部分由被保險人分擔。

5. 改革支付制度

在保險人無法適時收載新科技、高價藥品及特材,並消除被保險人選用尚未納入給付之品項時,須全額負擔之不合理現象,新規定修正如下:

(1)屬於同有效成分之藥品或同功能類別之特材,保險人得支付同一價格。

(2)屬於新增列之藥物,保險人得訂定給付上限。

(3)被保險人得選用高於保險人支付之同一價格或給付上限者,應自行負擔其差額。

6. 其他事項

(1)長期移居國外回國者,須有四個月等待期才能加保。

(2)增列罹患保險人公告之特殊傷病,於台灣地區外就醫之費用,得向保險人申請核退。

(3)修正醫療服務紓困基金財源,改由公務預算支應。

全民健康保險法修正草案正在立法院審議,審議通過後二代健保將可正式實施。

第六節　結語

醫療服務具有排他性及互斥性，其屬於私有財，惟與一般私有財不同，消費者不能自行選擇醫療服務內容而須由醫生決定。

有些醫療服務價格昂貴，病人若沒有保險則負擔不起，各國大都採取公辦全民保健或社會保險來維護人民的健康。

醫療保健目標是公平和效率，有些學者基於人道主義，認為醫療資源應平等分配，讓病人在生病時均能獲得醫療服務。

醫療保健市場具有相互依賴、規模報酬、供給限制及資訊不對稱特性導致市場失靈。

各國推動醫療保健成果為平均壽命增加、嬰兒死亡率減少。醫療保健面臨問題有：⑴醫療保健財務問題；⑵醫療市場失衡問題；⑶醫療品質問題；⑷部分國家公共保健納保率偏低。

各國採取醫療保健制度的改革，有：⑴控制醫療支出，包括控制醫療保健的價格和數量、訂定醫療保健支出總額或上限、提高成本分擔；⑵提升醫療保健效率，包括醫院部門改革及保險公司之間的競爭。

台灣健保制度始於八十四年三月，目的在去除全民就醫財務障礙，保障身心健康。全民健保實施成果有納保率高達99%、民眾就醫方便、給付範圍日益擴大、低所得家庭受益甚大、民眾滿意度超過七成。

全民健保面臨的問題有：⑴健保財務危機；⑵健保保費分擔與給付不公平；⑶醫療品質問題。面對上述問題，政府仍推動二代健保，完成修正「全民健康保險法」草案，送立法院審議。修正重點包括：⑴明確定位為強制性之社會保險；⑵建立權責相符全民健康保險組織體制；⑶擴大民眾參與，公開保險資訊；⑷簡化相關手續與提升財源籌措之公平性及合理性；⑸改革支付制度等。俟修法通過後實施。

Chapter 14

退休金

第一節　退休金理論基礎

一、退休金的意涵

退休金指勞工工作達到一定年齡，或工作年資達到一定期間，自願或強迫退出勞動市場，此時勞工因退休面臨喪失所得的困境，為了保障其退休後生活的安全，而設計保障措施。在勞工退休時，依一套標準的計算方式給付一定金額。給付的方式，有每月給付或一次給付。

二、退休金制度的型態

依據《維基百科全書》（2006）各國退休金制度的型態可分為確定給付制（defined benefit plans）、確定提撥制（defined contribution plans）及混合制（hybrid plans），茲分述如次：

（一）確定給付制

確定給付制指雇主在退休制度實施前，事先已確定員工服務年資給付水準（基數）及退休給付金額，並透過精算技術預估該所屬員工或制度內全體員工退休時所需退休的給付成本，再決定於提撥期間所需提撥比率。

1.確定給付制對雇主及員工的影響

⑴退休時員工退休給付基數與給付金額確定。

⑵退休金給付依據員工服務年資及退休時的薪資，決定退休應給付的
　金額，較不受通貨膨脹的影響。

⑶退休基金的資金運用，通常由雇主管理操作，投資風險由雇主承
　擔，員工不用承擔風險。

⑷退休基金是屬於雇主，若雇主經營不善致公司倒閉，勞工有領不到
　退休金之虞。

⑸在此一制度下須精算雇主適當提撥率，若提撥不足，退休基金不足
　於支付退休給付金額，雇主須承擔給付差額，影響公司正常營運。

2. 隨收隨付（pay-as-you-go）的退休金制度

如前所述，通常確定給付制是雇主按月提撥一定金額作為退休基金。
很多國家政府員工退休金支付採取隨收隨付的退休金制度，亦即政府沒有
提撥員工退休基金，對員工退休金支付是以當期納稅人繳納的稅收作為退
休金財源。

如要使政府預算平衡，則須 $tWL = PD$。L 是勞工人數，W 為每位勞工
的收入，t 為勞工薪資稅率，D 為領取退休金人數，P 為每位退休者領取的
退休金，因此當老齡人口扶養比（aged dependency ratio）（D/L）（指退休
人數與成年人未達退休人數的比率）上升，或退休金與現職薪資比率（P/W）提高時，退休金負擔明顯加重。t 受這兩個因素的影響，長期而言，
政府僅有控制後者的能力。

（二）確定提撥制

確定提撥制指雇主及其員工按月依員工薪資提撥一定比例的金額存在
員工個人帳戶，俟員工達到退休年齡時，提領其在個人帳戶中所儲存的基
金本息及收益作為退休養老用。此一制度其提撥率事先確定，惟給付金額
卻不確定，給付金額的多寡視基金投資報酬率而定，且由員工承擔投資風
險以及通貨膨脹風險。

確定提撥制對雇主及員工的影響為：

1. 雇主的退休金成本是固定的，且可減少退休基金的管理費用，有助於成本控制。
2. 雇主按月提撥退休金，不會因員工退休浪潮而導致退休金給付不足的問題。
3. 員工不必擔心公司倒閉影響員工退休金的權益。
4. 員工設有退休金個人帳戶，不會因轉業而影響其退休金權益。
5. 確定提撥制退休時給付金額不確定，給付金額受基金投資報酬率的影響，因此員工要承擔投資風險。
6. 確定提撥制是按月依員工薪資提撥，在面對通貨膨脹時，員工領取退休金時面臨無法保障其生活的困境。
7. 如員工退休金不足於維持其期望的生活水準，這種情況，員工可能選擇延遲退休。

（三）混合制

　　混合制是具有確定給付制與確定提撥制的特點。如同確定給付制，混合制的投資風險由雇主負擔。如同確定提撥制一樣，雇主每月提撥一定金額，加上累計利息作為給付員工退休金。換言之，其以退休基金帳戶餘額的觀念支付退休金，可是並沒有員工個別帳戶。現金餘額制（cash balance plan）是典型的混合制，觀念上現金餘額隨著雇主每年的提撥、利息收入及基金收益增加而增加員工退休金。

　　早期各國大都採取確定給付制，惟近年來，各國紛紛改採確定提撥制，確定提撥制已成為退休金制度的主流。

第二節　英、美、星的退休金制度

一、英國退休金制度

　　根據英國工作暨年金部（Department for Work & Pesion）及《維基百科全書》（2007）網站資料，英國退休金制度分為三部分：國家年金

（state pensions）、職業年金（occupation pension）及個人年金（individual pensions），第二、三部分可自行選擇是否參加。

（一）國家年金

國家年金可分為基礎年金（basic state pension）、附屬年金（additional pension）及保證年金（pension credit），茲分述如次：

1. 基礎年金

凡繳足保費且屆齡退休的國民均可領取定額的年金，在二○○六、二○○七年每週可領取八十四·二五英鎊。目前英國法律規定年齡男性65歲以上，女性60歲以上有資格領取年金。二○一○年起女性申請基礎年金的法定年齡由60歲逐步提高，到二○二○年提高為65歲。

2. 附屬年金

英國員工均參加附屬年金，附屬年金屬於確定給付制，其年金的給付取決於員工退休前的年資高低及服務年限。附屬年金原本由政府管理，惟隨著人口老化及辦理年金成本增加，目前英國政府依參與者的意願外包給民間企業經營。為了確保參與者權益，英國政府規定外包經營的附屬年金給付水準不得低於非外包的給付水準。

3. 保證年金

英國在二○○三年十月三十一日引進保證年金，該制度頗為複雜，保證年金視申請人所得及儲蓄而定。其構成有兩個部分，分別為：⑴保證補貼（guarantee credit）：指單身申請者的年齡在60歲以上，或者配偶中至少一人的年齡在60歲以上，其所得低於某一水準，保證補貼每週將給予一定金額使其所得達到一定水準；⑵儲蓄補貼（saving credit）：如申請者年齡在65歲以上，則須改申請儲蓄補貼，儲蓄補貼對有足夠儲蓄或有足夠個人年金養老的老人給予一定補助，以鼓勵其自備退休金。

（二）職業年金

個人可選擇參加職業退休金（private occupational pension）。民間職業

年金的管理分為兩種，由年金提供者自行管理及委託保險公司管理。為了確保年金的安全，英國政府規定這些年金必須以信託基金的方式管理，並遵守信託基金管理辦法相關規定。

（三）個人年金

個人可參加保險公司退休計畫，定時自提一定金額，作為未來退休金，所提金額同樣享有租稅優惠。

二、美國退休金制度

美國退休金制度可分為社會保險退休金制度與職業退休金制度，茲簡要說明如次：

（一）社會保險退休金制度

美國於一九三五年八月通過社會安全法（Social Security Act），該法明訂退休制度。美國社會保險制度財源來自於社會安全捐（Payroll tax），社會安全捐與薪資有關，稅率為12.4%，其中一半由雇主負責繳納，一半由員工支付，自僱者則繳納全部社會安全捐。社會安全捐受益人有三類，即退休人員、寡婦及遺屬、殘障人士。勞工符合領取全額退休金的年齡可申請退休金。一九三八年以前出生的領取全額退休金的年齡為65歲。一九三八年以後出生的人，領取全額退休金的年齡每年遞增。一九六○年以後出生者將增至67歲。社會保險退休金是屬於隨收隨付制。

（二）職業退休金制度

根據《維基百科全書》美國退休制度（Retirement Plan in the United States）（2007）與美國一九一三年收入法（The Revenue Act of 1913），准許退休金信託租稅減免。一九四○年代，美國通用汽車公司建立第一個現代化的退休基金。不過直到一九七四年美國國會通過員工退休所得安全法（Employee Retirement Income Security Act , ERISA），才使得民間職業退休金制度蓬勃發展。ERISA內容規範計畫參加的資格、提撥額度、退休基金

的設立、雇主與員工的權利與義務、租稅優惠以及資訊揭露等。ERISA鼓勵採用確定提撥制,提撥金額按薪資所得一定金額提撥。美國職業退休金制度種類很多,茲僅就四○一(K)計畫加以說明。

四○一(K)計畫可以說是一種儲蓄計畫,勞工提撥的退休金提撥上限為薪資所得的15%,享有遞延課稅,直到退休時領取退休金再課稅,即勞工提撥退休基金可以享有儲蓄增值,又能遞延課稅,相當具有吸引力。員工及雇主提撥配合提撥基金可投資於股票共同基金、債券共同基金、貨幣市場基金、股票等。員工可以選擇投資項目。雇主提撥金額,亦可享有租稅減免。雇主可把提撥與利潤分享制度連結在一起,吸引優秀員工並可促進員工提升生產力。另四○一(K)計畫對提前領取退休金有嚴格的規定,59歲半前領取退休金將課徵10%懲罰稅,除非參加者死亡、殘障、失業或經濟困難。

三、新加坡退休金制度

新加坡於一九五五年七月設立中央公積金制度(Central Provident Fund, CPF),目的在確保勞工退休後生活安全。依照政府規定,由勞雇雙方依員工薪資所得共同按月提撥(存)一定百分比當作公積金,採本金加利息的一種強制性儲蓄制度,每位員工均設個人帳戶,政府對公積金存提均不課稅,其屬於確定提撥制。目前規定62歲起可領月退休金。

新加坡公積金提撥比率隨著經濟情況而變,從一九五五年勞雇各提撥5%,到一九八四年勞雇各提撥25%為最高提撥率,之後經多次調整,二○一○年九月雇主最高提撥15%,員工提撥20%,合計35%。二○一一年三月雇主最高提撥調整為15.5%,員工提撥仍維持20%,合計為35.5%。

中央公積金由政府統一管理,資金運用範圍為政府債券、可轉讓存單、市場債券、信託公司股票、銀行定期活期存款等。目前CPF資產大多用於投資政府債券。由於公積金投資報酬率很低,因此,一九九六年新加坡政府開始允許個人選擇將其全部或部分的普通帳戶及特別帳戶的資金用

於投資其他資產，包括股票、債券、信託基金、儲蓄壽險等，自行投資部分自負盈虧，不再享有最低利率的保證。

（一）中央公積金制度設有三個帳戶

中央公積金制度設有三個帳戶，其利率經常調整，二○一○年這三個帳戶最低利率及用途分別為：

1. 普通帳戶（Oridnary Account）

可用於購屋、購買CPF保險、投資及教育。一般帳戶的利率不得低於2.5%。

2. 醫療儲蓄帳戶（Medisave Account）

可用來支付醫院帳單及購買經核准醫療保險。醫療帳戶的利率不得低於4%。

3. 特別帳戶（Special Account）

用於退休養老及緊急救難。特別帳戶的利率不得低於4%。

（二）新加坡公積金具有特色

1. 強制儲蓄

個人有責任採取強制儲蓄，以確保個人老年的經濟安全。

2. 強調雇主責任

以立法強制規範雇主的責任，雇主依規定提存準備，存入個人帳戶，作為員工退休時生活保障。

3. 設立個人帳戶

可自由移轉，勞工在中央公積金擁有個人帳戶，不因工作轉換而中斷，可不斷累積基金。

4. 保證收益

CPF有三個帳戶，均有最低利率，可保證基金收益。

第三節　台灣退休金制度

我國退休金制可分為三個部分：(1)公務人員退休金制度；(2)勞工退休金制度；(3)國民年金制度。茲分別扼要分析如次：

一、公務人員退休金制度

公務人員退休金制分為兩層，第一層為社會保險，包括公教人員及軍人養老給付，採取一次給付，最高給付為本俸的三十六個月（一九九五年六月以前年資可享18%之優惠存款）；第二層為職業年金，軍公教人員退休制度屬於年金給付。茲就公務人員退休金制度加以分析：

（一）恩給制

我國公務人員退休撫卹制度於一九四三年開始實施，其間經多次修正，基本上是由政府負擔退撫經費之恩給制，也就是隨收隨付制。隨著退休人員增加，政府財政負擔逐漸沉重，加上政治、經濟、社會環境急遽改變，各界批評政府獨厚公務人員。因此，政府於一九七一年組成專業小組進行研究改革退撫制度，最後確定退撫制度改為「儲金制」。

（二）儲金制

一九九五年七月一日實施新的公務人員退撫制度，由政府編列預算支付退撫經費之恩給制，改變為由政府及公務人員共同撥繳經費，建立退撫基金支付退撫經費。

儲金制的重點為：

1.退撫基金目的

(1)保障退撫所得，加強安老卹孤。

(2)依法提撥基金，確保退撫經費來源。

(3)充分照顧退休人員，兼顧現職人員福利。

2.退撫基金提撥

退撫基金費用之撥繳，依公務人員本俸加一倍8%至12%費率計算，其

中政府撥繳65%，公務人員自繳35%，撥繳滿三十五年後免再撥繳，並由政府負最後支付責任。

3. 退休條件與退休金給予

公務人員任職滿二十五年者，或任職五年以上滿60歲者得自願退休；年滿65歲者應強制退休。公務人員任職五年以上未滿十五年者，或年齡未滿50歲者，給予一次退休金；任職十五年以上者，得擇領一次退休金、或月退休金、或部分領一次退休金與部分領月退休金。

4. 新舊制年資銜接

公務人員退休時舊制前十五年年資，退撫基金每一年給予月退休金5%，超過十五年的年資每一年給予月退休金1%；新制年資每一年給予退休金4%。新舊年資合計以三十五年為限，超過三十五年年資，可選擇最有利的計算方式。

公務人員退撫新制實施已逾十年，新制亟待解決的問題為：

1. 退撫基金提撥率不足反映正常成長

新制實施初期為避免立即造成政府及公務人員大幅撥繳退撫基金的負擔，先依法定最低提撥費率8%撥繳退撫基金，由於法定最低費率與正常成本之間存有差距，影響基金財務的健全，因此，必須逐步調整費率，至二○○六年起調整為最高費率12%。惟根據精算師精算退撫基金的財務結果，認為12%提撥率仍然不敷成本，須提撥率提高為15%，才能健全退撫基金財務。

2. 目前退休人員月退休所得偏高

目前擇領月退休金人員平均新舊年資合計約三十年，確有退休所得比現職同等級人員待遇略高情形，其因為舊制年資前十五年每年給與月退休金5%，較新制每年給與退休金2%（相當於舊制4%）高出1%；加上退休人員一九九五年六月前之年資，可辦理優惠存款，其舊制年資公保養老給付之優惠存款利息，導致退休所得偏高。

3. 自願退休公務人員可領取月退休金的年齡偏低

我國目前規定工作滿二十五年，且年齡滿50歲退休，即可領取月退休金。由於醫藥科技發達，平均壽命延長，老年人口增加，因此，許多國家如英國、德國、義大利、奧地利、法國等紛紛將退休年齡延長到60歲以上（見表14-1）。我國領取月退休金年齡門檻偏低，一方面導致人力提早流失，降低勞動參與率，形成人力資源浪費，且提高扶養比；另方面增加政府的財務負擔，因此，退休年齡有待調整。

表14-1　歐盟國家減少退休金的措施

國家	退休金指數的變化	退休年齡的提高	
		私部門	公部門
奧地利	改為淨薪資	男提高為65歲；女提高為60歲（2028-2033年提高為65歲）	男與女均提高為65歲
芬蘭	薪資與物價指數變動之平均	提高為65歲	提高為65歲
法國	與物價指數連結	提高為60歲	提高為65歲
德國	與物價指數連結	提高為65歲	提高為65歲
希臘	與公部門薪資連結	男提高為65歲；女提高為60歲	提高為55歲
義大利	與物價指數連結	男提高為65歲；女提高為60歲	男提高為65歲；女提高為60歲
葡萄牙	與薪資連結	提高為65歲	提高為60歲
英國	與物價指數連結	男提高為65歲；女漸進式提高到65歲（2010-2020）	男提高為65歲；女漸進式提高到65歲（2010-2020）

資料來源："The Budget Challenges Posed by Ageing Populations", European Commission (2001).

4. 退休基金財務狀況不佳，基金運用效率有待提升

退撫基金財務狀況不佳原因之一為基金投資績效未達預期。這與公務人員退撫基金管理委員會為行政機關有關，基金操作通常較為保守，未能以最適資產配置來運用基金。另國外退休基金委外經營的績效比自行經營

績效為佳，因此，退休基金委外經營比重大都達基金80%以上，而我國基金運用委外經營不到一半，委外經營比重偏低。

針對上述問題，考試院銓敘部提出公務人員退休法修正草案，經立法院修正通過，總統於九十九年八月四日公布實施，該法修正重點如次：

1. 提高退休基金法定費率上限

公務人員退休法將退休基金法定費率上限由12%提高為15%，以確保退撫基金支付能力。

2. 降低退休所得替代率

所得替代率指退休人員在退休後所領的退休所得占退休前薪資所得（現職待遇）的比率。銓敘部透過修法增訂退休所得替代率上限之相關條文。退休所得以月退休金及公保養老給付優惠存款每月利息計算；現職待遇以本（年功）俸加一倍計算。退休所得比率上限計算如下：

(1)支領月退休金人員，核定退休年資二十五年以下者，以75%為上限；以後每增一年，上限增加2%，最高增至95%。未滿六個月者，增加1%；滿六個月以上未滿一年者，以一年計。

(2)兼領月退休金人員，依上述比率，按其兼領月退休金之比例折算。退休人員所領退休所得不得高於同等級現職人員待遇。其調整方式，在退休人員領取之月退休金不作變動的前題下，以減少其公保養老給付辦理優惠儲存額度之方式，維持合理退休所得。

3. 延後自願退休金起支年齡

為解決目前自願退休人員領取月退休金年齡偏低問題，參考國外做法，對尚未符合現行擇領月退休金條件之公務人員，以任職年資與年齡合併考量，銓敘部規劃設計緩進延後月退休金支領條件之調整方式，其重點為：

(1)自願退休公務人員月退休金起支年齡，原則上延後為60歲；任職年資較長達三十年以上者，月退休金起支年齡為55歲。

(2)搭配展期月退休金及減額月退休金的設計。所謂展期月退休金指先

行辦理自願退休，但暫時不領月退休金，等到年齡符合規定時再開始領取。所謂減額月退休金指先行辦理自願退休，在年齡尚未符合規定時，提早開始領取月退休金，每提前一年必須減發4%，最多提前五年減發20%。

(3)新制實施前「任職年資已滿二十五年以上且年滿50歲而符合現行自願退休領取月退休金者」，不受退休金起支年齡之退制，以保障現職公務人員的權益。

(4)新制實施前未符合「任職滿二十五年且年滿50歲」條件者，以年資搭配年齡在十年過渡期間漸進延後月退休金起支年齡。

(5)支領一次退休金人員以及屆齡及命令退休人員均不受影響。

4. 增訂不適任現職者的淘汰機制

過去公務人員退休法所訂的退休種類只有自願退休及命令退休兩種。惟考量公務機關確實有部分公務人員不適任現職的現象如久病不癒者、工作質量不符要求者，新制爰將現行「命令退休」分為「屆齡退休－年滿65歲者之退休」與「命令退休－因久病不癒或工作質量不符要求者之退休」兩種。

5. 增加彈性退離機制

為配合政府改造及組織精簡等需要，提供公務人員多樣化退休選擇機會，以利其安排生涯規劃，進而促進新陳代謝，暢通人事升遷管道。在現行自願退休條件不作變動之前提下，增訂較為寬鬆之退休條件，放寬中途離職退費之規定，以增加退離之彈性：

(1)增訂彈性退休條件：增訂公務人員配合機關裁撤、組織變更或業務緊縮，依法令辦理精簡而辦理退休時，符合「任職滿二十年以上」、「任職滿十年以上，年滿50歲」及「任本職務最高職等年功俸最高級滿三年」等彈性退休條件者，得准自願退休。其中依「任職滿二十年以上」條件辦退者，如退休時年滿55歲以上，因具相當之年齡與年資，則准其擇領或兼領月退休金，但依「任職滿十年以

上且年滿50歲」或任本職務最高職等年功俸最高級滿三年」之條件
辦理退休者,因貢獻公職程度較低,爰僅得支領一次退休金。

(2)放寬中途離職退還退撫基金費用之規定:過去規定「公務人員於年
滿35歲或45歲時自願離者,得申請發還本人及政府撥繳之公自提退
撫基金費用本息。」上開規定,僅限於特定年齡。為增加公務人員
退離彈性,新制爰放寬相關規定為:「繳納退撫基金費用五年以
上,不合退休、資遣規定而自願離職者,均得申請發還公自繳之退
撫基金費用本息;但如因案免職或受撤職懲戒處分離職者,仍僅得
申請發還自繳之退撫基金本息。」

6. 修正調整撫慰金相關規定

(1)明定領取撫慰金之遺族及領受方式

撫慰金係公法給付,新制爰將撫慰金請領遺族範圍明定為配偶、子
女、父母、兄弟姊妹及祖父母等家庭成員。為尊重退休人員意願,如退休
人員生前預立遺囑,在法定遺族範圍內指定領受人時,從其遺囑;如退休
人員生前未立有遺囑,配偶得就其選擇之撫慰金種類,領取二分之一。

(2)增列配偶領取月撫慰金之條件限制

據統計,支領月撫慰金之遺族以配偶為多數。為避免退休人員支領月
退休金與亡故後其遺族支領月撫慰金之年限合計過高,違反退撫基金繳費
義務與給付權利對等原則,進而影響基金支付能力,以致必須調整繳費費
率挹注或由政府補助之不合理情形。爰經參考世界其他國家對於配偶支領
遺族給付之規定,退休人員婚姻關係於退休生效時已存續二年以上,且未
再婚者為限。另將配偶支領月撫慰金之年齡條件規定為55歲。

7. 修正退休再任者應停發月退休金之規定

明定退休人員再任公職,或再任職於受政府捐助設立資本總額超過
20%的財團法人、政府及其所屬營業基金、非營業基金轉投資金額累計占
該事業資本額20%以上之事業職務,以及擔任政府捐助成立財團法人之政
府代表或政府轉投資事業之公股代表者,必須停領月退休金,並停辦優惠

存款，俾符合社會大眾期待。

二、勞工退休金制度

勞工退休金制度可分為兩層，第一層為社會保險，係依「勞工保險條例」請領一次老年給付，給付上限為四十五個月基數，依行政院勞工委員會統計，二〇〇六年平均每件給付金額為新台幣一百零二萬三千元。第二層為職業年金，即雇主給付勞工退休金制度，茲說明如次：

（一）勞基法實施前退休制度

台灣於一九五〇年實施勞工保險，開始有老年給付的規定，一九五一年政府先後公布「台灣省工廠工人退休規則」及「台灣省礦工退休規則」，以行政命令要求公民營公司及礦場建立退休金制度。

（二）勞基法實施後退休制度

一九八四年七月通過勞動基準法（簡稱勞基法），以法律規範勞工退休制度，取代以行政命令規範退休制度，提高法源位階。勞基法有勞工退休制度專章，作為事業單位制定退休金制度之最低標準，其主要內容概述如下：

1. 退休制度

採行確定給付制，由雇主每月提存勞工退休準備金，雇主以勞工每月工資總額的2%至15%提撥，並以事業單位勞工退休準備金監督委員會的名義專戶儲存。

2. 退休金計算

按工作年資，每滿一年給予兩個基數。但超過十五年的工作年資，每滿一年給予一個基數，最高總數以四十五個基數為限，未滿半年者以半年計；滿半年者以一年計。

3. 年資採計

以同一事業單位工作年資採計為限，因離職或事業單位關廠、歇業而

就新職者，工作年資重新計算。

4. 退休要件及領取方式

勞工工作十五年以上滿55歲者，或工作二十五年以上，得自請退休；年滿65歲符合強制退休【註】要件時，亦得請領退休金。退休金領取採一次領退休金。

此一制度優點是單一制度簡單容易了解，且鼓勵勞工久任。惟其缺點甚多，茲舉犖犖大者：

1. 勞工難以符合領取退休金要件

勞工至少要工作滿十五年以上，且在同一事業單位工作才符合領取退休金要件，實際上勞工領到退休金者很有限。根據中小企業白皮書（2006），超過一半以上的中小企業壽命不到十年，勞工未達到退休條件，企業卻關廠，致勞工無法領取退休金。

2. 雇主退休金成本負擔問題

退休金提撥率採彈性費率，雇主退休金提撥率通常偏低，致勞工退休時領不到退休金，影響勞工權益；另雇主必須一次給付勞工退休金，如遇勞工大量退休時，雇主財務壓力沉重。又勞工退休金的計算，依據勞工退休前六個月平均工資，雇主不易估算其勞動成本。

3. 不利勞工轉換工作

勞基法規定勞工退休金的工作年資限於服務同一事業，也就是說個人因轉業未能將退休金帶走。若勞工離職轉業，則因工作年資中斷，無法領取退休金。

4. 退休金一次給付難於保障勞工退休生活

勞工一次領取退休金後，若運用不當，致退休金耗盡，將使勞工生活成為問題，造成社會負擔，因而失去退休金的意義。

【註】　九十七年五月修正勞基法，強制退休年齡由60歲放寬為65歲。

（三）勞工退休金條例實施後退休制度

二〇〇四年六月公布勞工退休金條例（簡稱勞退條例），該條例以個人退休金專戶制為主，以年金保險為輔的雙軌制度。勞退條例的主要內容如下：

1. 勞基法退休舊制與勞退條例新制的銜接

⑴原適用舊制的勞工於新制施寬後，可選擇適用新制或繼續適用舊制：

　①選擇適用新制的勞工，其適用舊制時期的工作年資，在未更換雇主的前提下，應予以保留，俟符合勞基法發給資遣費或退休金的條件時，由雇主按所保留的年資發給資遣費或退休金。

　②選擇適用舊制的勞工，雇主應於新制施實後，依所計算之勞工退休準備金提撥率按月提撥之。勞工舊制年資的資遣及退休金的請領，仍依勞基法的規定辦理。

⑵新制度實施後聘僱的勞工適用新制度。新制只能領取年金給付，不能請領老年給付。

2. 制度的類別

退休金新制採以個人退休金專戶制為主，年金保險為輔的機制。除符合一定要件的事業單位可為勞工投保保險法規定之年金保險外，雇主應設立勞工個人退休金專戶，儲存於勞工保險局（簡稱勞保局）。

3. 適用對象

⑴除依私立學校法之規定提撥退休準備金的本國籍勞工外，適用勞基法之本國籍勞工均適用之。

⑵不適用勞基法的雇主、本國籍勞工及委任經理人，得自願提繳退休準備金。

4. 負擔的提撥率

⑴雇主每月負擔的勞工退休金提繳率，不得低於勞工每月工資的6%。

(2)勞工得在其每月工資6%範圍內，自願另行提繳退休金。個人帳戶制自願提繳部分，得自當年度個人綜合所得總額中全數扣除。

(3)不適用勞基法的雇主、本國籍勞工及委任經理人得自願提繳退休金者，在其每月工資6%範圍內提繳退休金，並得自當年度個人綜合所得總額中全數扣除。

5. 基金收益保障

基金的運用收益不得低於當地銀行兩年期定期存款利率，如有不足由國庫補足。

6. 勞工退休金的領取

(1)月退休金

勞工年滿60歲，且工作年資滿十五年以上者，得請領月退休金。勞工個人之退休金專戶本金及累積收益，依據年金生命表，以平均餘命及利率等基礎計算所得之金額，作為定期發給之退休金。

(2)一次退休金

勞工年滿60歲，但工作年資未滿十五年者，應領一次退休金。一次領取勞工個人退休金專戶之本金及累積收益。

(3)延壽退休金

勞工開始請領月退休金時，應一次提繳一定金額，投保年金保險，作為勞工存活超過平均餘命後之年金給付之用。

表14-2　新舊勞工退休制度比較

法　律	現行勞動基準法	勞工退休金條例
制度	採行確定給付制，由雇主於平時提存勞工退休準備金，並以事業單位勞工退休準備金監督委員會之名義，專戶存儲。	採行確定提撥制，由雇主於平時為勞工提存退休金或保險費，以個人退休金專戶制（個人帳戶制）為主、年金保險制為輔。
年資採計	工作年資採計以同一事業單位為限，因離職或事業單位關廠、歇業而就新職，工作年資重新計算。	工作年資不以同一事業單位為限，年資不因轉換工作或因事業單位關廠、歇業而受影響。
退休要件	勞工工作十五年以上年滿55歲者或工作二十五年以上，得自請退休；符合勞動基準法第五十四條強制退休要件時，亦得請領退休金。	新制實施後： 1.適用舊制年資之退休金：勞工須符合勞動基準法第五十三條（自請退休）或第五十四條（強制退休）規定之退休要件時，得向雇主請領退休金。 2.適用新制年資之退休金：選擇適用勞工個人退休金專戶制之勞工於年滿60歲，且適用新制年資十五年以上，得自請退休，向勞保局請領月退休金；適用新制年資未滿十五年時應請領一次退休金。另，選擇適用年金保險制之勞工，領取保險金之要件，依保險契約之約定而定。
領取方式	一次領退休金。	領月退休金或一次退休金。
退休金計算	按工作年資，每滿一年給與兩個基數。但超過十五年之工作年資，每滿一年給與一個基數，最高總數以四十五個基數為限。未滿半年者以半年計；滿半年者以一年計。	個人退休金專戶制： 1.月退休金：勞工個人之退休金專戶本金及累積收益，依據年金生命表，以平均餘命及利率等基礎計算所得之金額，作為定期發給之退休金。 2.一次退休金：一次領取勞工個人退休金專戶之本金及累積收益。 年金保險制： 領取金額，依保險契約之約定而定。
雇主負擔	採彈性費率，以勞工每月工資總額之2%～15%作為提撥基準，應提撥多少退休準備金，難以估算。	退休金提撥率採固定費率，雇主負擔成本明確。提撥率不得低於6%。

（續前頁表）

法　律	現行勞動基準法	勞工退休金條例
勞工負擔	勞工毋需提撥。	勞工在工資6%範圍內可以自願提撥，享有稅賦優惠。
優點	1.鼓勵勞工久任。 2.單一制度，較易理解。	1.年資採計不受同一事業單位之限制，讓每一個勞工都領得到退休金。 2.提撥率固定，避免企業經營之不確定感。 3.促成公平的就業機會。
缺點	1.勞工難以符合領取退休金要件。 2.退休金提撥率採彈性費率，造成雇主不確定的成本負擔。 3.僱用中高齡勞工成本相對偏高，造成中高齡勞工之就業障礙。	1.勞工必須擇優適用。 2.員工流動率可能提高。

資料來源：行政院勞委會網站，http://www.evta.gov.tw/cla/cla.htm.

三、國民年金制度

國民年金法於二○○七年八月公布，於二○○八年十月一日開始實施，該法主要針對未能於相關社會保險獲得適足保障之國民，於老年及發生身心障礙時的基本經濟安全。

國民年金制度重點歸納如次：

（一）被保險人

未滿65歲國民，在國內設有戶籍，且有下列情形之一者，應參加本保險為被保險人。

1. 年滿25歲，且未領取相關社會保險老年給付。

2. 本法施行前，除勞工保險老年給付外，未領取其他相關社會保險老年給付；或本法施行後十五年內，其領取勞工保險老年給付之年資未達十五年，且未領取其他相關社會保險老年給付。

3. 本法施行時年滿15歲，且已參加農民健康保險。但年滿65歲前，不

再從事農業工作者不在此限。參加本保險者農民健康保險逕予退保。

（二）保險費

1. 保險費率

本法施行第一年為6.5%，於第三年調高0.5%，以後每兩年調高0.5%，至上限12%。

2. 投保金額

本法施行第一年依勞工保險投保薪資分級表第一級定之，之後依消費者物價指數累計成長率達5%時調整。

3. 保險費負擔

如被保險人屬於低所得者，依其低所得的程度由政府給予不同的補助。

（三）保險給付

被保險人符合老年年金給付、老年基本保證年金、身心障礙年金給付、身心障礙基本保證年金及遺屬年金給付條件時，僅得擇一請領。

（四）年金給付

1. 被保險人於年滿65歲時，得依保險年資及投保金額請領老年年金給付，至少新台幣三千元。
2. 本法施行時年滿65歲國民，國內設有戶籍，在一定條件下，得請領老年基本保證年金，每人每月新台幣三千元。
3. 本法施行時年滿65歲老年農民，已領取老年農民福利津貼或符合一定條件者，得請領老年基本保證年金每人每月新台幣三千元及差額金每人每月新台幣三千元；不再發給老年農民福利津貼。
4. 身心障礙年金給付，依其保險年資計算，每滿一年，按其投保金額發給1.3%之月給付金額，如低於基本保障新台幣四千元，在一定條件下，得按月發給基本保障年金。

5. 重度以上身心障礙且無工作能力者，在一定條件下，得請領身心障礙基本保證年金，每人每月新台幣四千元。

6. 領取老年或身心障礙年金給付者死亡時，其遺屬在一定條件下得依序請領遺屬年金給付。

（五）保險基金及經費

國民年金保險基金主要財源為政府一次撥入款項、編列預算、保險費收入、公益彩券盈餘，以及調增營業稅1%等。

第四節　結語

退休金指勞工工作達到一定年齡或工作年資達到一定期間，自願或強迫退出勞動市場，為保障其退休後生活安全，每月給付一定金額，或退休時一次給付一定金額。

退休金制度可分為確定給付制、確定提撥制與混合制。這三種制度各有優缺點，早期各國大都採取確定給付制，惟近年來各國紛紛改採確定提撥制，確定提撥制已成為退休金制度的主流。

英國退休金制度分為國家年金、職業年金及個人年金，第二、三部分員工可自行選擇是否參加。美國退休金制度可分為社會保險退休金制度與職業退休金制度。新加坡退休金制度是採中央公積金制度，設有普通帳戶、醫療儲蓄帳戶與特別帳戶。

台灣退休金制度分為公務人員、勞工退休金制度及國民年金制度。公務人員退休金制度有兩層，第一層為社會保險，即公教人員及軍人養老給付。第二層為職業年金，早期採取恩給制，由政府編列預算支付；一九九五年七月一日改採儲金制，由政府及公務人員共同撥繳經費，建立退撫基金支付退撫經費。由於公務人員退休制度面臨領取月退休金所得偏高、年齡偏低及退撫基金不足等問題，因而在九十九年八月通過修正公務人員退休法，使公務人員退休制度較為合理。

　　勞工退休金制度第一層為社會保險，勞工退休時請領一次老年給付。第二層為職業年金，即雇主給付勞工退休金制度，台灣實施勞工退休金制度可分為三個階段：(1)勞基法實施前退休制度；(2)勞基法實施後退休制度；(3)勞工退休金條例實施後退休制度。勞工退休金條例以個人退休金專戶制為主，以年金保險為輔，其主要內容為勞基法退休舊制與新制的銜接；雇主每月負擔勞工退休金提繳率不得低於勞工每月工資的6%，勞工得在每月工資6%內自願提繳退休金；基金收益不得低於銀行兩年期定期存款；勞工年滿60歲，且工作年資滿十五年以上者，得請領月退休金，不符合條件者可領一次退休金。

　　國民年金制度下被保險人為未滿65歲國民，且未領取相關社會保險老年給付，在一定條件下，應參加本保險。年金給付型態有：(1)老年年金，被保險人於年滿65歲時，得依保險年資及投保金額請領老年年金給付；(2)老年基本保證年金每人每月新台幣三千元；(3)已領取老年農民福利津貼者，得領取老年基本保證年金及差額金每人每月三千元；(4)身心障礙合乎條件者，得領取身心障礙基本保證年金，每人每月四千元；(5)身心障礙年金給付，依其保險年資及投保金額計算年金給付；(6)領取老年或身心障礙年金給付者死亡時，其遺屬在一定條件下得請領遺屬年金。國民年金保險基金主要財源為政府一次撥入款、編列預算、保險收入、公益彩券盈餘及調增營業稅1%等。

Chapter **15**

老人問題

第一節　人口老化趨勢

一、人口高齡化的趨勢

　　隨著醫療的進步、生活品質的改善，人的壽命逐漸延長，老年人口也就不斷增加。根據聯合國標準，一國65歲以上的老年人口占該國總人口比率達7%以上時，即達高齡化社會。先進國家先後邁入高齡化社會，法國於一八六四年、瑞典一八八七年、義大利一九二七年、英國一九二九年、德國一九三二年、美國一九四九年、日本一九七〇年，台灣也在一九九三年邁入高齡化社會（見表15-1）。老年人口本身也在老齡化。根據聯合國（2002）世界人口老化一九五〇至二〇五〇年報告指出，二〇〇〇年世界上最老的年齡組，年齡在80歲以上老人，總人口的1%以上，這一年齡層每年以3.8%增加。先進國家80歲以上老年人口占老年人口總數的20%以上，在二〇〇五年80歲以上老年人口占總人口數的人口數的比率瑞典為5.3%，義大利5.1%，日本4.8%，英、德均為4.4%（見表15-2）。根據聯合國推估到二〇五〇年，約有20%的老人是80歲以上。

　　根據聯合國（2007）網站資料，國際經濟合作發展組織（OECD）國家在一九五〇年65歲以上老年人口占總人口比率為8%，一九七五年增為10.9%，二〇〇〇年高達13.7%。人口老化有愈來愈增加的趨勢，聯合國

（2002）推估二〇二五年將增為20.4%，二〇五〇年將更增加為27.1%，即不到四人，就有一人為老人。行政院經濟建設委員會推估，台灣在二〇〇六年老年人口比率為10%，二〇二五年增為20%，二〇三九年將高達30%（見表15-1）。顯見台灣未來面臨人口老化的速度將較OECD國家為快，因此，台灣面臨人口老化的問題將較OECD國家嚴重。

表15-1　主要國家達65歲以上人口比例之年次

國　　別	到達65歲以上人口比例之年次				
	7%	10%	15%	20%	30%
法　　國	1864	1943	1995	2019	—
瑞　　典	1887	1948	1975	2011	2041
義 大 利	1927	1966	1990	2008	2033
英　　國	1929	1946	1980	2020	—
德　　國	1932	1952	1976	2010	2035
美　　國	1949	1967	2015	2030	—
日　　本	1970	1985	1996	2006	2038
台　　灣	1993	2006	2019	2025	2039

資料來源：1.UN Population Division網站。
　　　　　2.行政院經濟建設委員會，二〇一〇年至二〇六〇年台灣人口推計，九十九年九月。

表15-2　OECD主要五國老人型態　　　　　　　　　單位：%

年　　別	超過65歲及80歲以上老人占總人口比重											
	1960		1970		1980		1990		2000		2005	
年　　齡	65	80	65	80	65	80	65	80	65	80	65	80
德　　國	11.5	1.6	13.7	1.9	15.6	2.8	15.0	3.8	16.4	3.5	18.8	4.4
義 大 利	9.3	1.3	10.9	1.8	13.1	2.2	15.3	3.4	18.2	4.0	20.0	5.1
日　　本	5.7	0.7	7.1	0.9	9.0	1.4	12.0	2.4	17.2	3.8	19.7	4.8
瑞　　典	12.0	1.9	13.7	2.3	16.3	3.2	17.8	4.3	17.3	5.0	17.2	5.3
英　　國	11.7	1.9	12.9	2.2	15.1	2.8	15.9	3.7	15.9	4.1	16.0	4.4

資料來源：聯合國網站資料（http://esa.un.org/unpp）。

在面臨高齡化社會，人口老化對政治、社會、經濟、財政、教育及家庭等均產生很大的衝擊與影響，如何因應挑戰，正是各國面臨的重要課題。

二、人口老化的原因

（一）婦女生育率逐年下降

隨著經濟及社會環境變遷，女性勞動參與率逐漸提高，結婚及生育年齡不斷延後，扶育子女所需的成本日益增加，降低生育誘因，減緩生育率。依據聯合國（2007）網站統計，最近半世紀全球出生率約減半，婦女生育率由五人降至二・七人；其中OECD國家一九五〇至一九五五年婦女平均生育率為三・二人；一九七五至一九八〇年降為二・二人；二〇〇〇至二〇〇五年再降至一・六人。由於生育率呈長期下降趨勢，到二〇五〇年全世界人口生育率將低於維持人口結構穩定的二・一人。

（二）平均壽命持續延長

由於公共衛生的改善與營養的提高，以及醫學、醫藥科技進步，有些致命的疾病得以預防及治療，降低人口死亡率。近半世紀以來全球平均壽命不斷延長。據前述聯合國統計，一九五〇至一九五五年全球平均壽命46.5歲，二〇〇〇至二〇〇五年增為66歲，其中OECD國家國民的平均壽命一九五〇至一九五五年為65.3歲；一九七五至一九八〇年提高為72.1歲；二〇〇〇至二〇〇五年更提高為77.8歲，而平均壽命最高的國家為日本，高達81.9歲，聯合國推估未來人口的平均壽命仍將持續延長。

（三）人口結構改變

根據聯合國世界人口統計，世界人口結構逐漸改變，0至14歲幼齡人口比重逐漸下降，一九五〇年為34.2%，二〇〇〇年降為30.2%，預估二〇五〇年將降為19.8%。相對地，65歲以上老年人口卻逐漸增加，由一九五〇年的5.2%，二〇〇〇年增為6.9%，預估二〇五〇年將增為16.2%

（見表15-3）。老年扶養比（dependency ratio）為65歲以上老人占就業人口（15-64歲）比重，一九五〇年為8.6%，二〇〇〇年為11.0%，預估二〇五〇年將增為25.4%（見表15-3），即4個就業人口扶養一個老人。OECD國家老年扶養比一九五〇年為12.3%，相當於每八個工作人口扶養一個老年人口；二〇〇〇年已達20.5%，聯合國推估二〇五〇年更將高達47.6%，接近於每2個就業人口扶養一個老人，就業人口負擔日益沉重。

表15-3　世界人口結構變動　　　　　　　　單位：%

	0-14歲①	15-64歲②	65歲以上③	老年扶養比③/②×100
1950	34.2	60.7	5.2	8.6
2000	30.2	62.9	6.9	11.0
2025	24.1	65.4	10.5	16.1
2050	19.8	63.9	16.2	25.4

資料來源：UN, World Population Prospects The 2006 Revision（中推估） http://esa.UN.org/UNPP/.

第二節　人口老化的影響

　　人口老化對政治、社會、經濟、財政、教育及家庭等均有相當的影響，茲分析如次：

一、對政治的影響

　　不像青少年沒有投票權，老人擁有投票權，而且其投票率通常較其他年齡層高。隨著老人人數的增加，老人對候選人的影響力愈來愈大。因此，老人的投票行為或投票模式將受到重視，候選人將關注老人的權益，藉以獲得支持。政府將更加重視對老人的福利，以致相關的支出勢必增加，影響財政支出的分配。

二、對社會的影響

　　人口老化對社會有正面效益，茲分述如次：

（一）犯罪率的減少

一般而言，老人的犯罪率較其他各年齡層為低。暴力犯罪大都為年輕人所為，老人有宗教化傾向，可藉此教導年輕人。

（二）營造溫馨和諧的社會

先進國家老人往往投入志工行列，參加社福團體，默默地義務工作，展現溫馨的服務，為社會和諧而努力。

（三）經驗的傳承

老人具有豐富的工作經驗、知識及人生閱歷，可傳承給年輕人，促進社會的進步。

人口老化對社會負面衝擊為人口結構老化，將降低社會整體的活力與進步；老人增加亦會增加社會照顧服務負擔。

三、對經濟的影響

（一）對儲蓄、消費及產業的影響

1.對總體消費、儲蓄的影響

⑴生命循環假設

Modigliani（1963）提出生命循環假設（life-cycle hypothesis, LCH），說明消費、儲蓄、所得與資產之間關係。其從橫斷面資料分析，儲蓄率與所得之間有正的關係，從長期時間數列分析，儲蓄率維持固定不變。由於受到終身預算限制（lifetime budget constraint），一般家庭在一生中的家計消費等於其工作所得加上來自工作以外握有資產。其認為個人偏好維持穩定的消費，人們在工作期間之消費低於當期所得，在工作期間的儲蓄是為了退休以後的生活而預作準備，人們的消費並非受限於該期所得，在年輕與年老階段，其消費大於當期所得。此一假設的推論，年齡結構對民間消費與儲蓄將具有相當的影響力，若年輕與年老族群占總人口的比重較高，其民間消費占當期所得比重較高，儲蓄率則較低。

⑵國外經驗

根據吳中書（2006）報告，指出國外實證分析大都支持生命週期假說，如Fair（1984）發現美國年齡變數對消費具有顯著的影響效果，且符合生命週期假說；Demery和Duck（2003）研究美國人口年齡結構的轉變對民間儲蓄的影響，結論認為與生命週期假說吻合，即中年人的儲蓄高於年輕人與老年人；Bentzel和Berg（1983）研究瑞典家計單位儲蓄行為，結果顯示老年人口比率的變動對儲蓄率具有顯著的負向效果；Erlandsen和Nymoen（2004）的研究，顯示年齡結構對挪威的民間消費具有顯著的影響力，當中年人口占總人口比率上升，對總消費具有壓抑的效果，符合生命週期假說；Horika（2006）研究日本年齡結構與儲蓄關聯性，顯示日本退休人口的確出現負儲蓄的現象；Kwack和Lee（2005）實證的結果支持生命週期說，人口老化對韓國的儲蓄率有不利的影響。

⑶台灣經驗

吳中書（2006）實證結果顯示台灣14歲以下及66歲以上人口比率對民間消費具有正向關聯性，即年輕與年老族群人口比重愈高，民間消費比率會上升，符合生命週期假說。換言之，高齡化人口比率上升會提升我國消費占所得的比率。

另根據吳中書（2006）實證研究台灣老年族群消費結構，家庭中老年人口相對中年人口的比率愈高，則食品、醫療與保健、娛樂消遣與教育類別的消費比率愈高。

2.對消費與產業結構的影響

老人不但有退休所得，且擁有相當的經濟實力。以日本為例，其家計調查年報顯示若不計入不動產，日本50歲與60歲高齡者，每人儲蓄額較其他年齡層為高。因此，如前述老人增加有助於消費增加，惟老人消費比其他年齡層消費更重視個人服務，導致消費結構的改變，進而影響產業結構轉變，茲分析如次：

⑴健康照顧

老人身體功能較差，殷切需求健康照顧，包括老人醫療服務、老人醫藥、醫療相關器材、照護科技商品、照護服務，以及回復青春等商品的需求，促使產業界積極開發這些商品及服務。

⑵休閒娛樂

老人有的是時間，休閒娛樂對老人而言突顯重要性。因此，老人旅遊團、老人運動器材及服務等商機頗大；此外，為了避免老人癡呆症，及增加娛樂效果，益智商品如益智遊戲機等亦有市場；另為撫慰老人的寂寞，撫慰寂寞商品如會講話的娃娃、機器玩偶、寵物等頗受老人的寵愛。這些商品成為廠商競相開發的商機。

⑶教育

老人退休後面臨新的環境，如所得相對減少、休閒時間充裕、生活以家庭為中心等，需要學習如何適應新的環境，以及新的知識、事務，如上網、樂器、運動等，消極可打發時間，積極可圓年輕時無暇學習之夢，讓生活更充實。因此，廠商可營造學習的環境及機會，以獲取商機。

⑷住宅

在嬰兒潮時代，小家庭對房屋的需求是三房二廳的格局。隨著老人的增加，老人對住宅的需求有所不同，亦即對養生村、老人公寓、老人社區的需求增加，連帶地也會影響營建業的走向。

⑸身後的事務

老人走完一生後，對身後喪葬服務及葬禮的相關商品需求將會增加，也帶動喪葬服務業的發展。

四、對財政的影響

由於人口結構老化，勞動力相對減少，影響政府財政收入與支出，茲扼要說明如次：

（一）對財政收入的影響

人口老化導致勞動力相對減少，影響所得稅稅收，惟老年人口增多及平均壽命的延長，老年人口的消費需求將會增加，除可帶動經濟成長、稅收的增加外，亦可透過消費稅的課徵而維持稅收的穩定。根據OECD（2003）財政收入的研究，結果顯示自二○○○至二○五○年，財政收入占GDP的平均比率預估將微幅減少0.09個百分點，顯示人口老化對政府財政收入的影響並不顯著。

（二）對財政支出的影響

人口老化將增加老年年金的給付、醫療照護支出與其他社會福利支出，導致政府財政負荷加重。

1. 老年年金的給付

老年年金是社會保險體系中重要的一環。OECD國家老年年金的財源是稅收，採隨收隨付制（pay-as-you-go），即由就業人口支付老年年金，此一制度實施初期因就業人口多，領取老年年金的人口少，負擔較輕，惟隨著人口結構老化，領取老年年金的人數增加，負擔逐漸加重。依據Casey等人（2003）研究，OECD主要國家二○○○年老年年金支出占GDP的平均比率由二○○○年的7.4%，預計二○五○年增為10.8%。

2. 醫療照護支出

老人健康較差，慢性病普及率較高，有些甚至長期臥病，需要醫療照護，這些醫療照護支出相當龐大，造成政府財政負擔。

3. 其他社會福利支出

老人需要社會照顧與服務，如老人住宅、家事協助、居家安全、交通接送等，將使社會福利支出增加。

五、對教育的影響

人口結構老化，出生率降低，學生減少，學校減班、併校將是不可避免的現象。另外，老人人口及老人教育需求的增加，將使教育的重點轉

移。先進國家如美國、英國及日本等為因應高齡社會，政府已將老人教育納入國家政策，老人教育的主要特色為彈性靈活，特別重視學習資源不利族群及弱勢族群，以保障老人教育權及終身學習。

六、對家庭的影響

受到少子女化及人口老化的影響，加上壽命的延長，家庭族譜只有樹幹、沒有樹枝，形成竹竿家庭（pole family），未來三代、四代同堂的家庭成為常態。此一趨勢，子女照顧老人將成為生活中的負擔。

第三節　人口老化的對策

人口老化帶來的衝擊，先進國家紛紛提出高齡社會的因應對策。根據邁向高齡社會老人教育政策白皮書（2006）指出，日本在一九八六年提出「長壽社會對策大綱」、分別對「就學及所得」、「健康及福利」、「學習及社會參與」，以及「住宅與生活環境」等提出因應之道；一九九五年通過「高齡社會對策基本法」。美國為因應高齡社會的來臨，陸續通過「禁止歧視老人法案」、「志願服務法」、「老人教育法」等。各國及專家學者所提出的因應對策，可歸納為：

一、鼓勵生育

先進國家面臨人口結構的老化，生育率的下降，甚至總人口的減少，如日本在二〇〇五年總人口開始減少，台灣預估在二〇二三年總人口減少。面臨少子女化的現象，鼓勵生育，改變人口結構，成為先進國家因應人口老化的重要對策。根據《遠見》雜誌「不老革命」（2006）報導，日本在一九九四年提出「天使計畫」著重幼兒托育體系；一九九九年提出「新天使計畫」鼓勵追求工作與家庭平衡；二〇〇七年提出一‧七兆日圓的鼓勵生育計畫。

二、提高勞動參與率

在高齡化社會，扶養比不斷的提升，工作人口相對的減少。為了減低工作人口的負擔，各國紛紛採取提高勞動參與率措施，以增加工作人口。根據《遠見》雜誌「不老革命」（2006）報導，引用日本人力顧問公司Adecco分析，隨著人口減少，到二〇一五年預計日本勞動力不足超過四百萬人；為提高勞動參與率，日本鎖定四大族群十年增加三百萬勞動力。

（一）銀髮人力

日本銀髮族中的科技領域人才，由於經驗豐富、技術優異又有體力，已成為各國競相吸引的人才。日本政府將協助銀髮族再就業，目標為五十萬人。

（二）家庭主婦

日本有九百萬家庭主婦，只要有三分之一，三百萬人進入職場，將可確保日本的勞動力。因此，日本政府設立婦女工作輔導機構，以提高婦女就業機會，希望至少能鼓勵一百三十萬主婦就業，政府依照企業需求，為亟需找工作的婦女開設職訓講座，現場有托兒服務，讓婦女安全學習，協助其進入職場。

（三）飛特族（Freeter）

指15歲到34歲、四處打工的工作遊牧族，總數有兩百餘萬人。對飛特族中，想獲得固定工作者予以職業訓練，並取得證照，協助重回職場。

（四）尼特族（Not in Education, Employment or Training, NEET）

指沒有上學、工作、職業訓練的年輕人，總數有六十萬人。

根據Adecco統計，日本大學生畢業後超過一年才順利就職者僅占超過一年未能就職者之5%，其餘95%成為「飛特族」及「尼特族」，後者靠父母供養。從長遠的觀點應讓年輕人畢業後願意進入職場工作。

三、延長退休年齡

　　人口老化衝擊政府財政負擔及勞力不足。根據林俊儒（2007）研究，先進國家紛紛提出延後退休年齡，如瑞典、美國及挪威延長到67歲，德國、法國、英國、義大利、瑞士、比利時及日本等國延至65歲（見表15-4），及提高提前退休年齡門檻，如義大利由55歲延至57歲，並擬再延長至60歲；比利時由55歲延長為58歲；芬蘭由58歲提高為60歲；瑞典由60歲延長為61歲等（見表15-4），以緩和退休年金領取人數的增加，減輕政府財政負擔。另一方面可降低依賴人口，減緩勞動力不足，提高高齡勞動參與率，降低人口老化對勞動供給的衝擊。

表15-4　OECD國家延後退休年齡及提前退休計畫改革

國　　家	延後退休年齡	提前退休計畫
瑞　　典	延至67歲	由60歲提高為61歲
美國、挪威	延至67歲	
比利時	由60歲延至65歲	由55歲提高為58歲
義大利	延至65歲	由55歲提高為57歲，並研擬再提高至60歲
德國、法國、英國、希臘、葡萄牙、紐西蘭、日本、韓國	延至65歲	
捷　　克	男性延至62歲 女性延至61歲	
土耳其	男性延至60歲 女性延至55歲	
奧地利		男性由60歲提高為61.5歲 女生由55歲提高為56.5歲
芬　　蘭		由58歲提高為60歲

資料來源：林俊儒（2007），「OECD國家因應人口老化之財政政策分析及啟示」，《財稅研究》，第三十九卷第六期。

四、推動照護（介護）保險制度

　　根據詹火生（2005）與《遠見》雜誌「不老革命」（2006）報導，為讓老人有尊嚴地度過晚年，減輕財政負擔，日本政府自二〇〇〇年開始推動強制照護保險制度，被保險人分為兩類，第一類為65歲以上的老人，第二類為40歲到64歲人口，保險費由各級政府負擔50%，其餘50%由被保險人負擔。保險費繳納第一類被保險人由其領取國民年金來扣繳；第二類被保險人由其國民健康保險費中繳納。65歲以後，有照護需求時，就能獲得保障。日本政府將老人的照護需求分成五級，嚴重的四到五級才能住進全天候的安養中心，輕度的一到二級，只能申請日間照護。老人住進安養中心的費用，政府負擔十分之九，老人僅繳交十分之一。照護保險制度，可減輕老人負擔，亦可紓解照護機構的經營負擔。根據《遠見》雜誌「不老革命」（2007）引用日本政府資料，二〇〇六年獲得照護的老人達三百八十萬人，估計二〇二五年將增為五百二十萬人，因此，安養中心、護士與照護工的需求愈來愈大。

五、吸引國外人才

　　先進國家面臨人口老化、勞力不足，採取優秀人才的移民政策，不但可提高該國生產力、增加生產，且可減緩人口（就業）結構老化的問題，具有立竿見影的效果。根據《遠見》雜誌「不老革命」（2007）報導，吸引外國人比例（指外國人占總人口比例）較高的國家有：加拿大占17.4%、美國10.4%、德國8.7%等。

六、加強老人身心的照顧

（一）促進老人健康

　　老人健康照護的支出已成為先進國家政府財政上沉重的負擔。雖然老人是最需要照護的一群，但並非所有老人都需要照顧，若老人學會自己照顧自己，有了健康的身體，就不會成為下一代的負擔。如讓老人養成運

動習慣,擁有健康,就不用照顧服務,才是上策。因此,政府應積極設計且推動一系列適合老人運動的方法,有義務協助老人運動,以促進老人健康。

(二)加強老人健康照顧

隨著老人的增加,老人病的病患也會增加,醫療單位應做適當的調整與擴充,如增加老人病床、醫護人員及照護服務等,以使老人病患能獲得合理的照護。

另外,誰來照顧老人?通常由其家庭的成員來照顧。若政府承擔這項責任後,家庭成員就分享政府的補助。可由圖15-1說明家庭將資源用於照顧老人和家庭其他成員的消費之間的選擇。

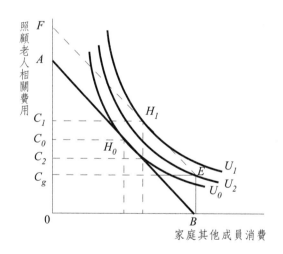

圖15-1　政府提供老人照顧的影響

1. 在沒有政府補助下,家庭預算線 *AB*,U_i 表示第 *i* 條無異曲線,無異曲線 U_0 與預算線 *AB* 相切於 H_0,此時家庭提供老人照顧費用為 $0C_0$。

2. 如政府補助 $0C_g$,則家庭預算線將移至 *BEF*,新的無異曲線 U_1 與預算線 *BEF* 相切於 H_1,此時對老人照顧費用提升為 $0C_1$,可是家庭對老人照顧費用的貢獻卻降為 $0C_2$,較沒有政府補助 $0C_0$ 為低。

3. 極端情況，若因為政府的補助，導致家庭不願照顧老人，此時無異曲線 U_2 與預算線 *BEF* 相交於 *E* 點，照顧老人的支出為 $0C_g$ 等於政府補助，比沒有政府補助下對老人照顧費用 $0C_0$ 為低。這意味著家庭其他成員消費增加（情況較好），卻不用照顧老人，家庭將照顧老人的責任加諸於政府。政府原意協助家庭照顧老人，結果家庭卻把照顧老人的責任推給政府，有政府補助下的老人受到照顧比沒有政府補助下的照顧還差，這就是道德危機。

（三）推動時間貨幣

　　根據《遠見》雜誌「不老革命」（2007）報導，一九七三年日本政府為緊縮預算，鼓勵民間成立互助團體，服務一小時就能得到代幣報酬，亦即為時間貨幣的概念。取得時間貨幣者亦可獲得他人提供服務。時間貨幣是以愛心為根本，在人口老化的社會有必要實施。日本時間貨幣服務內容包括陪長者聊天、去公園散步、去醫院拿藥，陪伴失能、失智長者，陪伴參加藝文活動等，照顧寂寞老人的心靈。隨著老年人口增加，日本鼓勵及訓練身體健康老人當時間貨幣的推動者，讓他們生活有目標，且對社會有所貢獻。

第四節　台灣人口高齡化分析

一、台灣人口老化原因

（一）人口結構老化

　　台灣人口結構在民國五十年14歲以下的人口占總人口45.9%，15至64歲占51.6%，65歲以上占2.5%，顯示當時人口結構相當年輕。自五十年以後，14歲以下人口逐漸下降，至九十八年降為16.4%，15至64歲增為73.0%，65歲以上人口在八十二年起超過7%，邁入高齡化，九十八年增為10.6%（見表15-5）。

根據行政院經濟建設委員會（2010）中推計，台灣在民國一百一十四年高齡人口將超過20%，到了民國一百四十九年高齡人口將超過41.6%（見表15-5），顯現人口結構老化。

（二）人口成長率的下降

台灣人口成長率在民國五十年為33.1‰，九十八年下滑3.59%。主要原因為生育率下降，即每位婦女平均生育數在五十年為五・五九人，到九十八年降為一・○三人；出生嬰兒由五十年四十二・三萬人，到九十八年降為十九・一萬人（見表15-5）。根據經濟建設委員會（2010）中推

表15-5　台灣人口統計—民國五十年至一百四十年

項目	年底人口		生　育		年底人口結構 (%)			高齡化指數 [3]/[1]*100	老齡人口扶養比（%） [3]/[2]*100
年別	總人口（千人）	年成長率（‰）	總生育率（每一婦人平均生育數）	出生數（千人）	0-14歲[1]	15-64歲[2]	65歲以上[3]		
50年	11,210	33.1	5.59	423	45.9	51.6	2.5	5.4	4.8
60年	15,073	21.6	3.71	383	38.7	58.3	3.0	7.8	5.2
70年	18,194	18.4	2.46	414	31.6	64.0	4.4	14.0	6.9
80年	20,606	10.0	1.72	322	26.4	67.1	6.5	24.8	9.7
90年	22,406	5.79	1.40	260	20.8	70.4	8.8	42.3	12.5
91年	22,521	5.14	1.34	248	20.4	70.6	9.0	44.2	12.8
92年	22,605	3.72	1.24	227	19.8	71.0	9.2	46.6	13.0
93年	22,689	3.74	1.18	216	19.3	71.2	9.5	49.0	13.3
94年	22,770	3.58	1.12	206	18.7	71.6	9.7	52.1	13.6
95年	22,877	4.66	1.11	204	18.1	71.9	10.0	55.2	13.9
96年	22,958	3.58	1.10	204	17.6	72.2	10.2	58.1	14.1
97年	22,037	3.43	1.05	199	17.0	72.6	10.4	61.5	14.4
98年	23,120	3.59	1.03	191	16.4	73.0	10.6	65.1	14.6
109年	23,437	0.4	—	164	11.6	72.1	16.3	139.8	22.6
119年	23,338	-1.6	—	154	10.7	64.9	24.4	227.1	37.6
149年	18,838	-11.6	—	108	9.4	48.9	41.6	441.8	85.1

資料來源：行政院經濟建設委員會《2010至2060年台灣人口推計》，99年9月。

計，台灣在民國一百一十二年總人口將開始減少；換言之，人口成長率轉為負成長。人口成長率下滑的主要原因為婦女晚婚及不婚，以及遲育及少育的現象。

（三）平均壽命延長

根據內政部統計，台灣地區人口平均壽命持續延長，民國四十年平均壽命男性53.4歲，女性56.3歲；六十年男性67.2歲，女性72.1歲；八十年男性71.8歲，女性77.2歲；九十八年男性75.9歲，女性82.5歲。預期未來壽命仍將增加。平均壽命延長是人口老化的主要原因之一。

二、台灣人口老化的影響

（一）對經濟成長的影響

台灣人口結構老化很快，根據行政院經濟建設委員會（2010）人口中推計，到一百一十二年總人口開始減少，15至64歲工作人口在一百零四年達到一千七百三十八萬人高峰，一百零五年以後開始下滑，至一百四十九年降為九百二十二萬人，青壯人口逐漸萎縮，勞動供給短缺，工資上揚，企業外移，經濟成長減緩。另一方面，人口減少亦影響消費規模，進而影響經濟成長。

（二）對消費結構的影響

隨著老人增加，消費結構跟隨著調整，到了一百四十九年台灣老人人口比率高達41.6%（見表15-5），消費結構將有很大的變化，老人消費品與服務將成為市場主流之一。

（三）就業人口負擔加重

老齡人口扶養比是指65歲以上人口占15至64歲人口比率。扶養比提升表示就業人口負擔加重。台灣老齡人口扶養比從五十年的4.8%增為九十八年的14.6%，亦即在五十年二〇·八個就業人口扶養一名老人，九十八

年降為六‧八人，預計一百一十九年降為二‧七人扶養一名老人，到了一百四十九年更降為一‧二人扶養一名老人（見表15-5），可見就業人口負擔甚為沉重。

（四）政府財政負擔日益沉重

台灣醫療健保支出由八十三年的新台幣三千二百六十二億元，增至九十四年的六千八百七十一億元。由於老人醫療保健支出遠大於青壯人口的保健支出，未來老年人口大幅增加，醫療支出亦將大幅成長。如同前述，先進國家經驗，隨著老人增加，政府在退休金、養老金與其他社會福利支出也會跟著增加，政府的財政負擔將會日益沉重。

（五）教育結構亟需調整

台灣14歲以下的人口九十八年為三十七‧八萬八，一百一十九年將降為二十五萬人，一百四十九年更將降為十七‧八萬人，受基礎教育學生將大幅減少，未來將有很多學校招收不到學生因而減班，甚至關閉。而65歲以上的老人卻不斷增加，由九十八年的二十四‧六萬人，至一百一十九年將增為五十六‧八萬，一百四十九年將更增為七十八‧四萬人，老人教育需求將增加。因此，如何整合規劃教育資源是當務之急。

三、台灣因應人口老化的對策

（一）提升勞動參與率

1. 提升婦女勞動參與率

台灣婦女勞動參與率偏低，九十八年僅49.6%，與歐美先進國家60%以上比，差距頗大，有待努力提升。政府應營造友善婦女就業環境，提供婦女職業訓練，消除婦女就業障礙，讓婦女可選擇適當的工作時間，並提供完善育幼服務，使婦女能專心工作等。

2. 延長自願退休年齡

如前所述，公務人員退休法修正通過，修法重點為自願退休人員月退

休金起支年齡由目前50歲（工作年資滿二十五年），逐步提到為60歲；另九十七年五月勞動基準法修正，勞工強制退休年齡由60歲延長為65歲，將有助於提高勞參率。

（二）鼓勵生育

「台灣經濟永續發展會議討論共同意見具體執行計畫」及「社會福利套案」均針對少子女化議題研是具體措施，包括健全生育保健體系，建構完善幼兒托育、幼兒教育環境，降低生育、養育、教育子女的負擔，如將產假薪資納入勞保給付、辦理育嬰留職停薪津貼、建構保姆管理與托育費用補助制度、實施幼托整合政策等，以便讓已婚女性的工作權受到保障，生小孩得到協助，這些措施的落實將有助於生育率的提升。

（三）整合各種老人津貼，加速推動國民年金

因應老人快速成長，照顧老人經濟安全措施成為政治操作議題，對不同族群有不同的津貼，如中低收入老人津貼、敬老福利生活津貼、老年農民福利津貼、榮民就養給付、身心障礙者生活補助等。由於發放人數逐漸增加，且津貼不斷加碼，使政府財政負擔更加沉重，亟需將津貼整併予以制度化。我國於九十六年七月通過「國民年金法」，自九十七年十月起正式實施，該法將未加入社會保險的國民納入保障，並將各種津貼整併予以制度化，有助於保障國民老年經濟生活安全。

（四）推動照護制度

九十九年二月國內失能人口需要長期照顧為四十二‧六萬人。隨著老人人口增加，需要照護人數勢必增加。政府於九十六年三月中公布「長期照顧十年計畫」，預計未來十年補助費用新台幣八百一十七億元，該計畫補助項目包括照顧服務、居家護理、社區及居家復建、喘息服務、交通接送服務及長期照顧機構服務。

（五）發展照顧產業

根據聯合國資料，一九五〇年65歲以上的老人，為一億三千萬人，二〇〇〇年為四億二千萬人，預測二〇五〇年將增為十四億六千萬人，可見未來照護商品及服務的世界需求愈來愈大。因此，政府應積極鼓勵發展照顧產業，一方面可滿足國內需求，及拓展外銷；另一方面亦可發展新的產業，有助於健全產業結構。在「長期照顧十年計畫」下，政府鼓勵發展健康照顧產業涵蓋四類：

1. 日常生活協助：包括整合生活照護體系、照顧服務、無障礙設施交通運輸工具、健康養生等。
2. 醫療部分：包括老人醫療、出院病人短期療養、預防保健醫療設備及器材、藥品等。
3. 休閒育樂部分：包括銀髮族休閒旅遊與文康活動等。
4. 經濟安全部分：包括銀髮族金融理財及保險信託等。

（六）重視老人教育

高齡化的社會，老人學習成為先進國家重要的社會福利措施，透過學習可促進老人生理及心理健康，提升老人退休後家庭生活、社會調適能力及社會參與機會，減少老化速度。教育部於九十五年十一月提出「老人教育政策白皮書」目標在倡導老人終身學習的權益，促進老人身心健康，維護老人的自與尊嚴，鼓勵老人社會參與等，整合教育資源，並提出推動策略及行動方案，以落實政策目標。

第五節　結語

65歲以上的老年人口占該國總人口比率達7%以上，即達高齡化社會。先進國家大都邁入高齡化社會。台灣也在一九九三年邁入高齡化社會，人口高齡化已成為世界的趨勢。

人口老化的原因有：(1)生育率逐漸下降；(2)平均壽命延長；(3)人口結構改變。人口老化的影響：(1)對政治的影響，老人有投票權，使參政者關

注老人的權益；(2)對社會的影響，正面影響如犯罪率減少等，負面的影響如降低社會的活力等；(3)對經濟的影響，增加消費，減少儲蓄，改變消費及產業結構；(4)對財政的影響，對財政收入的影響不大，但將使財政支出增加；(5)對教育的影響，老人教育需求增加，將使教育重點移轉；(6)對家庭的影響，未來家庭會有三代、四代同堂，子女照顧老人成為生活中的負擔。

人口老化的對策有：(1)鼓勵生育，改變人口結構為人口老化重要對策；(2)提高勞動參與率，增加就業人口，以降低就業人口扶養比；(3)延長退休年齡，先進國家採取延後退休年齡與提高提前退休年齡門檻，以降低政府財政負擔及勞力不足；(4)推動照護保險制度，讓老人有尊嚴地度過晚年，減輕財政負擔；(5)吸引國外人才，減緩勞力不足及人口結構老化問題；(6)加強老人身心的照顧，養成老人運動習慣，促進老人健康，加強老人健康照顧。

台灣人口老化原因有：(1)人口結構老化；(2)人口成長率的下降；(3)平均壽命延長。

台灣人口老化的影響：(1)對經濟成長的影響，未來人口減少，特別就業人口下滑，影響勞動供給及消費，進而影響經濟成長；(2)對消費結構的影響，老人消費品與服務將成為市場主流之一；(3)就業人口負擔加重；(4)政府財政負擔日益沉重；(5)教育結構亟需調整，特別要重視老人教育需求。

台灣因應人口老化的對策：(1)提升勞動參與率，婦女勞動參與率偏低，有待提升，延長自願退休年齡；(2)鼓勵生育，降低生育、養育、教育子女的負擔；(3)整合各種老人津貼，加速推動國民年金；(4)推動照顧制度，讓需要照顧的老人獲得適當長期照顧；(5)發展照護產業，有助於健全產業結構，並可滿足國內需求，甚至拓展外銷；(6)重視老人教育，透過學習可促進老人生理及心理健康，增進社會調適能力及社會參與機會，減少老化速度。

Chapter 16

教　育

第一節　教育市場失靈

　　教育具有外部性、資訊不對稱等特性，導致教育市場失靈。教育市場失靈使得私人成本效益與社會成本效益不同。私人最適行動未能達到社會最適行動。換言之，很難從教育市場達到最適教育水準。由於教育市場失靈，各國政府有不同程度的介入及干預教育。

　　教育市場失靈的分析：

一、外部性

　　教育與訓練是有益財（merit goods），有正的外部性，可是往往被受教育者低估其效益，導致低於最適投資，政府必須採取行動鼓勵受教育者，且把外部性內部化。換言之，改善教育或訓練的投資誘因。教育的私人效益是受教育者生產力提升帶來所得的增加。社會效益不僅包括私人效益，還包括受教育人員對其他人（廠商）的效益。另教育提高所得，有增加稅收的社會效益。

　　實證研究認為基礎教育使受教育的學生學會算術及識字。這些基本知識讓受教育者能應付日常生活及藉以謀生，的確有很大的私人效益，並可帶來社會效益。如選民能看懂候選人的政見，才能選出理想的候選人。可說明基本知識有助於謀生及民主等。

二、資訊不對稱

　　資訊不對稱已在前面章節有所介紹。教育是有益財，受教育者對這種商品或服務可能不十分了解。可能是學童的家長未能了解教育的效益或受教育者缺乏資訊而低估教育的價值。由於教育需要較長時間才能獲得報酬或產生效益，因而短視，這就是教育偏低投資的原因。事實上，教育可改善終身就業機會及生活品質。

　　就教育而言，社會必須讓所有學童獲得最起碼的教育水準。因此，法律規定受義務教育年齡。當受教育者不確定其獲得證書之教育與訓練品質，是否為大眾所接受，教育投資可能低於最適水準，即可能發生偏低教育投資。反之，如受教育者不確定自己的能力，加上教育提供者說服受教育者，接受較長及較多的教育，致超過其需要，因而付較多學費給教育提供者，則將會有過度教育投資。

三、金融市場不完美

　　凡投資於人力資本者必須找出財源來支付其投資成本。正如廠商從事投資獲取利潤，其向銀行借錢等以融資其實質資本的投資；人們將使用儲蓄，或是家裡的錢，或是借錢來做人力資本的投資。然而，人們會發現銀行不願意借錢給沒有保證人保證之還款者。銀行較喜歡以實質資本作為抵押的借款，若客戶不能還錢，則銀行可將抵押品拿去拍賣，以收回部分款項，可是對人力資本投資的借款則否，也就是受教育者很難從金融機構借錢融資從事教育投資。在這方面，金融市場可能是不完美的。如個人面臨財源的限制，則人力投資將減少。就公平論點，如家庭所得很低，維持基本生活都成問題，更無餘力從事教育投資，以致教育問題會更加惡化。在這種情況，窮人很難借到錢從事人力資本投資，這些家庭可能偏好把小孩送進勞動市場，以增加家庭所得。因此，有些國家政府仍設立學生就學貸款辦法，協助學生獲得就學貸款。

第二節　教育的公平性

　　由於教育的特性，促使政府採取措施，讓全民均能公平的受教育。公平有垂直公平與水平公平。政府採取垂直公平措施，指的是由富人移轉至窮人的所得分配政策。若採取水平公平措施，將確保相同性質者視同如一。

一、垂直公平

　　教育若由政府免費供應，教育經費來源透過租稅來籌措。因為富人繳交較多的稅，因此，政府提供免費教育，導致某種程度的所得重分配。如愈有錢家庭的小孩讀私立學校，則重分配效果愈大。通常政府教育支出最大的受益者是中產階級。因此，有些經濟學者認為政府提供教育是對中產階級的補貼。如政府教育政策是依據垂直公平原則，教育制度必須重新修正，讓只有財務需要者才能享受免費教育；或者免費教育提供應以低所得者教育需求為原則，如護士教育等。

　　另外，論點是基於所得重分配的觀點，認為透過教育或訓練改善勞工的技術基礎，可減少所得不均等。

二、水平公平

　　討論水平公平，指對同性質的人有均等機會，也就是所有相同能力的人應有均等機會接受教育。這種機會不應受不相干的因素，諸如階級、性別及種族等的干擾。

　　教育有直接成本與機會成本，若考量教育成本作為分配教育資源，可能有些學生因財務問題而無法入學。因此，以法律規範政府提供免費義務教育，讓所有學生均受教育到一定年齡（各國規範不一，如我國15歲，英國16歲等），以確保教育機會均等。

　　教育好處甚多，為克服教育市場失靈，先進國家政府均甚重視教育，政府每年編列龐大的教育經費，實施強制義務教育，廣設公立學校，以提

升全民的教育水準及人力素質，及改善窮人所得重分配。

第三節　教育最適投資

一、人力資本理論（human capital theory）

　　人力資本理論探討個人教育決策，此一理論認為個人的人力資本存量決定其生產力，進而決定其工資。人們透過教育及訓練的投資強化其人力資本存量。人力資本投資有其成本與效益，個人決策將考慮投資的效益，類似一般投資決策。人力資本理論把教育需求當作投資，而非消費來做決策，並未考慮非金錢方面的好處，如結交新朋友（同學）。

　　受教育的財務成本分為兩類：直接成本及機會成本，後者指在教育或訓練期間失去賺錢的機會，前者包括註冊費或學費等。教育與訓練實際成本反映獲得技術或知識所必須付出的代價。在教育或訓練期間失去賺錢的機會成本，通常對專職學生影響較大，因其很少有機會工作。相對地，在職訓練員工的機會成本較小，且視員工生產力受訓練影響的情況而定。教育或訓練的主要好處是薪水增加平均幅度與教育或訓練水準有關。

　　圖16-1比較受教育工人與未受教育工人的所得，在教育期間 $0E_1$，受教育者有直接成本及失去工作的機會成本，可是其一旦完成教育，其所得將超過未受教育者。如受教育者的遞延效益超過其成本，人們將發現教育投資是值得的。

　　從成本效益分析比較教育投資成本（最初支出）與淨效益，如投資增加的所得源泉的現值超過直接成本，則將投資，其中，$t = 0\cdots\cdots n$，i 為投資所增加的所得，r 為報酬率，c 為成本。

　　如 $C > \dfrac{\Sigma i_t}{(1+r)^t}$，則不值得投資。

　　如有不確定性，個人可能不願意負擔投資成本，但有些人認為教育投資為維護其未來地位的最佳方法。傳統上認為受較高的教育及訓練者，較少失業。圖16-1，DC 為直接成本（direct cost）、OC 為機會成本

（opportunity cost）、DB 為遞延效益（deferred benefit），指受教育工人的所得 Y_E 與未受教育工人的所得 Y_N 的差額。

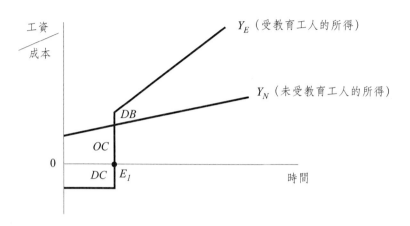

圖16-1　教育投資成本效益分析

資料來源：Connolly, S. & Munro, A. (1999) "Economics of the Public Sector" p. 387.

二、訓練投資

　　廠商可以成本效益法分析在職訓練投資的決策。假定廠商目標為提高利潤，訓練後可增加勞工的邊際生產力。惟在職訓練期間的邊際生產力較低，其理由有二：(1)員工在職訓練期間未能準時上班；(2)受訓員工生產力可能較低。如受訓者的邊際生產力為 MP_A，未受訓練的員工生產力為 MP_N，受訓後的員工生產力為 MP_T，則 $MP_A < MP_N < MP_T$，因為受訓者比其他工人更需要接受密切指導。如受訓後預期生產力的效益折成現值大於在訓練期間生產力損失的現值，就可以投資。圖16-2當效益現值 $DEFG$ 大於損失現值 $ABCD$，就可以投資。

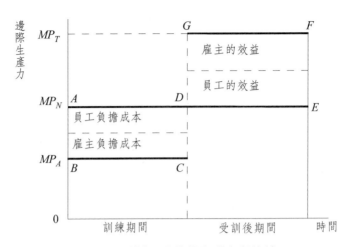

圖16-2　訓練及分擔投資成本與效益

資料來源：同圖16-1，p. 389。

　　上述模型，我們僅考慮是否訓練後較高生產力的效益大於在訓練期間較低生產力的成本。可是未分析由誰來負擔訓練成本？在完全競爭市場裡，追求利潤極大化的廠商支付工資等於勞動邊際生產力。因此，受訓者實質工資 $W_A = MP_A$，已受訓員工的實質工資 $W_T = MP_T$，未受訓員工的實質工資為 $W_N = MP_N$。上述例子，工人負擔全部訓練成本（$ABCD$），但亦收到全部效益（$DEFG$）。

　　訓練成本若由雇主與員工共同分擔，廠商支付受訓員工及已受訓員工的工資分別為 W'_A 與 W'_T，即 $MP_A < W'_A < MP_N$ 及 $MP_N < W'_T < MP_T$。

　　如圖16-2在受訓期間，員工的成本是工資低於未受訓員工的工資，$W'_A < MP_N$；雇主的成本是支付的工資高於受訓員工的邊際生產力，$MP_A < W'_A$。受訓以後，員工效益是工資高於未受訓員工的邊際生產力，$MP_N < W'_T$；雇主的效益是支付工資低於受訓員工的邊際生產力，$W'_T < MP_T$。

　　此一論點的重點為在職訓練對工人本身生產力水準的影響。對廠商亦有其效益，特別受教育愈多的員工通常較有彈性，較易調適，且學習能力較強，較有能力學習及適應工作實務的變動。雇主發現學習能力快速的員工，在吸收技術後，可如同技師一樣幫助教導其他同事學習技術。有些

技術有溢出效果,如通訊與資訊技術(IT),其不僅加強特殊工作的生產力,且亦增加其他工作的生產力。廠商在做人力資本投資決策時,應考慮這些因素。

　　若廠商面臨不確定的未來,則將降低人力資本的投資。這種不確定來源之一是勞動市場流動率(turnover),廠商訓練好員工,除非有特別合約綁住員工,否則將不能阻止員工離職他就,這將使廠商無法獲得投資的效益。就訓練而言,若廠商不能確定獲得未來提高生產力的效益,則其將不願意負擔人力資本的投資成本。

第四節　美、英、日的教育改革

　　人力資源是支撐經濟成長的重要來源之一,而教育是提升人力素質的重要工具。因此,先進國家均重視教育,這些國家的教育經費占GDP比率大都在5%以上。隨著時代的變動,教育也出現各種問題,如教育與社會需求脫鉤,未能達成教育的預期目標等。針對問題,各國紛紛提出教育改革,企圖喚起社會對教育理論或實務有系統改變的計畫、方案或運動,以矯正社會病態,滿足社會需求。

一、美國教育改革

　　美國教育制度以鼓勵學生思考、引導和開發學生的創造力為主,特別在高等教育,曾經被認為是世界上最好的教育制度之一。惟一九八〇年代以來,美國的教育面臨諸多問題,如美國的教育經費支出較其他國家為多,可是其績效卻較差,特別是數學、科學和閱讀能力不好;另外,美國科技人才依靠大量外國專家與學者支撐,如這些人才打道回府,將造成人才嚴重短缺等。因此,引起各界關注。自一九九〇年代以來,美國聯邦政府積極立法及提出計畫推動教育改革。

(一)教育改革相關的法案及計畫

　　美國在一九九〇年代以來,推出許多立法、修法,或是提出重要計

畫，茲舉犖犖大者：

1. 訂定「目標二〇〇〇年教育法」（Goals 2000: Educate America Act of 1994）。
2. 修訂「改革美國學校法」（Improving America's Schools Act, 1994）。
3. 訂定「學校通向就業機會法」（School-to-Work Opportunities Act, 1994）。
4. 訂定「高等教育機會法」（The Hope and Opportunity for Post-secondary Education Act of 1997）。
5. 修定「高等教育修正案」（Higher Education Amendment of 1998）。
6. 訂定「教育績效責任法」（Education Accountability Act of 1998）。
7. 訂定「學童教育卓越法」（Education Excellence for All Children Act of 1999）。
8. 訂定「教育彈性夥伴關係法」（Education Flexibility Partnership Act of 1999）。
9. 縮減班級人數暨提升教師素質法（Class-size Reducation and Teacher Quality Act of 1998）。
10.「閱讀卓越法」（Reading Excellence Act, 1998）。
11.「不讓任何學童落後法」（No Child Left Behind Act of 2001）。

一九九七年美國總統柯林頓提出教育三大目標與十項原則（Three Goals and Principles for Education），作為教育改革的新藍圖與行動主義等。

（二）美國教育改革重點

美國教育改革的重點可歸納為以下五點，茲分析如次：

1. 提升教師素質

劉慶仁（2000）在美國教育改革研究中指出，美國教育改革面臨教師素質不佳的問題，其引用國家教學與美國未來委員會（NCTAF）「什麼最重要：為美國未來而教（What Matters Most: Teaching for America's

Future）」的研究報告指出，當前教改失敗的原因是大多數學校和教師不能提供改革所需的教學品質，亦即與教師素質有關，例如超過四分之一新進的教師未完全達到州檢定標準，約有三成的老師所任教科目未具備大學主修或副修。為了提升教師素質，美國聯邦政府將「教師培育與專業進修」列為國家教育目標，讓全國教師均能接受職前培訓與持續專業進修，以充實所需的知能，去教導學生。

2. 提升學生閱讀能力

美國學校通常在四年級時停止閱讀教學，四年級學生如不能閱讀，其他學科的學習將有困難。顯示四年級具有閱讀能力是學童教育成功的主要因素。因此，美國政府積極鼓勵提升學童閱讀能力，如一九九五年「讀寫計畫」（Read Write Now），協助孩子閱讀；一九九七年發起「美國閱讀挑戰」，培養孩子閱讀喜好；一九九八年發起「預防兒童閱讀困難」，注意兒童如何學習閱讀；一九九八年「閱讀卓越法」使孩子在三年級結束前能閱讀。

3. 提升數學與科學水準

由於美國學生數理成績不理想，致使美國教育改革很重視提升數理水準。其理由為在競爭激烈的全球經濟與職場，需要數學與科學相關的知識，美國要在全球經濟市場上擁有競爭力，必須提高學生數學與科學能力。解決之道即需要改善培育數理師資的品質，對現職老師再教育以及大幅增加優秀的數理老師；建構寬頻網路，發展有效的軟體及線上學習資源，讓學生可透過電腦線上學習。

4. 學校與就業結合

美國有一半雇主表示無法找到合適的員工，因此，必須花費相當經費及時間來訓練新進員工。因而通過「學校通向就業機會法」，倡導結合學校、職業與訓練的教育方式，並將工作場所帶進教室，轉化成為學生學習的場所，學生可以同時獲得高中文憑、技術證書。學生經由這種教育可輕易於畢業後找到一份工作，雇主也可從中選擇所需的人才。

5.訂定教育標準及推動績效責任

美國教育原本是地方政府的事務，教育改革使聯邦政府積極介入並干預教育事務，如建立全國性的教育標準，對教育成果加以評量，務求學校對學生績效負起責任，以提升學生水準。

(1)建立全國性的教育標準

此一標準指美國學生在二十一世紀必備的基本能力及所需的知識，屬於全國性的標準。全國所有學校規劃的課程必須符合此一標準。

(2)推動績效責任

劉慶仁（2002）指出，美國推動教育績效責任分四個部分，即評量、公布成績、評比分級及補救措施。評量四年級的閱讀測驗和八年級的數學測驗，進一步就評量學習成果加以獎懲。要求學校為改善學生學業成績負起責任，對績效差的學生取消自動升級，績效差的學校則加以整頓。

美國教育改革採取全國一致的教育標準，並加以評量，引起一些專家學者的批評，認為將抹煞學生的創意，以及導致學生為考試而讀書，即專注評量科目，而忽略其他科目。

二、英國教育改革

在一九八八年英國教育改革前，英國教育制度是由地方教育局負責地方教育，包括中小學學程訂定、教育管理、監督及教育經費支應等。由於教育和培訓經費不足，各地教育水準參差不齊，教育與培訓結果不滿意。因此，一九八八年英國政府針對當時教育缺失，提出教育改革法（Education Reform Act 1988），經通過實施。茲就該法重點簡析如次：

（一）增加中央集權、減少地方自主

1.國定課程（National Curriculum）

課程由中央統一訂定，地方不再自訂課程。依據教育改革法賦予中央政府訂定國定課程，指在英格蘭、威爾斯和北愛爾蘭義務教育體制下，統一各學年的學校課程。規定公立學校學生必須學習英文、數學、科學、

資訊科技、歷史、地理、藝術及設計、音樂、設計技術、體育、現代外語等。教師可以自行設計教學計畫。

2. 統一測驗

英國義務教育分為四個階段，第一階段一至二年級，學生5至7歲；第二階段三至六年級，7至11歲；第三階段七至九年級，11至14歲；第四階段十至十一年級，14至16歲。每一階段結束，均有全國性的測驗，並公布測驗成績。因此，各校之間可以比較，也可作為家長選擇學校的參考。

3. 改設直接撥款公立學校（Grant Maintained Schools, GMS）

教育改革法之前公立學校都是由地方教育局提供資金並負責管理，教育改革法實施後公立中小學可脫離地方教育局的管轄，惟須舉行全體家長投票，如獲得大多數家長支持，這項提案才能獲得通過，再向中央申請改制。經教育與技術部批准，改制為直接撥款公立學校（GMS），由中央政府補助該校教育經費，該校董事會負責管理營運，負責招聘老師及自訂標準招收學生。地方教育局仍然給GMS一筆資金，學校可以決定如何使用。一九九八年通過學校標準架構法（School Standards and Framework Act 1998），廢除GMS制度。這段期間，英國有一千多家學校改制為GMS，這些學校可選擇成為基金學校（Foundatiom Schools）或再改回地方教育局管轄的社區學校。

（二）發揮市場力量

前述統一課程及統一測驗使學校績效可以衡量，可供家長為其子女選擇學校的參考。另外，學校開放入學的選擇，是一種市場機制，讓家長決定選擇學校。學校必須接納符合需求的學生，惟申請入學的學生超過供給時，學校可依學術原則來選擇學生。因此，成績差的學生不易進好的學校。英國政府採取市場競爭策略，產生明星學校，讓這些明星學校來辦理各種研習活動，以提升該地區的學校水準。

（三）重視職業教育

重視職業教育是英國教育改革的重點。根據溫明麗（2006）研究，英國政府在學生14歲時就加以技藝訓練；二〇〇五年針對職業教育提出「14-19：教育與技能」白皮書，強調職業教育的社會地位，規定14歲學生可開始與產業合作，依照自己的職業性向，選擇自己有興趣或需求的職業，從學徒開始學習，預做就業準備，英國政府對這種學徒制的職業準備學程相當滿意。

三、日本教育改革

就整個世界而言，日本學生在數學與自然表現不錯，可是日本各界卻認為其教育制度存在嚴重的缺陷。學生雖然學到很多的知識，可是卻不知如何應用，且缺乏創新能力。日本教育制度的僵化、一元化及形式主義久為人所詬病，特別是各種形式主義，如學歷至上、文憑主義，過度重視教育系統，廣受各界的批評。日本企業界認為「學歷無用論」可視為對形式主義的不滿。另日本校園暴力增加，也引起各界憂慮。因此，一九八四年日本開始進行第三次教育改革（第一次為明治時代，第二次為二次世界大戰後）。

日本各界對教育改革意見很多，根據Schoppa（1991）研究，大致可歸納為三派：(1)傳統保守派認為教改的重點應重新強調日本價值，鼓勵青年愛國，及提升老師素質，加強老師的訓練。(2)革新主義派認為義務教育應延至高中，以紓解初中的壓力，減緩暴力；廣設大學以減少大學的競爭壓力。(3)新保守派主義認為問題在於教育體系的僵化及標準化，解決之道減少教育部干預，包括教育內容、教科書；允許學校及教師滿足個別學生需求，即依學生興趣及能力因材施教，也就是個別化教育；另把自由市場競爭的觀念引進教育界。經過討論，最後提出教育改革報告。根據Schoppa（1991）的研究，教育改革重點歸納為：

（一）教育改革方向

　　教育自由化是改革的總方向，教育不應忽視個別性向。國小及初中義務教育應維持一定教育水準，注意基礎學力。但高中、專科、大學以後不應有太多的限制，應給予學生充分選擇，避免教育制度一元化，即應強調多元化。

（二）教育改革內容重點

1.強化校長權限，重視教師的訓練

　　教育改革成敗的關鍵在校長與教師。因為校長改變、教師就會改變；教師改變、學生就會改變。確立校長的領導地位，依其教育理念，提出計畫並執行，完全負責成敗。一九八九年起，新老師試用期限從六個月延伸到一年，至少在校內訓練六十天，由資深老師對新老師傳承班上管理及教書技巧與經驗；在校外受訓三十天，包括安排訪問其他學校等活動。

2.課程修訂

　　⑴配合上課時間縮減（從一九九二年起每月一次週六不上課，一九九五年增為二次，二〇〇二年起週六不上課。）與通識課程增加，減少數學與科學上課時間：通識課程由各個學校與老師自行訂定，強調活的知識，以激發學生的創造力與主動精神；⑵採用新的課程：一九八九年初高中採用新的課程，目的在提供學生更多的選擇，可以依據需求提供課程。高中必修課程增加，初中選修課程增加，包括英文。可是英文是高中入學考試科目，實際上並未選修。雖然增加課程綱要的彈性，老師與學校可提供配合學生興趣的課程，惟因為缺乏考試改革，老師無法抗拒家長壓力，採用有彈性的課程。因此，中學老師仍為考試而教。

3.考試改革

　　改革前大學第一段入學聯合考試僅限於公立學校，修改為新的國家入學考試，私立學校亦可參與，導致較多的大學使用同樣的標準測驗，將有助於日本教育的一致性。另大學可選擇僅測驗一科，而非教改以前的五

科，事實上，考試少於五科的學校不多，一九九〇年僅兩家。

4. 強調個性化教學

教改強調個性化教學，支持雇主在選擇新員工應減少強調學校背景及考試，也就是給予多元化評價（Pluralization of Evaluation），且設計改革僱用準則給有意願採用的民間雇主，可是公部門卻仍然重視學歷背景。

5. 家長選擇學校

推動家長可以選擇小學與初中，惟99%的小學家長與90%的初中家長將小孩送到住家附近的公立學校，沒有選擇學校。此一制度執行怕引起行政上的夢魘，造成不公平。

6. 國際化

日本將國際化列為教育政策目標之一。重視國際化理應在學校教養、有能力了解、欣賞甚至移情世界各種不同文化價值。惟日本做法卻僅是：⑴重視提升學校英文教育，透過社交教學法，考試多考文法及閱讀測驗等以提升英文水準；⑵在國外工作一段期間回國者的小孩提供一個具有國際經驗環境，讓這些小孩維持說英文的能力，這些具有國際觀能力的學生，將來能在講英文及西方文化下工作。事實上，這些學生占日本所有學生的比重很低，可以說是菁英主義。

雖然日本重視國際化，惟本質上是更重視日本文化價值、團體的責任，亦即強調國家主義。因此，在國際化呈現是菁英式的國際主義。

第五節　台灣教育改革

一、教育改革的背景

我國經濟發展的成效，舉世有目共睹，民主政治的發展亦倍受世界各國讚揚，其中主要的促成因素就是教育普及。經過五十年的努力，我國教育已有長足的發展。然而，多年來的教育發展出現許多問題，如教育過分僵化與惰性，學校教育與社會需求脫節，偏重智育的考試文化，學生程度

上的嚴重落差，技職體系教育的衰退，學生的體能太差，及平頭主義的假平等等；加上受到現代化、工業化、科技化的衝擊，面臨結構性的調整與重建；以及各國為應付劇烈變動的世界，先後進行教育改革，以期激發個人潛能，促進社會國家進步。有鑑於此，政府乃於一九九四年九月成立行政院教育改革審議委員會，負責教育改革及教育發展之研究和審議。

二、教育改革的重點

根據行政院教育改革審議委員會摘要報告重點臚列如次：

（一）教育改革的目標

1. 達成現代化的教育

⑴基本知能方面

除讀寫算外，提高有效使用多種語文和電腦的本領，加強適應變遷和解決問題的能力，培養科學及敬業精神及態度，養成手腦並用的做事習慣及終身學習的意願、習慣和能力。

⑵與人相處方面

培養容忍、關愛和尊重他人，為自己的行為負責和團隊合作的精神。

⑶公民職責方面

培養對社會的公德心、關懷心和責任感，以及地球村村民意識。

2. 滿足個人與社會的需求

教育改革要替每個人創造機會，使個人可以自主的因應社會變遷與需要，做適性的選擇，並使人人覺得自己有前途、有出路。

3. 邁向終身學習的社會

經由自發而有意識的選擇學習機會與方式，可使個人在急速變遷的社會中，具備適應環境的能力，及充分發展潛能和促成自我實現。

4. 促成教育體系的改造

教育改革應先落實修改教育法令，使教育行政單位能充分發揮功能；師資培育的多元管道要暢通；學制的設計須保留彈性；課程內容應建立統

整的認知，培養適應變遷社會的必要能力。

（二）教育改革重點內容及檢討

教育改革內容很多，茲僅就犖犖大者內容加以說明及檢討：

1.課程修訂

包括九年一貫課程、一綱多本的教科書、統整教學及建構式數學等，茲分述如次：

(1)九年一貫課程

九年一貫新課程改採「七大學習領域」，包括語文、健康與體育、數學、社會、藝術與人文、自然與生活科技、綜合活動。其促進教學專業自主，減少授課科目，落實生活教育等有其正面意義。教育部採取「一二四七方案」推動九年一貫課程，二〇〇一學年小一開始實施，二〇〇二年增為小一、二、四及國一，二〇〇四年全部實施。九年一貫課程推行，理應循序漸進，逐年實施，才不會產生課程銜接問題，造成學生適應上的困難，以及教學上的障礙。惟九年一貫課程推動過於躁進，致引起反彈。

(2)一綱多本的教科書

在一綱多本的政策下，民間教科書業者推出不同的審定本教科書，由於競爭激烈，業者使出各種手段促銷。有些學校缺乏評鑑教科書能力，加上沒有已編好的全套教科書可供評選，以及利益迴避考量，不敢全校各年級採用相同版本的教科書，以致同年級各科目的版本不同，同科目各年級的版本不同，形成教材系統的紊亂，導致教導和學習的困擾。另學生還要買比教科書貴的參考書，加重家長經濟負擔。因此，建議客觀的評估過程，選出最適版本，以建立家長對學校及教師的信心。

(3)統整教學

課程統整是九年一貫課程核心概念之一。課程統整需要進行跨學科、跨領域的教學設計，教師若未能熟悉多學科的教材與教法，將無法進行課

程統整。由於大多數教師接受分科的師資養成教育，卻被要求統整教學，如社會領域的教科書是歷史、地理及公民三科教材的合併而非整合等，因而引起教師的強烈反彈。教育部在推動統整教學理應先培育教師，如在師範院校與教育學程培養合格教師，或讓在職老師接受完整統整教學訓練，以適應新制度，也許較不會造成上述問題。

(4)建構式教學

建構式教學是根據建構理論研發而成，主要教學步驟為「布題、解題、溝通」，教師的角色由教學活動的控制者轉為協助者。教師的任務在於協助學生建構自己的數學概念，並讓學生將建構過程記錄下來，以培養學生和他人溝通、自我學習及反思的能力。建構式數學導致學生數學演算能力大幅降低，其失敗的原因可歸為教材編得未臻完美，教師還殘存傳統數學教法的觀念，學生練習不夠致數學演算能力大幅降低，家長不懂建構式教學，無法解答孩子的問題等。

2. 多元入學方案

多元入學方案主要精神是發展學校多元特色，啟發學生多元智慧，及升學管道多元選擇，其目的是「帶好每位學生」及「紓解升學壓力」。多元入學方案有三種入學管道，即申請入學、甄選入學及登記分發入學，均以基本學力測驗作為主要的入學依據。前述良好目的，在實施多元入學方案後，竟成為學子痛苦來源以及家庭的夢魘，真是始料未及。

根據吳武典（2005）與《教改萬言書》（2003）提出多元入學方案問題：

(1)多元入學方案設計偏差

由於各種管道沒有明確定位，考生可嘗試各種管道，多試結果造成多次的壓力、挫折、傷害、花錢，弊多於利。

(2)加重學生負擔和壓力

學校依傳統升學觀念，提供學生競逐菁英教育的機會，學校重視學科測驗，學生除補學科，亦須補才藝。吳武典引用陳淑丹（2002）的調查

研究，大多數認為高中多元入學使學生負擔和壓力增加。大學多元入學方案，學生為了增加自己錄取和選系的機會，大部分的考生都會報考十科以上的考試，致考生的負擔和壓力增加。

(3)違反社會公平的原則

甄選入學或申請入學，各校除採用學科能力測驗成績外，亦採納在校成績、競賽成績、服務表現及口試等，甄選標準各校自訂。惟在甄選過程中，高所得家庭有能力美化學生書面資料及補強口試，弱勢家庭則否。很明顯造成甄選結果偏好高所得家庭學生，致在二〇〇七年台灣大學甄試錄取一千多名學生，僅有一名低收入家庭；另在甄選過程中，缺乏客觀公平原則，加上人情關說與壓力紛至，徇私舞弊時有所聞，違反社會公平原則，其公信力也受各界質疑。

多元入學方案修正方向應維持公平的原則及朝向簡化入學，並增加學科測驗分數作為入學依據的比重，以維護社會正義。

3.師資培育

一九九四年修正「師資培育法」與一九九五年訂定「教師法」對師資培育制度和教師角色，做大幅的調整與改變，其重要內容如次：

(1)師資培育管道多元化

過去師資培育以三所師範大學、政治大學教育系（培育中學師資）及九所師範學院（培育小學師資）為主體。修正為師資培育機構，除上述校系外，還包括一般公私立大學教育相關學系、教育相關之研究所及教育學程中心等。致每年培育教師約二萬名，遠超過實際所需。

(2)師資培育以自費為主

過去師範院校學生採取公費制，且有服務的義務。現在則是以自費為主，兼採公費制。公費生以就讀師資類科不足之學系或畢業後志願至偏遠或特殊地區學校服務，惟公費名額逐年減少。

(3)教師資格取得採檢定制

過去師範院校學生結業後分發實習一年，成績及格者，取得合格教

師。新制則是師資生必須在修畢教育學分或學程後，通過初檢取得實習教師資格，經實習一年成績及格，通過複檢，才能取得合格教師資格。

(4)中小學師資培育得合流培育

過去中小學教師採取分流培育，師範大學培育中等師資，師範學院培育小學師資。新制師範大學可設小學學程，培育國小師資；師範學院亦可設中學學程，培育中學師資。另一種設計是修足合流學分，加上實習與檢定之後，可同時取得中小學教師資格。

(5)師資培育採儲備制

過去師資培育採取公費制的計畫培育，需要多少，培育多少，以使供需平衡。新制採取自費制，屬於多元化的儲備方式，與過去制度強烈對比。

師資培育法經多次修正，二〇〇二年七月的修正幅度較大，其修正重點為：

①教育實習課程由原來的外加一年改變為內含半年，且不再支給實習津貼。

②廢除初檢和複檢檢定程序，改為參加教育部主辦的「教師資格檢定考試」，及格後授予教師證書。

4. 學校設廢

廣設高中大學、廢除高職、消滅明星高中是教改的主張，茲說明如次：

(1)廣設高中大學

教改最大的成就使台灣四年制大學院校由八十三年度的五十八所，增加至九十八年度的一百四十九所，學生數由原先五十二·六萬人，增加至一百二十三萬人，致大學的錄取率大幅提升；同一期內高中由一百九十六所增為三百三〇八所，惟升學競爭並不因而消除。教育部讓大專院校改制擴張，有些師資和設備不夠水準的專科學校升格為技術學院，再改制為大學，大學數量擴張，教育的品質並未獲得保證，致學校培育的人才，與產

業界的需求脫節。

(2)廢除高職

高職教育是我國技職體系的一環，其課程以基層的生產技能或管理實務訓練為主，培養學生一技之長，提供社會對基層人員的需求。惟因近年來台灣產業轉型，高職訓練不符就業市場需求，高職畢業生就業市場萎縮，許多高職生選擇繼續升學。因此，教育部將高職轉型為綜合高中，高職從八十三年度的二百零六所，降為九十五年度的一百五十六所，九十六年至九十八年高職學校數維持不變。從高中職學生人數結構分析，八十三年高職生占68.1%，降至九十四年的44.1%，影響國內產業基層人力。惟近年來逐漸回升，九十八年為46.8%。

(3)消滅明星高中

由於明星高中數目太少，在升學主義下學生目標考上明星學校。這是因為明星高中的升學率很高，且大多考上公立大學，因此，有些人主張廣設高中大學，消滅明星高中，則可解決問題。事實上採行偏平化教育觀念，是提升或降低教育品質？為何不能讓所有學校都成為明星學校以提升教育品質？這種做法與英國採取塑造明星學校，以帶動當地教育發展大異其趣。

三、全國教育會議改革建議

第八次全國教育會議於九十九年八月底舉行，會議結論凝聚台灣未來教育政策推動及改革方向共識，茲列舉重點如次：

成立「十二年國民基本教育跨部會專案小組」、「因應少子女化對策小組」，及「國家教師專業標準委員會」；推動「大學法人化」及「精進大學校院全英語學程計畫」；研訂「環境教育白皮書」等作為教育部擘劃未來十年教育的發展藍圖。

第六節 結語

　　教育市場失靈的原因有：(1)教育是有益財，具有正的外部性，受教育者往往低估其效益，導致低於最適投資；(2)由於資訊不對稱，受教者對教育缺乏資訊，而低估教育的價值；(3)由於金融市場不完美，受教育者很難從金融機構借錢融資從事教育投資。因此，政府提供免費義務教育，讓所有學生公平受教育到一定年齡，以確保教育機會均等。

　　人力資本理論認為個人的人力資本存量決定其生產力，進而決定其工資。受教育的成本分為直接成本及機會成本。如受教育者的遞延效益超過其成本，人們將發現教育值得投資。訓練成本若由雇主與員工共同分擔，廠商不確定能獲得未來提高生產力的效益，則其將不太願意負擔人力資本的投資成本。

　　教育是提升人力素質的重要工具，各國均重視教育。隨著時代的變動，教育也出現各種問題，針對問題，各國提出教育改革。

　　美國教育面臨數學、科學和閱讀能力不好，其提出教育改革的重點為：(1)提升教師素質；(2)提升學生閱讀能力；(3)提升數學與科學水準；(4)學校與就業結合；(5)訂定教育標準及推動績效責任。

　　英國針對各地教育水準不一，教育與培訓結果不滿意而提出教育改革，其重點為：(1)增加中央集權，減少地方自主，包括統一國定課程、統一測驗等；(2)發揮市場力量；(3)重視職業教育。

　　日本教育制度的僵化、一元化形式主義為人所詬病。日本教育改革的重點為：(1)強化校長權限、重視教師的訓練；(2)課程修訂，目的在提供學生更多的選擇；(3)考試改革；(4)強調個性化教學；(5)家長選擇學校；(6)國際化等。

　　台灣教育面臨教育過分僵化，學校教育與社會需求脫節等問題，教育改革重點為：(1)課程修訂，包括九年一貫課程、一綱多本的教科書、統整教學及建構式數學等；(2)多元入學方案；(3)師資培訓多元化；(4)學校設

廢,即廣設高中大學、廢除高職及消滅明星高中等。

　　九十九年八月底第八次全國教育會議結論將作為教育部擘劃未來教育的發展藍圖。

Chapter 17

環 境

第一節 環境問題

一、環境的特色

環境是一種特殊的稀有資源,其提供支撐生物的生命體系,水與陽光,營造生物生存的基礎,讓植物特別是農作物的生長,維持人類的生存;環境蘊藏各種礦物資源,經過開採、提煉、加工製成各式各樣的金屬製品及非金屬製品,便於人們的使用;環境提供能源讓人們生活更為便利及舒適;環境也提供許多美妙的風景,讓人們賞心悅目等,使世界變成多彩多姿。

在人口稀少時,人類對環境的污染不會造成環境問題,因為環境本身具有自淨的能力。隨著人口增加,對環境使用(消費)增加;以及經濟發展,人類大量利用環境資源,從事生產過程所帶來一些廢棄物,遠超過環境自淨能力,破壞與摧殘環境與天然景觀,造成環境問題。

二、環境問題

(一)環境污染

環境污染的發生,是人類對環境資源的使用及破壞,未支付適當的代價,形成外部不經濟。也就是說,環境資源未能透過價格機能的運作而進

行配置，即民間廠商的生產成本遠低於社會成本，造成生產或消費過多，產生市場失靈的現象。價格機能未能發揮，主要原因為環境所有權不易確定。由於環境資源是一種公有財，個人基於自利動機，濫用公共資源的結果，導致破壞及污染環境。

（二）永續性問題

永續性（sustainablilty）指這一代人的經濟活動不能危及下一代人的經濟活動及自然環境。事實上，有些經濟活動不具永續性，也就是說，會影響下一代人進行同樣的活動。蘊藏有限的耗竭性資源，如化石燃料等，這一代多使用，下一代就少使用，亦即會影響下一代的消費。換言之，燃燒化石燃料的工業發展，就不是永續發展。因此，這一代對耗竭的資源應適當的節制。

那麼，如何使永續發展與環境問題能夠相容，讓下一代人生活品質至少能維持這一代的水準？這個任務看起來相當困難，卻是我們應盡的責任。若我們能像在工業革命時代不斷注入創造力與推動力，也就是不斷技術創新，提升資源生產效率，即生產同樣的商品與服務，使用較少的資源；改善生產製程；減少污染及廢棄物，將可避免環境品質的下降，又能維持永續發展。

（三）競爭使用問題

環境資源的使用涉及資源分配的問題，如某一地區劃為風景區或自然保護區，該區就不可能蓋工廠或開發礦產。也就是說，作為消費或保護為目的地區，就不可能作為生產場所，即使環境資源用於生產，一塊土地是用於農業或工業？如用於工業，用於哪一種產業？是食品加工業、紡織業、化工業還是電子業？事實上，環境資源用途不同，對環境影響亦有所差別。如何兼顧環境與發展，將環境資源做最佳的分配使用，是問題之所在。

（四）全球變暖

　　氣候變化跨國小組（Intergovernmental Panel on Climate Change, IPCC）指出自十九世紀末以來至二〇〇六年，地球表面溫度增加0.6℃，其中過去二十五年卻增加0.4℃，主要的原因是全球溫室氣體排放量增加。

　　人們不再懷疑溫室效應（greenhouse effect）是全球變暖的主因。所謂溫室效應指容許太陽短波輻射（太陽光照射）進來，且防阻地面長波輻射出去的系統，致使該系統內的溫度上升的效應。太陽輻射以短波輻射為主，太陽輻射穿透大氣層到達地面之後，會使地面加熱並轉換為長波輻射（即地表輻射）返射。正常情況下，地面上長波返射到大氣層，進而排放到外太空，有助於散熱，維持地面一定的溫度。可是長波輻射易被大氣層中的二氧化碳阻隔，特別是近五十年來，人類大量排放二氧化碳使大氣層中的二氧化碳濃度提高，致使地面輻射被大氣層吸附，並返射到地面，以致熱氣提高，溫度上升，這就是溫室效應。

　　全球變暖的成本可分為兩類，一類是適應氣溫不斷上升的暫時性成本，一類是長期均衡成本。後者包括農林作物收穫減少、物種消失、海岸侵蝕、空調增加、與氣候有關的疾病增加，颱風暴雨增加、供水限制、乾旱和空氣污染等所產生的成本增加。有些國家認為全球變暖的效益大於成本，如大多數北歐國家居民較喜歡炎熱的夏季。加拿大及俄羅斯北極圈氣候變暖，有利於當地植物的生長。

　　為解決全球變暖問題，採取許多措施，有改變土地使用，如限制砍伐樹木，鼓勵造林；有採取經濟措施，如徵收碳稅（carbon tax），即對商品按照溫室氣體的排放量比例課稅，除可減少溫室氣體排放，並可將稅收用於減少其他商品的稅負，稱為雙紅利（double dividend）。

第二節　全球共有資源與跨國污染

一、全球共有資源

　　當自然資源沒有財產權，沒有人負擔使用自然資源的成本，且在缺乏管制使用自然資源的機制下，結果導致過度使用共有資源，即過度捕魚、過度放牧、過度抽取地下水等，也就是共有資源的悲劇（tragedy of the commons）。

　　當共有資源面臨跨國界問題，其解決問題困難度大幅增加。這不意味著問題必然難以處理，僅是提高解決成本。首先對於使用國內的共有資源，國內有不同的觀點。若涉及跨國全球共有資源（global commons），觀點差異更大。其次，即使其能同意使用全球共有資源，各國對資源需求、使用成本及保護資源態度有很大的不同。第三，當這些差異能加以克服，則誰應該或能夠採取行動及以何種方式保護全球共有資源，是問題之所在。

　　全球共有資源包含什麼？未跨國的自然資源是否包含在全球共有資源？很清楚地，臭氧、海洋、大氣及河流等並未限定於單一國家，其為全球共有資源的一部分。

　　即使我們同意全球共有資源的定義，不同的人及政府對環境有不同的評價。這種評價隨著所得不同與情況而變動。人們對環境服務需求的所得彈性很高。不同國家對環境的需求與供給有所不同。同樣的生產過程或污染物在不同地區有不同的成本。影響一國環境生產製程的機會成本有兩個面向，即實質效果（physical effects）與此一效果的評價。這兩種效果不同；溫室氣體減量的機會成本各國有所不同，同一國家、不同時間成本也會有別。實質效果是客觀的方法；評價是主觀的，其不能完全符合科學分析。

　　國內共有資源問題可由關係人之間協定來解決，或者透過法律架構來執行。至於全球共有資源及國際溢出效果（international spillover effects），

各國政府可以片面採取行動，或者可透過多邊環境協定（multilateral environmental agreements, MEAs）的合作來處理。二者均面臨管轄權與執行問題。特別是大國片面行動，其他國家可能認為將造成環境傷害。全球共有資源面臨的問題是財產權的指定，哪一國有權利或義務管制經濟活動，或對經濟活動課稅，而影響全球共有資源。使用共有資源生產的產品帶來負的外部性會跨越國境嗎？多邊環境協定規範全球共有資源的管轄權權利與義務，及對共有資源的課稅與管制產生經濟地租之分配，並協調政策行動，處理全球與跨國監視及執行問題，有助於解決全球共有資源問題。

二、跨國污染

　　當二氧化硫從英國加油站中排放出來，就會產生跨國污染問題，最後可能會導致北歐出現酸雨。如英國減少二氧化硫的排放，北歐國家就會受益。全球亦會感受到減少溫室氣體排放的好處，從而使跨國污染（transboundary pollution）成為全球共同關心的課題。

　　解決跨國污染的關鍵問題是需要各國合作執行。當純粹國內財的財產權被確定時，如其權利受到侵害，則可透過法律解決。舉例而言，現在有些國家訂定室內不准吸菸的法律，以確保人們在無菸害環境生活，若有人吸菸，則可提起訴訟，法院將採取強制手段保護人們不吸二手菸的權利。涉及全球污染問題，如同國內污染問題，須訂定國際法或國際公約，讓各國遵守。如有國家不履行公約，將導致未能達成國際協定的目的。因此，必須有懲處的規範。

　　公共財由民間提供，通常無法達到最適狀態。這在解決全球共有問題也存在同樣問題。圖17-1說明一國減少溫室氣體排放量的邊際效益 MB_1，MB_1 是斜率為負的曲線；若僅考慮一國的福利，且視其他國家排放量既定，該國將在邊際減量成本（marginal abatement cost, MAC）等於其邊際效益下決定排放減量，即 $0Q_1$。MB_G 是 N 國邊際減量表垂直加總，表示 N 國減少排放量的全球邊際效益總計。若各國互相合作，在 MB_G 與 MAC 相交

之點減量,全球最適排放減量是在 $0Q^*$。如有國家採取不合作,且假定其他國家均遵照國際合作規定排放減量 $0Q^*$,該國在 $0Q_1$ 排放減量下將使其福利最適化,即其將避免福利成本增加,見圖17-1中斜線部分。該國採取不合作的原因為國內產業界反對,認為增加溫室氣體減量,將大幅提高減量成本,導致經濟成長下滑,失業率增加等。

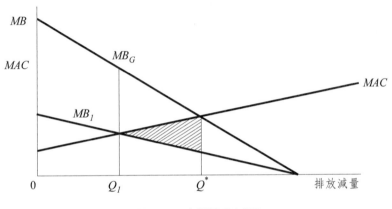

圖17-1　全球排放減量

解決跨國污染的方式有:

1.跨國污染可以事先加以防範

一九九〇年代蘇聯解體,其不再對東歐國家提供廉價能源。這些國家為確保能源供應,紛紛採取興建核能發電廠。由於東歐國家核能發電技術相對落後,歐盟怕這些核能發電廠將來發生問題,污染鄰近國家,影響歐盟的安全。因此,在東歐國家興建核電廠時,歐盟派技術人員加以協助指導,以確保核電廠的安全。

2.跨國污染問題可透過國際機構協助來降低污染源,減少跨國污染

如聯合國工業發展機構(United Nations Industrial Development Organization, UNIDO)在健全自然資源的管理很有經驗,另在健全環境技術、廢棄物的減量、使用與再循環、清潔技術投資、環境的監視及診斷亦很有經驗,若由UNIDO派員協助,將有助於降低污染源。

3. 透過國際公約，對跨國污染加以規範

如京都議定書（Kyoto Protocol）的規範要求締約國溫室氣體的減量，可促使跨國污染問題得到改善。

第三節　京都議定書

一、京都議定書的機制

一九九四年聯合國氣候變化綱要公約（United Nations Framework Convention on Climate Change, UNFCCC）正式生效。一九九七年十二月在日本京都舉行氣候變化綱要公約第三屆締約國（COP3）會議，決議通過京都議定書，規範各工業國應履行溫室氣體排放減量控制的量化目標，立法管制二氧化碳（CO_2）、甲烷（CH_4）、氧化亞氮（N_2O）、氫氟碳化物（HFC_S）、全氟化碳（PFC_S）及六氟化硫（SF_6）等六種溫室氣體的排放，於二〇〇八至二〇一二年間平均減少排放量較一九九〇年水準至少減低5%，其中美國減量7%、日本6%、歐盟及東歐8%等（見表17-1）。由於議定書管制CO_2排放，將直接衝擊各國能源配比與產業結構，影響各國經濟發展及國際競爭力。

表17-1　京都議定書下各國的減量目標　　　　單位：%

國　　　家	目　標（1990～2008/2012）
歐盟及東歐	−8%
美國	−7%
日本、加拿大、匈牙利、波蘭	−6%
克羅埃西亞	−5%
紐西蘭、俄羅斯、烏克蘭	0
挪威	+1%
澳洲	+8%
冰島	+10%

資料來源：聯合國氣候變化綱要公約網站，http://unfccc.int/。

京都議定書生效條件為：

1. 本議定書應有不少於五十五個公約締約國簽署、接受、核准或加入的文書。
2. 上述締約國合計 CO_2排放總量至少占附件一所列締約國一九九〇年CO_2排放總量的55%。
3. 滿足上述二個條件後第九十天生效。

二〇〇四年十月二十二日俄羅斯批准議定書，使批准議定書國家CO_2排放總量占附件一國一九九〇年CO_2排放總量由44.2%增為61.6%，批准議定書國家增為一百二十七國，俄羅斯的加入超過京都議定書生效門檻，二〇〇五年二月十六日正式生效。

二、調適政策

UNFCCC面對全球氣候變化的現象提出兩項主要政策，即減緩政策（mitigation policy）與調適政策（adaptation policy）。減緩政策指以減少溫室氣體的排放或將溫室氣體吸收儲存，以降低大氣中溫室氣體的濃度。調適政策指降低氣候變化負面的影響，甚至轉為正面的效益。由於減緩政策短期較易見效，成為各國推動的重點。調適政策從研擬調適策略，實施前的準備工作，如能力建構等，再到執行調整策略以調適氣候變化的衝擊，需要花較長的時間及資金。最近，先進國家基於氣候變化衝擊增大，全球暖化日益嚴重，亦開始重視調適政策。先進國家採取調適政策涵蓋範圍甚廣，包括農業、林業、水資源、海洋與海岸生態、陸棲生態、生態系統與生物多樣性，以及人體健康等（見表17-2）。

表17-2　先進國家調適政策比較

部　門	調適措施	實施國家
農業	品種改變	瑞士、捷克、日本、立陶宛
	耕作方式改變	瑞士、捷克、希臘、日本、荷蘭、斯洛伐克
	共同農業政策	歐盟
森林（林業）	品種改變、增加多樣性	比利時、捷克、丹麥
	森林火災預警系統	歐盟
水資源	旱災風險的整合管理	希臘
	洪災風險的整合管理	比利時、捷克、瑞士
	洪災預警系統	歐盟、荷蘭
	水資源架構指令，加強水資源管理	歐盟
海洋與海岸生態	整合性海岸管理	比利時、日本、荷蘭
	共同漁獲政策	歐盟
陸棲生態	劃設保護區	比利時、希臘、荷蘭、立陶宛
生態系統與生物多樣性	生物多樣性聯繫行動計畫	歐盟
人體健康	因應熱浪能力建立與管理	比利時
	人體健康的調適補助計畫	歐盟

資料來源：歐盟執委會"GreenPaper"，二〇〇七年六月；UNFCCC/SBI/inf.2（2006）。

三、京都議定書的彈性機制

京都議定書訂定清潔發展機制（Clean Development Mechanism, CDM）、共同減量（Joint Implementaiton, JI）及排放權交易（Emission Trading）三種彈性減量機制，以降低各國溫室氣體減量的執行成本，即可透過締約國合作的合作方式，以最小成本達成減量目標。

（一）清潔發展機制

清潔發展機制是由聯合國清潔發展機制執行理事會負責，此一機制程序相當嚴謹。CDM申請者須依執行理事會提出一套計畫設計文件格式申請，並經執行理事會審查計畫活動採用減量方法，若經過批准，則該

計畫自動登記為CDM計畫。執行理事會委任指定經營機構（Designated Operational Entity, DOE）監督CDM計畫確實進行溫室氣體減量工作，並經認可及認證，書面證明其在特定期間有完成減量工作。最後經執行理事會簽發「經認證排放減量額度」（certified emission reduction units, CERs）。此一減量額度可納入京都議定書承諾減量目標。根據UNFCCC網站資料，截至二〇一〇年三月二十三日已登記的CDM計畫有二千九十九個，這些計畫估計每年可減少二·二億公噸的CO_2當量；另約四千個CDH正在辦理登記，至二〇一二年底，預計可減少二十五億公噸CO_2當量。

（二）共同減量

締約國間可以共同履行聯合減量，只要排放總量達到承諾目標即可，締約國間可自行協商減量的分配承諾，歐盟採用此種機制，各會員國依歐盟會議所分配的減量責任來進行減量（見表17-3）。

另外，共同減量也允許締約國在承諾溫室氣體減量目標下，投資於他國從事溫室氣體減量計畫，即其減量成果，可成為該國減量績效，可獲得溫室氣體排放減量單位（emission reduction units, ERUs）扣抵其部分減量責任。溫室氣體排放減量成本相對高的國家可藉由共同減量的績效降低減量成本。共同減量對被投資國家亦有好處，即可獲得乾淨的自然資源，相對減少環境污染，改善當地環境品質及人民健康；同時藉新投資計畫的完成引進新的技術、生產及就業增加。

美國在一九九四年提出共同減量計畫（U. S. Initiative on Joint Implemention, USIJI）鼓勵美國一些大型的私人機構投資，與開發中國家合作降低溫室氣體排放。共同減量方式有燃煤機組改為較具效率的熱電力結合機組（combined heat and power plant），另土地使用、土地使用改變及植林（land use, land-use change, and forest, LULUCF）此類匯（sinks）活動亦是。

表17-3　歐盟十五國溫室氣體減量目標

國　家	京都議定書減量目標（%）
英國	−12.5
瑞典	+4.0
法國	0.0
希臘	+25.0
德國	−21.0
芬蘭	0.0
奧地利	−13.0
比利時	−7.5
盧森堡	−28.0
荷蘭	−6.0
義大利	−6.5
西班牙	+15.0
葡萄牙	+27.0
冰島	+13.0
丹麥	−21.0
歐盟十五國	−8.0

資料來源：GHG Emission Trends and Projections in Europe 2005.

共同減量計畫實施可採取兩種方式：

1. 途徑1（track1）

有些國家具有健全的會計制度，及可信賴的排放量及登記，在這種情況，經過認證，該國可訂定共同減量計畫的規定與程序，作為審查共同減量計畫依據，該國可發行排放減量單位（ERUs），ERUs的發行係透過允許排放額度單位（Assign Amount Units, AMUs），或由土地使用、土地使用變更與植林活動所產生的排放減量，稱之為移除單位（Removals Units, RMU）來進行轉讓。

2. 途徑2（track2）

有些國家無法達到上述的要求，若要採用共同減量，則須建立允許排放量及國家登記制度，並由國際機構來監督。二〇〇五年在聯合國氣候變

化綱要公約第十一屆締約國會議（COP11）暨京都議定書第一屆締約國會議（MOP₁）成立「監督管理委員會」（Supervisory committee），審查共同減量計畫所產生的排放減量單位（ERUs）。監督管理委員會將委任獨立機構（accredited independent entities），該機構任務在確認排放基線與排放監督，以及每項計畫排放減量與移除數量的計算是否正確。實施共同減量計畫的參與者須自行監督該計畫，並將結果遞交「委任獨立機構」，由該機構確認排放減量，並確認主辦國發行的排放減量單位（ERUs）。

（三）排放權交易

排放權交易是以行政權來控制污染，透過提供經濟誘因，以達成污染排放減少，許多企業認為排放交易制度是達成溫室氣體減量的最佳方式。排放權交易制度是建立在二〇〇一年馬拉客什協定（Marrakech Accords）。由UNFCCC的秘書處建立國際交易日誌（international transaction log），記錄排放權交易，登記者的發行、轉讓、購買、存入、提出，以及留存至下一期的承諾等，並與參與國排放權登記連結。此一日誌可作為查核基礎，證實所有交易符合規定。此外，參與國亦可建立補助交易日誌，作為重複查核該交易記錄。依據京都議定書的規範，CDM的績效可作為國際排放權交易，共同減量的績效已於二〇〇八年納入交易體系。

歐盟排放交易制度（European Union Emission Trading Scheme, EU ETS）二〇〇五年元旦正式成立，是世界上最大的多國溫室氣體排放交易制度。歐盟首先分配各國溫室氣體排放量及減量幅度（見表17-3），歐盟會員國依據歐盟執委會的規範，在國家分配計畫（National Allocation Plan, NAP）下，訂定溫室氣體排放配額分配給事業單位，並規定每年必須將一部分配額免費交還給政府，以達到減量目的。會員國必須向歐盟執委會提出國家分配計畫（NAP），並經執委會核准。事業單位可採取自行減量或向排放權交易市場購買排放權，以達成減量目標；事業單位若採自行減量，其CO_2減量數量超過當年應減量額度，則可在交易市場出售。EU ETS

允許使用CDM下的「經認證排放減量額度」（CER）與JI的排放減量單位（ERU）的減量績效（credit）作為交易標的。根據《維基百科全書》（2007, 2010）的資料，二〇〇五年歐盟排放權交易數量達三‧六二億噸，金額達七十二億歐元，每噸CO_2的交易價格二〇〇六年四月達到最高峰三十歐元，之後價格開始下滑，二〇〇七年三月下滑到一‧二歐元，同年六月更下滑到〇‧一三歐元。價格下滑主要原因之一是歐盟第一階段（二〇〇五至二〇〇七年）排放權核配即將到期，導致尚未使用排放權供應量大幅增加，以致影響價格。

歐盟排放交易制度第二階段從二〇〇八至二〇一二年，歐盟第二階段國家分配計畫（NAP）平均約減少7%，低於歐盟二〇〇五年排放水準。在第二階段共同減量（JI）及清潔發展機制（CDM）的成果均允許納入交易標的。另外，有三個非歐盟國家挪威、冰島及列支斯敦加入此一制度。飛機排放溫室氣體在二〇一二年將納入交易範圍。排放權交易價格二〇〇八年上半年平均超過二十歐元，下半年平均為二十二歐元；二〇〇九年上半年平均降為十三歐元，下降的原因為經濟不景氣，致能源密集產業大幅減產，減少排放權需求。

其次，亦可採用國內排放交易制度，即由締約國政府設定排放量上限，並將排放權分配給個別污染者，允許污染者每年排放一定數量的CO_2，如其排放量超過配額，則將被罰款；如污染者排放量小於配額，則其可將多餘的排放權在排放權交易市場出售。

英國在二〇〇二年第一個國家實施國內排放權交易制度，排放權交易項目，涵蓋京都議定書規範的CO_2等六種溫室氣體，參與排放權交易者包括氣候變遷協定參與者（Climate Change Agreement Participants）、個人、地方政府等。氣候變遷協定參與者有能源密集公司等，這些公司被分配可交易排放權配額，其實際排放量與獲得排放權配額之間的差額，可採取內部排放量減少，或向其他參與者購買配額，英國在二〇〇二年第一年有接近一千家公司參與交易，交易量超過七百萬噸CO_2。其他國家如丹麥、挪威

等亦建立類似的國內排放交易制度。

四、一九九〇年以來溫室氣體排放情形

　　根據聯合國統計，京都議定書附件一國家一九九〇至二〇〇三年間溫室氣體（GHG）排放減少5.9%，GDP增加27.9%，人口增加5.1%，每人GHG排放減少10.5%，溫室氣體密集度（GHG/GDP）減少26.4%（見表17-4），溫室氣體排放減少，並未導致GDP減少，似乎世界經濟發展及環境保護可兼籌並顧。

表17-4　京都議定書附件一國家一九九〇至二〇〇三年間總體經濟與GHG排放情形

	1990年	2003年	1990-2003年變動率（%）
人口（百萬人）	1,118.4	1,175.4	5.1
GDP（10億美元）	21,868	27,964	27.9
GHG排放沒有LULUCF[*]（百萬噸CO_2當量）	18,372	17,288	−5.9
每人GHG排放（噸CO_2當量）	16.4	14.7	−10.5
GHG/GDP（1美元公斤CO_2當量）	0.84	0.62	−26.4

資料來源：Key GHG Data, UNFCCC, 2005.
*LULUCF：land use, land-use change and forest.

　　進一步分析，將附件一國家分為轉型經濟國家（即中央集權轉為市場經濟國家，如俄羅斯等）及非轉型經濟國家兩類，在一九九〇至二〇〇三年期間，轉型經濟國家的溫室氣體排放量減少39.6%，實質GDP減少9.9%，人口減少3.9%。非轉型經濟國家溫室氣體排放量增加9.3%，實質GDP增加33.9%，人口增加8.7%（見圖17-2），顯然溫室氣體減量與GDP成長率變動之間關係值得進一步研究。

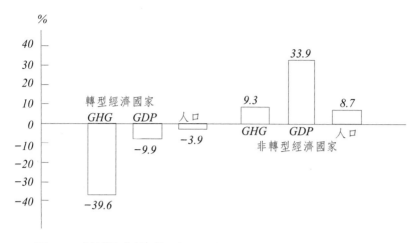

圖17-2　轉型及非轉型經濟GHG排放、GDP及人口變動的比較

*註：轉型經濟國家包括俄羅斯、烏克蘭、白俄羅斯、波蘭、羅馬尼亞、保加利亞、捷克、匈
　　牙利、愛沙尼亞、拉脫維亞、立陶宛、斯洛伐克,斯洛維尼亞、克羅埃西亞等十四國。

資料來源：同表17-4。

表17-5　一九九○至二○○三年間溫室氣體減量及增量較多的國家

減量較多的國家（百萬噸CO_2當量，%）				
	1990年(A)	2003年(B)	變動量(B－A)	變動率
俄羅斯	3,046.6	1,872.9	−1,173.7	−38.52
烏克蘭	978.9	527.1	−451.8	−46.15
德國	1,243.7	1,017.5	−226.2	−18.19
波蘭	564.4	370.2	−194.2	−34.41
羅馬尼亞	265.1	142.9	−122.2	−46.10
英國	748.0	651.1	−96.9	−12.95
增量較多的國家（百萬噸CO_2當量）				
	1990年(A)	2003年(B)	變動量(B－A)	變動率
美國	6,082.5	6,893.8	811.3	13.34
日本	1,187.3	1,339.1	151.8	12.79
加拿大	595.9	740.2	144.3	24.22
西班牙	283.9	402.3	118.4	41.70
澳洲	417.9	515.2	97.3	23.28

資料來源：同表17-4。

表17-6　附件一國家溫室氣體排放一九九〇與二〇〇三年資料

國　家	1990年	2003年
澳洲	417.89	515.23
奧地利	78.57	91.57
白俄羅斯	129.21	71.09
比利時	145.66	147.55
保加利亞	138.38	69.17
加拿大	595.86	740.21
克羅埃西亞	31.77	29.87
捷克	191.96	145.43
丹麥	70.70	75.48
愛沙尼亞	43.49	21.39
芬蘭	70.42	85.56
法國	567.98	557.17
德國	1,243.69	1,017.51
希臘	109.42	137.64
匈牙利	122.22	83.22
冰島	3.28	3.01
愛爾蘭	53.08	67.55
義大利	511.21	569.76
日本	1,187.25	1,339.13
拉脫維亞	25.35	10.53
列支敦士登	0.25	0.264
立陶宛	50.93	17.02
盧森堡	13.44	11.28
摩納哥	0.096	0.133
荷蘭	211.07	214.82
紐西蘭	61.52	75.34
挪威	50.13	54.78
波蘭	564.41	370.24
葡萄牙	59.37	81.16
羅馬尼亞	265.12	142.09
俄羅斯	3,046.56	1,872.78
斯洛伐克	72.09	51.71

（續前頁表）

國 家	1990年	2003年
斯洛維尼亞	20.19	19.08
西班牙	283.86	402.29
瑞典	72.21	70.55
瑞士	52.45	52.25
烏克蘭	978.09	527.06
英國	747.98	651.09
美國	6,082.51	6,893.81
附件一國家合計	18,371.82	17,288.31
歐盟	4,237.98	4,179.61

資料來源：Key GHG Data, UNFCCC, 2005.

註：本表不含LULUCF（land use, land-use change and forest）。

　　一九九〇至二〇〇三年間溫室氣體（GHG）減量較多的國家為俄羅斯，增量較多的國家為美國（見表17-5、表17-6），其中美國是世界溫室氣體排放最多，也是增量最大的國家，至今美國還未簽署京都議定書，因此，備受各國質疑。另德、英GHG減量產業發展，致減量績效卓越，其已成為世界再生能源配置及能源效率技術領導者。

第四節　英、美、日對溫室氣體排放減量採取的對策

一、英國對溫室氣體排放減量的對策

　　英國溫室氣體排放量在一九九〇至二〇〇三年間減少13%（見表17-5），同一期間英國的經濟成長增加36.2%，顯示英國經濟成長與環境保護可兼顧。英國溫室氣體排放減量成果較其在京都議定書承諾減量目標12.5%為佳，顯示英國對溫室氣體減量的重視。另英國長期減量目標為二〇五〇年溫室氣體排放量較一九九〇年削減60%。

（一）英國降低溫室氣體排放（GHG）所採取的主要措施

1. 解除對能源密集工業的保護，關閉老舊無競爭力及污染嚴重之設備。

2. 推動電力部門自由化，導致多樣化及更有效率的能源供應。

3. 二〇〇一年課徵氣候變化捐（climate change levy），改善企業能源使用效率，該捐是中性稅制，其所收到的稅收，用於降低雇主社會保險捐，以鼓勵就業；部分稅收作為碳信託（carbon trust）；參與氣候變化協定者，一旦達到減量目標，可獲得氣候變化捐80%折扣。

4. 設立碳信託推動低碳技術研究及提升資源效率。

（二）英國所採取的其他措施

英國除採取上述措施外，根據王京明（2007）、周濟（2007）、林唐裕（2006）、李堅明（2006）、許振邦（2006）、羅時芳（2006）之研究，彙整臚列犖犖大者對策如后：

1. 加強節能，具體做法有公布節能成效之環保建物法規；去除最不具能源效率的產品，建立最具高標準能源效率的產品市場，以刺激創新及競爭；推動智慧電表，讓住宅用戶能源帳單上必須出現可作為比較的過去能源使用量及能源效率等數據；推動各項措施，力求降低能源使用量等。

2. 積極推動排放交易制度，以使碳的減量績效（credit）值得投資。歐盟排放交易制度已在二〇〇五年元旦成立。英國積極推動成為世界GHG排放交易中心。

3. 英國政府公布「再生能源責任」，提供五‧六億英鎊作為發展再生能源的基金，預計二〇一〇年與二〇二〇年之前再生能源電力比重目標為10%。

4. 推展分散式能源（distributed energy），指分布在用戶端的能源綜合

利用系統，可降低碳排放量及增加能源供應來源，可補強英國現有
高度集中式的能源系統。

5. 規範設立新核能電廠的政策架構，對既存核能電廠延役。

6. 降低運輸部門溫室氣體排放：英國政府將於未來十年內投資於運輸
部門一千八百億英鎊，降低空氣污染；提高新車燃油效率25%等措
施。

7. 倫敦市於二〇〇三年開始課徵塞車稅。

8. 訂定新住宅能源效率計畫，提升住宅部門的能源效率。

二、美國對溫室氣體排放減量的對策

美國溫室氣體排放量在一九九〇至二〇〇三年增加13.3%，是世界上
溫室氣體排放量最多的國家，迄今仍未簽署京都議定書。美國基於開發中
國家沒有提出減量承諾，以及國內能源安全及經濟理由，不希望溫室氣體
排放量減少而導致美國經濟成長下滑，失業率上升，因而暫時不簽署京都
議定書（要求美國承諾減量目標7%），惟並不表示其不重視環境保護。
美國提出到二〇一二年溫室氣體密集度（每單位GDP的溫室氣體排放量）
減少18%，但溫室氣體總排放量還是增加。美國政府對溫室氣體排放採取
的對策有：

（一）美國白宮下設氣候變化科技整合委員會，由能源部長及商務
部長負責，並設氣候變化科學工作小組（CCSP）及氣候變化
技術工作小組（CCTP）

1. CCSP主要目的為研究全國環境體系下自然及人類變動，監視氣候
參數，預測全球氣候變動，提供國家及國際決策的科學基礎。

2. CCTP主要目的是在氣候變化下，加速先進及新的技術發展，減少
溫室氣體（GHG）排放。其具體做法有：

⑴提升能源效率，發展再生能源。

⑵開發氫燃料，訂定氫燃料車安全標準。

⑶發展碳捕捉儲存技術。

⑷發展燃煤接近於零的GHG排放技術。

⑸發展新一代的核能分裂及融合技術。每年預算約三十億美元。

（二）美國採取其他重要對策

美國除採取上述措施外，根據王京明（2007）、周濟（2007）、林唐裕（2006）、李堅明（2006）、許振邦（2006）、羅時芳（2006）之研究，彙整臚列犖犖大者對策如后：

1. 課徵聯邦能源消費稅

二〇〇五年能源政策法（Energy Policy Act of 2005）課徵碳消費稅及漏油責任信託基金等，以抑制能源消費，其稅收可做能源政策租稅減免及補助的資金來源。

2. 節能措施

⑴訂定電器產品包括商用冰箱、商用洗衣機、商用製冰機、商用空調及熱能設備，冷藏室、充電器、配電變壓器等節能標準。

⑵在二〇〇五年美國能源政策法中，未來五年內提供二億五千萬美元補貼民眾購買高效能的電器產品，並建立相關家電節能標準。

⑶鼓勵業者參與每年能源使用量自願減少2.5%計畫。

⑷鼓勵使用替代能源交通工具，使用複合式及省油進步型的交通工具，包括合格燃料電池電動車等，使用者可獲得節稅30%的優惠。

⑸Smart Way運輸夥伴計畫，二〇〇四年針對卡車及蒸氣引擎列車排放減量計畫，透過減少車輛空轉、加裝減組板、胎壓調整系統、列車平順行駛操空管理等，預計每年將減少一千八百萬噸CO_2，與二十萬公噸氮氧化物。

⑹訂定大樓能源使用效率標準。

⑺實施日光節約時間，藉由日光節約時間實施延長四週，減少燃料消耗與溫室氣體排放。

3. 推動再生能源

再生能源發電配比二〇一二年目標為6%，二〇二五年增為25%。其採取主要對策有：

⑴鼓勵風力發電，聯邦政府以固定費率購買風力發電。

⑵補助生質能產業的發展，加速發展生物燃料的基礎產業。

⑶鼓勵太陽能科技的發展，包括投資研究發展輕薄耐用、高效率的矽材料及裝置。

⑷綜合電力競爭法中，納入再生能源配比標準。

4. 積極推動核能發電計畫

美國核能機組逾越一百座，是世界上核能機組最多的國家。核能發電占美國電力生產20%，燃煤發電占電力供應一半，燃煤發電帶來空氣污染，且釋放二氧化碳。為了降低CO_2，美國近年轉為支持核能計畫，其主要措施有：

⑴核能二〇一〇計畫

目標尋找可興建核能電廠的地點，透過早期廠址預審制及興建暨營運許可證，簡化興建及營運新的核能發電廠管制流程，研發新型核能反應爐，另延長部分核電廠除役年限。

⑵核融合研究

美國參與全球開發核融合最先進技術研究項目，若開發成功，本世紀中將可生產清潔、再生能源。

⑶全球核能夥伴計畫

目的在推廣民用核能技術，並擬找出核廢料再加工方法，可大幅減少核廢料，並可生產更多的能源。

5. 美國清潔能源安全法

二〇〇九年六月底美國眾院通過「美國清潔能源安全法」（American Clean Energy and Security Act），惟至二〇一〇年十月底參議院尚未通過。該法設定美國溫室氣體總量管制等。

三、日本對溫室氣體排放減量的對策

日本溫室氣體排放量在一九九〇至二〇〇三年間增加12.8%，遠落後於京都議定書承諾減量目標6%。日本推動溫室氣體減量成效不彰的主要原因為住商與運輸部門能源需求大幅成長，以及核能發電等非化石能源推動落後，致增加燃煤發電等。

日本政府基於溫室氣體減量未能落實，致溫室氣體不但沒有減量反而還增量，與其減量目標差距擴大。因此，日本政府乃積極採取溫室氣體減量強化措施。根據王京明（2007）、周濟（2007）、林唐裕（2006）、李堅明（2006）、許振邦（2006）、羅時芳（2006）之研究，彙整臚列犖犖大者對策如后：

（一）強化節約能源主要對策

1. 產業部門

⑴自願性減量對策

經團連自願行動計畫，針對各產業的能源使用效率及CO_2排放減量，提出因應對策及節能目標。

⑵落實「能源使用合理化法」（簡稱節能法）

對熱能使用量超過一千五百kl或電力使用量超過六百萬度的工廠、使用單位列管，以減少CO_2排放量。

2. 住商部門

⑴提升機器設備的能源效率改善措施

一九九八年節能法修正，對家電、辦公設備（冷氣機、照明設備、電視機、錄放影機、電腦、影印機、冰箱等）實施節能標章管制措施，促進效率提升。

⑵提升住宅、建築物之能源使用效率

一九九九年公布建築設計及施工指南，以利建造者節能；以金融機構融資誘引，強化住屋節能設備；補助國宅等實施各種節能措施；推動節能

型住屋標章制度等措施。

3. 運輸部門

改善車輛用燃料品質，以降低CO_2排放量。

（二）再生能源對策

制定再生能源發展目標，於二〇一〇年達一千九百一十萬公秉，將可削減三千四百萬公噸的CO_2排放量。其採取主要對策有：

1. 提升太陽光電的轉換率：目前太陽光電的轉換率僅13%，透過技術研發，開發高效率的太陽能源池，提升轉換率達30%。
2. 補助企業使用再生能源：如補助企業使用汽電共生設備。
3. 課以發電業者再生能源發電的責任。
4. 補助地方政府，加速引進新能源及再生能源。

（三）推動核能及燃料轉換對策

推動核能發電量；制定發電業者的燃料轉換措施。其採取主要措施有：

1. 推動「核能立國計畫」，準備投資新建、擴建和改建核電廠；準備建立第二個核廢料場。
2. 積極參加美國宣導的全球核能夥伴計畫。
3. 補助老舊燃煤電廠轉換燃燒天然氣。
4. 補助高效能鍋爐汰舊換新措施。
5. 對國內天然氣開發事業的低利融資。
6. 改善天然氣輸送管線的安全標準。

第五節　台灣如何因應聯合國氣候變化綱要公約

一、台灣溫室氣體排放情況

台灣二氧化碳排放量自一九九〇年的一‧一一億公噸，增至二〇〇七

年的二‧六三億公噸，累計增加一‧三七倍，平均每年成長5.2%，較同期
GDP年平均成長率5.38%略低。二○○八年與二○○九年這兩年二氧化碳
排放量減少，分別減為二‧五二億公噸與二‧四億公噸。依據國際能源總
署（IEA）統計資料顯示，二○○六年台灣二氧化碳排放量占全球總量的
0.96%，全球排名第二十二名；若以人均排放量計算，台灣為十一‧八七
公噸，高居世界第十六名，較美國十九公噸為低，但較全球人均排放量
四‧二二公噸高出甚多，亦較OECD國家十‧九三公噸為高。

　　雖然台灣不是京都議定書的締約國，也不是京都議定書溫室氣體減量
附件一國家，不過台灣是世界村的一員，理應遵守世界的規範。惟從上述
的資料看出，過去台灣二氧化碳排放量不但沒有減少，反而大幅增加，顯
然與京都議定書的精神不一致，這也顯示台灣過去在溫室氣體減量成效不
彰。最近二年二氧化碳的排放量減少，是否因經濟不景氣（經濟成長率二
○○八年為0.73%，二○○九年為負1.91%）對能源需求減少，致二氧化碳
排放量減少，還是節能減碳政策效果呈現，值得進一步探討。

　　進一步分析台灣主要部門（不包括用電排放的CO_2）CO_2排放情形，
二○○九年能源部門CO_2的排放占燃燒排放CO_2總量的比重為65.94%，
其次為工業部門比重為15.90%，第三為運輸部門比重為13.96%，（見表
17-7），這三個部門合計占九成五以上。因此，台灣二氧化碳排放減量重
點應放在這三個部門。

表17-7　各部門燃料燃燒CO_2排放量（各部門不包括電力消費排放）單位：千公噸CO_2

年別	能源	工業	運輸	農業	服務業	住宅	總計
1990	50,705	30,213	19,450	2,917	3,582	3,985	110,851
1995	79,925	34,976	28,533	2,749	2,419	4,574	153,176
2000	129,737	42,023	32,875	2,338	3,188	5,328	215,488
2005	161,983	41,335	36,478	2,600	4,100	5,203	251,699
2006	169,404	42,655	36,406	1,630	4,125	5,046	259,265
2007	173,047	44,442	35,071	1,080	4,067	5,080	262,787
2008	167,410	41,086	33,103	1,356	4,090	4,997	252,042
2009	158,011	38,093	33,447	994	4,112	4,957	239,615

資料來源：經濟部能源局《我國燃料燃燒CO_2排放統計與分析》，2010年7月。

二、台灣溫室氣體減量面臨問題

　　過去台灣溫室氣體減量措施未能落實，致二氧化碳排放量持續增加。二○○七年聯合國氣候變化綱要公約第十三屆締約國會議（CO13），會議重點之一是討論從二○○八年起到二○一二年，簽訂京都議定書的工業國家須兌現溫室氣體減量承諾，開發中國家也被要求須共同承擔溫室氣體減量責任。未來京都議定書推動全球溫室氣體減量，若對台灣要求減量，將使台灣經濟面臨困境。二○○九年聯合國氣候綱要公約第十五屆締約國會議（CO15），會議重點之一認為大幅削減全球溫室氣體排放量是必要的，將全球氣溫控制在攝氏2度以下，並在科學及公平基礎上採取行動以達成目標；附件一國家應填報二○二○年量化減量目標；成立哥本哈根綠色氣候基金，二○二○年目標為一千億美元，資助開發中國家之減量調適、能力建構、技術發展等相關計畫活動。目前台灣對溫室氣體減量面臨的主要問題有：

（一）溫室氣體減量目標未訂定

　　政府為因應溫室氣體減量世界潮流，舉辦三次全國能源會議（一九九八年六月、二○○五年五月與二○○九年四月）、國家永續發

展會議（二〇〇六年四月）、台灣經濟永續發展會議（二〇〇六年七月），討論我國CO_2減量目標及減量模式。在第一次全國能源會議中，對CO_2減量提出參考目標，即在二〇二〇年回歸二〇〇〇年的排放水準（約二‧二一億公噸）。在第二次全國能源會議結論認為「欲達成一九九八年全國能源會議所定之減量目標確有困難，故應重新檢討」，並未就減量目標達成共識。在國家永續發展會議及台灣經濟永續發展會議對我國CO_2減量目標及減量模式，各界意見不一，始終無法達成共識。黃宗煌（2006）將各界意見歸納為：

1. 環保團體主張，儘速明訂我國CO_2減量目標，並積極採行總量管制，限制耗能產業的發展。
2. 產業界主張我國現階段尚未面臨國際減量的壓力，及未受貿易制裁，因而建議從長計議，且應以經濟發展為優先。
3. 環境經濟學者主張兼顧國內永續發展多面向的需要，應周延考慮各種減量方式的國家成本與效益，並以適當的決策準則，選擇制定正確的措施。

在二〇〇九年全國能源會議結論：二〇一六至二〇二〇年間回到二〇〇八年CO_2排放量；二〇二五年回到二〇〇〇年排放量水準。

（二）溫室氣體減量成本偏高

影響溫室氣體減量成本因素很多，主要有技術開發、經濟成長與政策彈性。茲分述說明如次：

1. 技術開發

二氧化碳減量可以透過下列三種方式達成：

⑴使用再生能源及核能發電來達成二氧化碳減量

再生能源有水力發電、潮汐發電、太陽能發電、風力發電等，應提升這些再生能源的發電效率，如開發提高太陽光電的轉換率等，惟需要技術上的突破。

(2)提高能源使用效率,以降低二氧化碳排放量

如採用高效率油電混合引擎或複循環瓦斯渦輪機(combined cycle gas turbine system)發電、微型汽電共生、燃料電池、生質能等,將可提升能源效率。

(3)使用二氧化碳捕捉及儲存(carbon capture and storage, CCS)技術來捕捉及儲存CO_2

將大量排放二氧化碳源產生的二氧化碳捕捉起來,進而予以壓縮,並運送至特定儲存地點,進行注入地質岩層、碳酸鹽礦物等方式儲存,使這些二氧化碳與大氣層長期隔離效果的一種技術。CCS技術的使用將有助於降低CO_2減量成本,及增加溫室氣體排放減量彈性。目前CCS應用技術正在開發中。

2.經濟成長

一國可以透過產業結構轉變,降低能源密集產業生產比重,提高非能源密集生產比重,將有助於降低二氧化碳的排放量,對經濟成長影響相對較少。惟產業結構轉變效果是長期的,短期較不易見效。如一國採取犧牲經濟成長率,將可減少CO_2排放量,此一代價,該國是否願意承擔?

3.政策彈性

一國的政策有彈性,將可選擇採取二氧化碳減量成本最低的方式。有些國家對核能電廠採取比較寬容的態度,因此,其採取核能電廠取代燃煤電廠,維持能源需求,卻能大幅降低CO_2的排放量,並降低減量成本。

依據世界銀行在二○○二年評估各國溫室氣體減量成本,台灣減量成本很高,僅次於巴西,高於南韓、日本、印尼、印度、中國、歐盟等國。台灣減量成本偏高的原因有政策缺乏彈性,如推動非核家園、能源價格偏低、溫室氣體減量技術有待提升、過分重視經濟成長等。

(三)能源價格偏低

台灣98%以上原油均靠進口,國際原油價格漲跌,將會影響國內油品

及發電成本。油電價格是否能及時反映成本，端視現行油品價格調整機制與電價調整制度而定。

1. 浮動油價機制

中油公司獨占國內油品市場時，政府訂油價調整公式，賦予中油在單月漲跌3%內，可自行調整；如三個月內漲跌幅超過6%，半年內超過10%，則必須呈報經濟部或行政院核定。二〇〇〇年九月台塑石化開始銷售油品，經濟部廢止上開油價調整公式。在寡占市場裡，油品價格理應由供需來決定，惟政府基於照顧消費者利益，因而積極介入油價調整，致油價無法及時反映成本。

為了避免中油虧損擴大，造成全民補貼用油者，政府同意中油在二〇〇六年九月二十六日開始試行浮動油價，二〇〇七年一月正式實施。中油以WTI（美國西德州中級原油）收盤價，作為調整價指標，即每週一WTI價格與上週一WTI價格比較變動幅度八成，計算油品價格。自二〇〇七年九月一日實施浮動油價新制，以七成杜拜、三成布蘭特原油價格作為原油指標，計算基準按月均價再打八折計算，調整頻率改為每月一次，油價漲幅累計超過15%時，政府得暫時凍結油價浮動計算；二〇〇七年十二月修正為油價漲幅累計超過12%暫時凍結浮動油價，並在十二月凍漲油價。二〇〇八年五月二十八日，新政府解除油價凍漲。

2. 電價調整機制

現行台電公司費率計算係依據一九六九年立法院審定通過電價公式，其合理投資報酬率在9.5%至12%範圍。該電價公式迄今未新審定，無法因應目前利率及經濟環境變化。目前電價調整機制係由台電研擬電價調整方案報經濟部。該方案未涉及全面性電價調整時，由經濟部核定；涉及全面性電價調整時，由經濟部報院，由行政院主計處公用事業費率審議委員會審議後報行政院核定。

自一九八三至二〇〇五年月底，台電公司電價調降十一次，累計降幅26.1%。從二〇〇四年起國際煤及原油逐漸上漲，致台電發電成本增加，

其投資報酬率低於法定報酬率，政府基於穩定物價，電價未加以調整。二〇〇六年上半年台電公司虧損纍纍，政府乃同意自二〇〇六年七月起電價平均上漲5.8%，此時調漲並未完全反映燃料成本的上漲，其中家庭用電每月三百三十度以下不調整，以照顧低所得者。二〇〇八年七月電價調漲。

　　台灣平均每度電價較日本、南韓、新加坡、菲律賓等國為低；油品價格亦較日本、南韓為低，國內能源價格相對低，致使國內能源使用效率偏低，不利於提升能源使用效率與產業結構調整，及溫室氣體減量。

（四）非核問題

　　核能發電是屬於乾淨且可循環的能源，不會排放CO_2，可解決環保問題，惟核反應爐的安全及核廢料處理是大家關注的議題。主要國家對核能電廠態度分析如次：

1. 美國燃煤發電廠供應電力占全國電力總供應量一半以上，為了降低二氧化碳的排放量，二〇〇五年八月新的能源法，美國政府轉為支持核能發電，重新啟動興建核能電廠，並積極開發新一代的核能電廠，將可降低核廢料。

2. 日本溫室氣體排放量一直未能減少的主要原因之一，為核能電廠緩建。為因應日本能源需求增加，及降低二氧化碳的排放量，二〇〇六年日本政府制定核能立國計畫、大綱，積極投資新建、擴建核能電廠，並準備興建第二個核廢料處理場。

3. 根據《核能簡訊》（2007）報導，二〇〇六年法國核能發電占全國電力供應80%，這也是法國溫室氣體排放量較一九九〇年為少的原因。核能發電對法國的貢獻有：
   ⑴確保國家能源獨立且安全地供應。
   ⑵確保電價穩定且具有競爭性。
   ⑶有效防止溫室效應。

4. 過去英國政府對核能發電廠態度保守。惟因京都議定書對溫室氣體排放量的限制，致未能興建火力發電廠，如不興建核能電廠或既存

核能電廠延役,將使電力缺口無法彌補。因此,二〇〇七年英國政府公布能源政策報告,指出英國可能會考慮興建核能電廠。

5. 德國政府認為核能發電廠具有高度的危險性,因而決定全面廢止核能發電廠。德國採取發展替代能源,以補足減少核能發電下的電力缺口。惟德國位於歐陸中,其電力缺口亦可向鄰國購買。

6. 台灣非核家園的政策導致減少一項重要二氧化碳減量工具。

近年來,核能發電廠技術較過去成熟及安全,許多國家轉而興建核能電廠。國際能源總署(International Energy Agency, IEA)在世界能源展望,強調未來核能使用的重要性。台灣核能電廠政策應重加檢討。

三、台灣因應對策

為因應聯合國氣候變化綱要公約,一九九四年八月行政院成立「全球環境變遷政策指導小組」,其下所設之工作分組包括「氣候變化綱要公約工作分組」。

一九九七年八月將原政策指導小組擴升為「國家永續發展委員會」,負責蒙特婁議定書及聯合國氣候變化綱要公約之推動事務。「國家永續發展委員會」於二〇〇三年底核定「氣候變遷暨京都議定書因應小組」設置要點,該小組設置「策略規劃與對外談判組」、「部門減量規劃與策略組」、「經濟衝擊調適與誘因規劃組」及「科學研究與教育宣導組」等四大策略分組,策略分組之下設十一個議題分組。

二〇〇八年十二月二十五日召開行政院國家永續發展委員會,重新劃分組織架構,設九大任務分組,分別為節能減碳與氣候變遷組、國土資源組、生物多樣性組、能源與生產組、交通與生活組、科技與評估組、城鄉發展組、健康與福祉組、教育與宣導組。各議題分組之任務分工如圖17-3,各部會應指定相關單位人員兼任各分組工作人員。

行政院於二〇〇八年六月公布「永續能源政策綱領」,期能創造能源安全、環境保護與經濟發展三贏願景。為具體落實上述綱領,實現整體節

能減碳目標，行政院於同年九月提出，「永續能源政策綱領－節能減碳行動方案」由相關機關積極推動辦理。二〇〇九年九月行政院將「節能減碳行動方案」與「全國能源會議結論行動方案」整合為「永續能源政策行動方案」，持續推動。

　　另二〇一〇年一月底政府成立「規劃推動氣候變遷調適政策綱領及行動計畫」專案小組，建立整合性的運作機制，強調台灣的本土特色，及依據地形地質的差異，提出各種衝擊分析與因應策略。專案小組已完成「我國氣候變遷調適政策綱領」初稿，並正在研提「我國國家調適行動計畫」，將作為後續政府推動相關工作之依據。

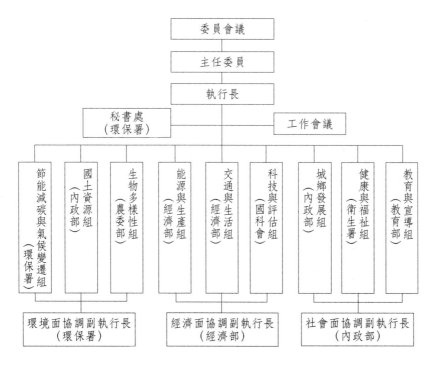

圖17-3　國家永續發展委員會組織架構圖

四、台灣採取對策

台灣因應溫室氣體排放採取主要對策為：

（一）研擬溫室氣體減量法

九十六年五月七日立法院一讀審查通過「溫室氣體減量法」草案，惟並未完成立法程序，致屆期不予續審。九十七年二月二十九日行政院再送立法院審議，該草案條文重點臚列如次：

1. 中央主管機關應擬訂溫室氣體減量方案，報請行政院核定後實施；中央目的事業主管機關應依溫室氣體減量方案訂定減量目標及行動計畫，並推動之。

2. 中央目的事業主管機關應進行排放量之調查及氣候變遷調適策略之研議；中央主管機關應進行氣候變遷衝擊評估、定期統計全國排放量、建立國家溫室氣體排放清冊。

3. 國家能源、產業、運輸及住商政策之中央目的事業主管機關應定期檢討及調整其溫室氣體減量政策；目的事業主管機關應輔導事業進行排放源排放量之盤查、登錄、查證、自願減量及參與國際合作減量，並得獎勵或補助之。

4. 中央主管機關於實施溫室氣體排放盤查、登錄、查證制度與建立排放量核配及交易制度後，分期公告實施溫室氣體總量管制，其實施方式為分階段訂定減量目標，並將應削減溫室氣體排放量分配中央目的事業主管機關，由中央目的事業主管機關訂定削減計畫執行削減。

5. 中央目的事業主管機關得分階段將其獲配之排放量，核配其公告排放源之所屬事業，並得保留部分排放量核配一定規模新設或變更排放源之事業，並要求一定規模新設或變更之事業應採用最佳可行技術。

6. 經核配排放量之事業應採行減量措施或至中央主管機關指定之交易

平台進行交易；其實際排放量不得超過核配量或排放額度；中央主
管機關公告一定規模新設或變更之排放源，於溫室氣體總量管制實
施後，其排放量超過中央目的事業主管機關核配量部分，應取得足
夠抵換之排放量。

（二）能源價格合理化

中油公司於二〇〇七年元旦正式實施浮動油價機制，可適時反映能源
成本，有助於節約能源，提升能源使用效率，及減少溫室氣體排放。同年
九月修正浮動機制，調整頻率由每週調整改為每月調整一次，並如前述油
價漲幅累計超過一定幅度，政府得暫時凍結油價上漲。二〇〇七年十二月
政府宣布凍漲油價，此一凍結措施，將使能源價格不能反映成本。二〇〇
八年五月二十八日新政府解除油價凍漲。調整頻率恢復每週調整一次。

如前所述，目前雖有電價調整機制，惟因政府基於電價變動影響層
面甚廣，對電價調整採取審慎的態度，致目前電價並未能充分反映供電成
本。

能源價格不能合理化將使少用能源者補貼多用能源者。如由政府長期
補貼，將使政府財政惡化；另一方面也會造成資源錯誤使用，形成浪費。

（三）研擬能源稅條例

台灣長期採取能源低價政策，使企業缺乏誘因朝低耗能高附加價產
業轉型，能源浪費情況嚴重，致能源使用效率偏低。而能源之使用仍是溫
室氣體排放的主要來源。因此，各國在規劃溫室氣體排放減量政策時，均
以節約能源與能源新利用為主要目標。各國政府透過鼓勵、管制與租稅措
施，提高能源生產力及能源使用效率，並降低污染。

在租稅方面，先進國家採用碳稅或能源稅等稅制來抑制溫室氣體排
放。台灣在二〇〇六年五月立法院陳明真委員提出「能源稅條例」草案，
擬藉課徵能源稅來節約能源並降低二氧化碳的排放量。隨後，王塗發委員
亦提出「能源稅條例」草案，財政部也於二〇〇七年三月提出「能源稅條

例」草案報院。財政部版能源稅條例草案課徵項目有汽油、柴油、煤油、航空燃油、液化石油氣、燃料油、煤炭及天然氣等八項,並以循序漸進方式逐年調整稅額,以降低對物價及經濟之衝擊。該條例並未將能源相關稅費完全整合。有關能源相關稅費除關稅外,包括貨物稅(財政部)、營業稅(財政部)、汽車燃料使用費(交通部)、空氣污染防制費(環保署)、土壤及地下水污染整治費(環保署)、石油基金(經濟部),似可將這些稅費適當整合,惟各主管機關認為稅費有其專屬用途,以及因本位主義關係均反對整合。上開草案交付立法院委員會議審查,惟並未通過,至屆期不予續審。財政部依據行政院賦稅改革委員會決議,研究綠色稅制,包括能源稅等。

(四)提升能源效率及節約能源

1.電力部門

⑴督導新建及汰舊換新發電廠採用高效率發電機組,並將燃煤及複循環燃料發電機組效率標準納入獨立電廠的規範。

⑵改善電網結構,提高輸配電能力,與力求電力區域供需平衡,改善輸電線路損失。

⑶鼓勵汽電共生設置。

⑷推動智慧電表。

2.製造業部門

⑴推動產業自願性溫室氣體減量計畫,經濟部已與鋼鐵、石化、水泥、造紙、人纖、棉布印染等產業公會及台灣半導體產業協會與中華民國台灣薄膜電晶顯示器產業協會等八產業公(協)會簽署自願性減量協議。

⑵修(增)定能源密集產業主要產品單位產品與設備能源效率指標。

⑶推動使用高效率感應電動機。

⑷設立產業節約能源技術服務團,針對鋼鐵、石化、水泥、造紙、紡

織等耗能產業等提供能源技術諮詢服務。

3. 運輸部門

⑴建構智慧型運輸系統。

⑵持續推動都會區捷運系統建設。

⑶逐步檢討提高汽機車能源效率標準。

⑷推動電動車輛，包括電動機車、電動汽車等。

⑸鼓勵大眾運輸業者汰舊換新及使用低污染大客車。

⑹推動各縣市辦理LED交通號誌設施。

4. 住商部門

⑴推動建築能源管理系統，平均節省效益可達10%以上。

⑵推動擴大綠建築。

⑶推動建築節能改善服務，如成立能源技術服務產業推動辦公室，輔導政府機關運用節能績效保證計畫運作模式。

⑷提升耗能器具如無用管冷氣機、電冰箱、螢光燈管用安定器等能源效率標準。

（五）推廣再生能源

為推廣再生能源，增進能源多元化，改善環境品質，帶動相關產業發展。政府於九十八年七月公布再生能源發展條例，獎勵再生能源發電設備總裝置容量為六百五十萬瓩至一千萬瓩。再生能源包括太陽能、生質能、地熱能、海洋能、風力、非抽蓄式水力等。經濟部應對各種再生能源訂定推廣目標及各類所占比率。經濟部組成再生能源躉購費率委員會，依據各個再生能源成本審定其躉購費率。政府對再生能源保證收購二十年，並對再生能源設備加以補貼。政府對再生能源電價及設備補貼，其資金來源主要來自於提高電價。

第六節　結語

　　環境是一種稀有資源，提供支撐生物的生命體系。隨著人口增加，對環境使用增加，人類對環境的污染超過其自淨能力，造成環境問題。環境問題面臨的有環境污染、永續性、競爭性使用及全球變暖。

　　全球共有資源如臭氧層、海洋、大氣等，這些資源沒有財產權，導致過度使用，形成跨國污染等問題，如何解決全球共有資源問題是全球共同關注課題。

　　一九九四年聯合國氣候變化綱要公約（UNFCCC）生效，一九九七年底通過京都議定書，二○○五年二月十六日正式生效，締約國將依承諾降低溫室氣體（GHG）的排放量。UNFCCC提出減緩與調適政策以因應全球氣候變化現象。調適政策指降低氣候變化負面的影響，甚至轉為正面的效益；減緩政策指以減少溫室氣體的排放或將溫室氣體吸收儲存。京都議定書訂有清潔發展機制（CDM）、共同減量（JI）與排放權交易三種彈性機制，以降低各國溫室氣體減量成本。目前德、英二國GHG減量績效甚佳，已達減量目標。各國紛紛對GHG減量採取對策，僅就英、美、日對GHG排放減量採取對策做簡要說明。英國除採電力部門自由化、課稅氣候變化捐外，還採取節能措施、推動排放權交易、推動再生能源、推展分散式能源、重擬核電政策、降低運輸部門溫室氣體排放等；美國在白宮下設氣候變化科技整合委員會外，並採課徵聯邦能源消費稅、節能措施、推動再生能源及核能發電等措施；日本採取措施有強化節約能源、推動再生能源、核能及燃料轉換對策等。

　　台灣不是京都議定書的締約國，不過台灣是世界村的一員，理應遵守世界的規範。台灣二氧化碳排放量從一九九○年的一‧一一億公噸，增至二○○七年的二‧六三億公噸。台灣溫室氣體減量措施未能落實的問題有：(1)溫室氣體減量目標未訂定；(2)溫室氣體減量成本偏高；(3)能源價格偏低；(4)非核問題。

　　台灣因應溫室氣體排放主要對策有：⑴研擬溫室氣體減量法；⑵能源價格合理化；⑶研擬能源稅條例；⑷提升能源效率及節約能源；⑸推廣再生能源。

Chapter **18**

公司治理

第一節　公司治理的意義

一、背景

在一個現代化的國家或地區，資本市場的健全很重要。上市股份有限公司（企業）利用資本市場發行股票、公司債向大眾募集資金，從事投資生產、擴張業務，促進經濟成長，增加就業，對經濟發展有其貢獻。企業對資金提供者理應有忠實義務與善良管理人的責任。企業的控制股東、管理階層、董監事等掌控公司實質的經營權，若在決策及經營的過程中，圖謀私利，侵犯成千上萬投資人的權益，使這些投資人血本無歸。投資人權益若不能獲得適當的保障，會對資本市場失去信心，因而將資金撤離資本市場，使得資本市場功能喪失。因此，各國相關法規，如公司法、證券交易法等，均對上市公司行為有相當的規範。

二〇〇一年底美國發生安隆弊案，接著又發生世界通訊、全錄等財務醜聞，導致股市大跌。美國為重建投資人信心，改革公司治理（Corporate Governance），於二〇〇二年通過沙賓法案（Sarbanes-Oxley Act of 2002），加強董事會中審計委員會的功能等，以期防患未然。很多國家也先後發生類似美國安隆案，如日本西武鐵道、活力門，台灣也先後發生東隆五金、中興銀行掏空案，及力霸、嘉食化等案件。因此，各國政府及

各界均致力於公司治理改革，公司治理成為全球關注的議題。另根據麥肯錫（McKinsey）在二○○二年所作「全球投資人意見調查」，發現80%的回答者願意對公司治理優良的公司支付11%以上的溢價，顯示良好的公司治理有助於健全資本市場。

二、公司治理的定義

公司治理面向很廣，不同的專家、學者、機構有不同的定義，某一層面的定義基本上反映此一領域的特殊觀點，茲就蒐集到較重要的定義分述如下：

1. 經濟合作發展組織（OECD）（1999）認為公司治理是指規範企業、其管理階層，董（監）事會、股東與其他利害關係人（如勞工、債權人、客戶、社區與政府）之間的關係架構，並可透過這種機制釐定公司的營運目標，以及落實該等目標的達成與營運績效的監測。
2. 《維基百科全書》（2007）定義公司治理為一整套的程序、慣例、政策、法律及機構，影響著如何帶領、管理及控制公司。
3. 世界銀行在二○○○年舉辦全球公司治理論壇中，Sir Adrian Cadbury認為公司治理指有關維持經濟目標與社會目標之間衡平，個人目標與社會目標之間衡平。公司治理架構是在鼓勵有效率的使用資源，具有管理資源的責任，其目的是使個人、公司與社會的利益儘可能密切結合。
4. 《公司治理百科全書》（Encycogov）（2007）引用Hernik Mathiesen，認為公司治理是經濟學的領域，研究藉由誘因機制如合約、組織效率及法律，如何確保或促進效率管理公司。有些人著重在改善財務績效，如公司擁有者能確保或促進公司管理者達成競爭報酬率。
5. 證券暨期貨市場發展基金會（2003）提出公司治理為一種指導及管

理的機制，以落實公司經營者責任為目的，在兼顧其他利害關係人
利益下，藉由加強公司績效，以保障股東權益。

6. 楊敏華（2004）提出公司治理為公司權力之制衡，利潤之均霑。

7. 葉銀華（2004）指控制股東就是有權治理公司的人，而研究有權治
理公司的行為如何影響公司價值的學問，稱為公司治理。公司治理
的最終目標是保障投資者權益，讓他們獲得因為承擔營運風險所應
得的報酬，而不會被人從中挪取。

綜上所述，公司治理主要是對企業的規範，在兼顧經濟及社會目標，
企業經營達到社會可接受的報酬率，並讓相關人能分享成果。

第二節　公司治理的原則

經濟合作發展組織（Organization for Economic Cooperation and
Development, OECD），在一九九九年完成OECD公司治理原則（The OECD
Principles of Corporate Governance），此一原則成為全球政策制定者、投
資者、公司及利害關係人（stakeholders）的國際標竿。OECD考量OECD
國家、非OECD國家實施經驗及最新發展，於二○○四年重新修正完成
OECD公司治理原則。

一九九九年至二○○三年間，OECD與世界銀行，在亞洲開發銀行、
全球公司治理論壇（Global Corporate Governance Forum）及亞洲各國政府
等協助下，參考OECD公司治理原則，研究亞洲公司治理，於二○○三
年六月完成亞洲公司治理白皮書（White Paper on Corporate Governance in
Asia）。

依據上述兩份報告，茲將OECD公司治理原則重點臚列如次：

公司治理五大要素為：(1)股東權益；(2)衡平對待所有股東（the
equitable treatment of shareholders）；(3)公司治理中利害關係人的角色；(4)資
訊揭露與透明化；(5)董事會權責。

一、股東權益

為維護及便於股東權益的運用，公司治理應包括：

1. 有權及時獲取公司基本及重大的資訊。
2. 有權參加股東會議，並依股權比例參與公司決策、董事提名、選舉董事、修訂公司章程等，並將委託書轉讓投票。
3. 有權按股權比例分配股利，並移轉股份。
4. 有權在公司清算時，按股權比例分配公司財產。
5. 揭露不對稱的股權控制結構，即大股東獲得控制權與其擁有股權不對稱。

二、衡平對待所有股東

1. 公司治理應衡平對待所有股東，包括少數股東及外國股東，也就是說，所有股東應有同樣的權利。所有股東在其股東權益受損時，應有機會獲得補償。
2. 政府應促進股東參與股東會議。特別徵求委託書與不在場投票的規則應予鬆綁，並促進投票過程的健全。
3. 政府擁有公司股權，應積極行使股東權，以促使公司獲得最大利益。
4. 法律應容許股東提出團體訴訟或代表訴訟，以嚇阻董事等違反忠實義務。不宜以防杜濫訴或興訟為由，遏阻正當理由之股東採取集體訴訟尋求救濟的機會。
5. 禁止內線交易與濫用自利交易（self-dealing）。自利交易指公司控制股東與其有密切的關係人或公司從事交易，傷害公司及投資者的利益。
6. 應訂定一套法律，禁止獲取影響公司決策過程的董事、公司幹部、控制股東及其他內部人，與公司從事生意，藉以謀利。至少，採取此種行動之人在事前應該揭露，並獲取董事會或股東會議的認可。

7. 應禁止上市公司從事關係人交易，如對董事、公司幹部、控制股東及其他內部人的貸款。

8. 應強化股權歸屬的法律制度，揭露最終受益人。主管機關透過國際合作可達成上述目標。

三、公司治理中利害關係人的角色

公司利害關係人包括股東、董事與經理人、員工、供應商、客戶、往來銀行、政府等，這些人之間有明顯的利益衝突。如員工希望事少薪多離家近；經營階層希望員工拚命工作，公司所賺的錢保留下來再投資；股東希望公司賺錢多分配股息；銀行希望公司投資謹慎，以免損及其債權；政府希望公司能增加就業；公司希望政府政策予以減免稅與補助。公司治理就是要調和這些利害關係人的利益。

1. 公司治理應認知由法律或協定所訂定的利害關係人的權益，鼓勵公司與利害關係人之間的積極合作，創造財富、工作機會及健全企業的財務，並能永續發展。

2. 公司應制定有效的政策與程序，以促進對利害關係人權益的了解與保障。為達成此一目的，政府應規範對員工不當與濫權行為提出檢舉，不予報復。

3. 為提升公司商譽，董事與決策者應將各個利害關係人的利益納入考量，並將其考量與大眾進行溝通。

4. 公司應建立內部救濟機制，以保障員工權益。政府與民間團體應推廣調解與仲裁的救濟方式。

5. 利害關係人參與公司治理過程，其應在即時及正規基礎下獲得相關、充分、可靠的資訊。

6. 公司治理體系應由有效能的破產法規及有效的執行債權人的權利來補足。

四、資訊揭露與透明化

　　資訊揭露與透明化影響公司的營運及有助於投資者對該公司的投資。嚴謹的資訊揭露與透明化體系使管理階層及董事會能合理地分配資源，並依照公司計畫經營事業。對經理及董事而言，資訊揭露與透明化影響公司的現金流量及真實價值。有效的揭露與透明化有助於投資者的信心。從投資者觀點，充分、精確與及時的資訊揭露讓市場決定公司真實價值。有關資訊揭露與透明化應包括：

1. 公司治理應確保及時並詳實揭露有關公司財務狀況、績效、大股東持股及公司治理的重大資訊。

2. 公司揭露的資訊應包括：

　①公司的財務狀況及營運績效。

　②公司的目標。

　③主要股東擁有股權及投票權。

　④董事及重要管理階層的薪酬。

　⑤關係人交易。

　⑥可以預測的風險因子。

　⑦有關員工與其他利害關係人議題。

　⑧公司治理結構與政策。

3. 證券主管機關、交易所、自律組織及投資機構應持續向公司及大眾宣導充分、詳實與及時之重大資訊揭露的價值及功效，亦即妥適揭露資訊有助於提升公司價值。

4. 司法體系應致力於建立揭露制度，公司應以持續、及時及公平的基礎揭露重大資訊。

5. 公司、經理人及內部人員（包括董事及大股東）應有義務將內部人擁有公司控制權與其持股比例不對稱加以揭露。同一揭露原則應適用於自利（關係人）交易。

6. 各國應完全統合國際會計標準。若未能完全統合國際會計標準，則

財務報告應揭露與國際標準的差異，以及差異的理由。

7. 證券主管機關、交易所及專業機構應致力對會計、審計及非財務的
資訊揭露之監督與執行，對未遵循規範者予適當處分。

五、董事會權責

董事會應訂定公司規範，慎重賦予經理人經營事業；督導事業營運；
直接監視、衡量及獎勵管理績效，並確保會計及財務報告的詳實及適時資
訊揭露；同時照顧股東享有股東權。董事會權責應包括：

1. 董事會應策略性指導公司，並應有效的監督公司，且對公司及股東
有可歸責性（accountability）。

2. 董事會應建立一套機制，審查及指導公司策略、主要的行動計畫、
風險政策、每年預算、設定績效目標、督導執行績效、監督主要投
資支出、合併及出售公司資產等，使董事會可正常且專業地發揮其
職能，並釐清決策權責。

3. 董事會應能對公司事務做客觀獨立的判斷。其應考量所有股東的利
益，即公平地對待所有股東。

4. 董事會之規模應容許有效議決及合作，並應有足夠履行其職務之資
源。董事應有足夠時間及能力從事職務。另董事會下應設審計委員
會（audit committee）、薪酬委員會（compensation committee）及提
名委員會（nomating committee）等。

5. 選舉董事的過程應使董事會能代表所有股東的利益。達成上述代表
的過程可包括股東有能力要求董事的選舉採用累積投票制（cumula-
tive voting），有關遞延董事會任期及其他限制董事提名機制應予禁
止。

6. 加強獨立董事的規範及實務。獨立董事應加入審計、薪酬、提名等
委員會，以發揮其功能，並處理可能涉及利益衝突事件。

7. 股權歸屬原則（attribution rule）應加諸於地下董事（shadow

director），使其履行忠實義務與責任。另對董事違反忠實義務之行
為應採取嚴重的處分，以嚇阻不當行為。

8. 應明文賦予董事有向公司索取正確、及時與相關資訊的權利。

第三節　美、日、德的公司治理

一、美國公司治理

（一）安隆案之前美國公司治理

安隆案發生之前，美國的公司治理制度是世界上較佳的制度之一。茲
將安隆案之前美國公司治理情況簡要介紹如次：

1.董事會

美國公司採取單軌董事會（unitary board），由股東會選舉董事組成董
事會，董事會決定公司重大政策，並由董事會選任執行長、經理人及公司
重要幹部，負責公司業務執行。董事會的成員可分為內部及外部董事，內
部董事指同時兼任公司行政職務（如執行長等），負責公司的經營；外部
董事指不兼任公司行政職務，負責公司經營的監督。外部董事與公司之間
不具有利害關係，稱之為獨立董事，有些外部董事甚至不具有股東資格。

董事會視實際需要得設審計、薪酬及提名等委員會。審計委員負責監
督公司業務的執行及會計事項；薪酬委員會負責決定高級職員的報酬、薪
水以及紅利、認股權憑證等；提名委員會負責推薦或決定董事候選人、高
級職員候選人等。

2.股東權益

⑴股東在公司治理的地位

美國股份有限公司早期所有權與經營權分離，少數家族掌握大部分股
票，即其持股比例達一半以上，公司營運重大決策由大股東決定，董事會
僅負責公司決策的執行，經營階層很少發生謀求私利，侵害股東權益。後
來公司規模日益擴大，家族大股東持股比例逐漸下降，其對公司影響力逐

漸縮小。公司的代理人－經理人成為公司的實際控制者，經理人追求自身利益的極大化，特別重視短期利益而非股東利益極大化，傷害股東權益，因此公司治理成為重要課題。

一九七〇年代以後，美國機構投資人持股比例不斷增加，一九九〇年代末已接近50%，機構投資人改變公司股權結構。當公司經營績效下滑時，機構投資人為維護其自身利益，將向董事會施加壓力，間接監督經理階層，並參與公司治理，迫使公司宣稱公司營運目標在追求股東利益的極大化。

(2)股東提案權

根據美國證券交易法的規定股東提案權，提案股東必須在提案時持有公司表決權股份1%等規範，即強化小股東有主動表達意見的權利。

3. 資訊揭露

美國資訊揭露主要精神在於提供充分與公正的揭露，主要目的在提供重要資訊給投資人，證管會不訂定相關規範，而委由民間會計自律組織訂定相關準則，證管會居於監督的地位。

（二）安隆案後美國公司治理面臨的問題

根據陳美菊（2003）研究，安隆案的爆發，顯現美國公司治理面臨問題有：

1. 合併報表問題

自一九九七年以來，安隆公司虛列盈餘近六億美元，主要原因為該公司未認列其轉投資特殊目的機構（special purpose enity, SPE）的損失。依據美國會計處理的規範，符合相關規定的SPE不需要編入母公司的合併報表，此一漏洞讓安隆公司將其債務移轉至其成立的SPE上，隱藏投資虧損的事實。

2. 會計師獨立性及監督問題

安隆公司會計查核簽證業務係由安達信（Arthur Andersen）事務所處理，已長達十七年，該公司與會計師事務所合作無間，二者人員交互轉任

聘用,無旋轉門條款。二○○○年安達信對安隆查帳公費為二千五百萬美元,顧問費卻高達二千七百萬美元。由於會計師擴大非簽證業務,且與受查公司間的關係密切,導致會計師的獨立性受到質疑。

另美國會計師協會資助成立的公共監督委員會(Public Overview Board)及由會計師事務所進行的同業評鑑(Peer Review)兩個自律機制,對會計師加以監督及管理。惟近二十年來,美國五大會計師事務所沒有一家曾受到同業評鑑制度的懲處,顯見監理自律機制功能不彰。

3. 財務資訊揭露問題

公司理應依照一般公認會計原則計算盈虧,惟某些特殊開支如裁員、投資損失、存貨跌價損失、商譽攤銷、公司重整費用等,如計入當期損益,則不能適當表達公司常態營運狀況。於是公司利用擬制性(pro forma)財務資訊,刪除一些特殊開支,美化財務報表,以利拉抬公司股價。由於擬制性財務報表編制並無明確規範,致投資人難以評估公司實際營運狀況。

有些公司大量發行員工選擇權給公司高階主管,由於美國財務會計準則委員會允許企業自由認列選擇權支出,或僅透過附註揭露相關資訊即可。此一規範可能產生公司延遲認列選擇權支出,致產生利益輸送情形。

(三)美國公司治理改革

美國安隆案爆發以來,接二連三發生企業財務醜聞。為了重建投資人信心,美國於二○○二年七月底公布沙賓法案(Sarbanes-Oxley Act of 2002)。該法案嚴格規範防止企業與會計詐欺的不法行為,對違法者加重懲罰,以保障企業員工及股東權益。另紐約證交所(NYSE)於二○○二年八月初開始加強上市公司的可歸責性、健全性與透明度,以確保投資者權益。茲將其主要內容分述如次:

1. **成立公開發行公司會計事務監督委員會**（Public Company Accoun-
   ting Oversight Board, PCAOB）

由美國證管會督導成立公開發行公司會計事務監督委員會，督促會計
準則的修訂，以符合經濟環境；加強對會計師事務所的查核，定期檢查會
計師事務所的稽核報告；對違法及違反證管會相關規定的會計師加以懲處
等。

2. **強化會計師的獨立性**

⑴為維持會計師的獨立性，規定會計師不得對受查客戶提供非審計服
　務，如代客記帳、設計及裝置財務資訊系統、保險精算服務、內部
　稽核委外服務、提供管理功能或人力資源服務、提供證券、投資顧
　問或投資銀行業務的服務、提供法律服務或與審計工作無關的服
　務、其他PCAOB認定不應提供的服務等。

⑵會計師事務所擬對受查客戶提供非審計服務，須事先取得該受查公
　司審計委員會的核准。

⑶會計師負責簽證同一客戶最多不得逾五年，必須更換；且查核人員
　在離職後一年內不得擔任受查公司的高級財務主管。

3. **加重公司責任**

⑴要求公開發行公司的執行長及財務長具結，證實上市公司的定期與
　非定期揭露事項，以及財務、業務狀況，沒有重大虛偽或隱匿。若
　明知財務狀況不實而具結者，可被處罰一百萬美元罰款，及併科十
　年以下有期徒刑；若是故意行為，則可加重五百萬美元罰款，及
　二十年以下有期徒刑。

⑵利益返還的規定，若上市公司事後重編財務報表，執行長與財務長
　必須把過去一年內自該公司領取的紅利、獎金，以及因出售公司股
　票獲利，全部繳還。

⑶審計委員會的委員由獨立董事擔任，且要揭露是否有財務專家。審
　計委員會負責會計師事務所的選任、解任、公費議定及督導，並負

責監督與協助內部稽核人員等。

4. 加強財務揭露

(1)加強對於財務、流動性、資本支出之重大收支有影響的資產負債表表外項目（如SPE）的透明度；制定擬制性財務報表的規範，以確保投資人不會誤導。

(2)加速揭露公司內部人出售股票期限，由隔月揭露修正為二個營業日。

(3)公司不得直接或間接貸款給董事或主管人員。

(4)要求證管會至少每三年查閱財務報表一次，定期追蹤財務報表。

(5)公司的董事、高階主管及直接或間接持股達10%以上的主要股東須向證管會申報資料。

(6)證管會對上市公司的財務主管制定道德規範，要求公司應於定期報告中揭露其對於財務主管的道德規範；另禁止上市公司的管理階層以脅迫、詐欺或其他不當方法，影響簽證會計師執行其業務。

5. 防範分析師的利益衝突

防範證券商分析師不當推薦上市公司，讓投資銀行爭取承銷業務，致產生利益衝突。

(1)證券商應建立制度化的機制，確保證券分析師與投資銀行業務的區隔。

(2)參與或將參與公司股票發行承銷業務的證券商，於一定期間內，不得發布與該公司股票有關的分析報告。

自沙賓法案實施以來，美國公司治理的規範成為世界上最嚴格的，實施至今已逾八年，不再有公司財務醜聞發生，顯見公司治理的成效。不過，由於公司治理過嚴，在美國公開股票上市公司的意願日益低落，甚至有些上市公司有意讓其股票下市，因此，美國正在檢討公司治理。

二、日本公司治理

（一）傳統日本公司治理

1. 雙軌董事會

傳統日本公司治理架構是由股東會選出董事及監察人的雙軌董事會制度。

(1)董事會

日本公司的董事大都由公司內部擢升；優點為其對公司忠誠及努力工作，且了解公司狀況；缺點為產生階級制的董事會，形成一言堂，亦即缺乏不同的思考及觀點來探討公司問題。董事會的功能在制定策略與經營管理決策，並作為董事行使職務的依據，且監督董事的執行情形。

(2)監察人

監察人亦由股東會選出，負責監督董事會的運作，特別是負責會計監督，以維護公司及股東的利益。一九九三年修法規定大公司應設置外部監察人一名，並由監察人組成監察人會，及選出一人為常駐監察人，監督公司業務的執行。

2. 股東結構

日本法人持股比率一九六〇年為40.9%，一九八九年增為72.8%，特別是法人相互持股，形成安定股東，這是日本公司特色之一。這種特色有利於公司長期經營目標及確立經營者的相對主導地位。法人往往採取長期持股，其追求長期的利益，而非短期利益。法人持股中，主要銀行扮演重要的角色，其是公司的大股東之一，也是公司資金的主要供應者，因而成為公司的主要債權人。主要銀行審查公司的投資貸款，通過貸款後，銀行可查核、追蹤公司執行績效，其他金融機構及投資人視主要銀行為該公司的監督者。通常，在公司營運良好時，主要銀行不會干預公司的經營管理；可是當公司面臨經營困境需要協助，主要銀行才介入公司經營管理。主要銀行的制度是日本公司治理制度的特色之一，惟此一制度高度依賴主要銀

行，導致公司監控制度失靈，股東會功能弱化等缺失。

（二）二十一世紀以來日本公司治理

日本政府於二○○二年大幅修正商法（即公司法），根據吳當傑（2004）研究，有關日本強化公司治理修正重點如次：

1. 董事會制度改革

(1)增訂單軌董事會

過去日本採取雙軌董事會制，修正增加單軌董事會制，實施單軌董事會制的公司須在董事會設審計、薪酬及提名三個委員會，每個委員會至少由三位董事組成，其中外部董事應占多數，並以審計委員會取代監察人。讓公司可以有彈性的選擇雙軌或單軌董事會制度。

(2)加強雙軌董事會制的公司治理

①加強監察人的權責

    a.監察人的任期由三年增為四年。

    b.監察人於必要時有義務參加董事會陳述意見。

    c.外部監察人席次至少應占二分之一。

②成立重大資產委員會，由三位以上的董事組成，決議有關取得或處分公司重大資產、重大資金借貸等。

2. 強化會計制度

為了使財務報表能真實反映公司財務狀況，讓資訊公開能夠詳實透明，日本在二○○○年以來大幅修正會計制度，茲說明如次：

(1)合併報表

過去日本會計制度是由公司單獨申報，合併報表僅是輔助性的參考工具。隨著企業規模擴大，投資增加，子公司不斷增加，此時僅以母公司的財務報表，未能反映企業集團的財務狀況。因此，在二○○○年三月底年度結算時，強化合併報表，以防止企業故意將經營不善的子公司排除在合併報表之外。另子公司定義由母公司持有相關公司股份超過50%，修正為

即使持股在50%以下，母公司派出過半數董事或實際上支配該公司亦視為子公司。

⑵市價為基礎會計原則

自二〇〇〇年三月起，若以銷售為目的取得的不動產，市價較成本下跌超過五成，則須按市價提列損失。若以銷售為目的取得之有價證券及企業間相互持股者，分別自二〇〇一年三月及二〇〇二年三月起，按市價為基礎的會計處理。

⑶退休金給付會計制度

日本於二〇〇一年三月實施退休金給付會計制度。退休金是企業的債務，如提撥不足，必須予以補足，可以下列方式之一來處理：

①於年度結算時提列特別損失，一次將不足額全部處理。

②以持股作為退休金給付準備，交付信託，條件須該公司股票有溢價。

③不足額分十五年，由各年盈餘逐年補足。

（三）實施J-SOX法案

近年來日本發生西武鐵道、佳麗寶、活力門等財務醜聞，日本政府決定仿照美國沙賓法案，於二〇〇六年六月訂定金融商品交易法（Financial Instructments & Exchange Law），亦稱為J-SOX法案。該法案要求日本上市公司針對分公司及子公司於二〇〇八年四月一日財務報表必須符合J-SOX規範。上市公司首先必須自我檢查內部控制、然後發布內部控制書，再委由獨立會計師對內部報告書和實際執行情形進行審查，併同審查年度財務報告，出具審查意見。

三、德國公司治理

（一）雙軌董事會

德國公司董事會採取雙軌董事會制度，即監察人與董事，其與日本雙

軌董事會制度不同。

1. 監察人

監察人是由股東會選出，德國特色是員工參與公司監督經營，因此監察人有一定比例是由員工代表擔任，另亦可設獨立監察人。監察人組成監察會，其功能為任免董事，以及監督董事會。監察會下可設審計、提名、薪酬等委員會，其中審計委員會負責會計、稽核、風險管理等，以加強監督功能。審計委員會主席應由精通會計、內控程序等專業知識及有經驗者來擔任。提名委員會應由股東代表的監察人組成，負責對股東會提名監察人。薪酬委員會負責擬定董事的薪酬。

2. 董事會

董事會的職權代表公司，及以公司最佳利益與永續經營下負責管理公司業務。董事會應向監察會報告經營策略、公司發展、資產變動、重大交易及獲利情形等。董事會應將公司重要資訊及時告知監察會。董事會分配董事任務，其執行業務應遵守法律規定及公司內部政策，並採取適當風險管理及風險控管，以達成任務。

（二）股東權益

股東可以透過股東會表達權益。在股東會，每一股份有一投票權。股東會可選出股東代表出任監察人。董事會在股東會議提出年度財務報告及合併財務報表，股東會決定公司盈餘分派，以及同意或否決董事會及監察會的決議。股東會議議決或修訂公司章程，以及修訂公司基本策略，諸如發行新股、特別可轉換公司債等。公司發行新股，股東有優先承購權。

（三）資訊揭露

德國於二〇〇二年七月公布「資訊透明度及資訊揭露法」，該法要求上市公司聲明遵循政府公布的公司治理守則，亦即上市公司應發布「年度遵循說明書」，說明有無遵循公司治理準則，如不遵守，解釋不遵守的理由。

另公司治理守則規範董事會必須直接、及時揭露公司內部人資訊。公司資訊揭露應公平對待所有股東。有關新的財務資訊應對股東及時揭露，公司應以如網路等最便利之通訊工具，對股東及投資人揭露資訊。

（四）會計制度

根據國際公司治理發展簡訊（2005）報導，二〇〇四年十月德國國會通過「會計控制法」與「會計法制改革法」納入德國公司治理體系。其運作的機制是由聯邦金融監督局（BaFin）授權德國會計監督委員會（DPR）查核公開發行公司，但該會是民間獨立機構，並無公權力。如受查核對象不合作或有重大舞弊事項，則該會須向聯邦金融監督局報告，在監督局授權下會計監督委員會對受查核對象強制執行查核，如須處罰，則由監督局執行處罰。

依據德國公司治理守則，上市公司除了定期公布財務年度及綜合財務報告外，還要公布半年報及季報。公司如有股票選擇權及類似以證券為基礎的獎勵機制必須公布，亦要公布上市公司關係企業名單。

第四節　台灣改革公司治理

一、緣起

一九九七年東亞金融風暴，暴露出東亞國家公司治理的嚴重缺失，如泰國金融機構大量貸給關係企業，資金借貸靠私人關係而非公開市場的評估，金融體系風險管理機制不足；民間企業大規模的向外舉債，過度投資，負債比率偏高，財務不健全。南韓大企業關係企業過多，關係企業之間相互保證，財務狀況不透明，負債比率偏高等問題。

台灣在一九九八年下半年起爆發企業財務危機，如安鋒、東隆五金、禾豐、中央票券、台中企銀等超過二十家公司，根據董瑞斌（1999）引用台灣證券交易所之研究，這些上市公司發生問題的類型有：

類型一：與其他上市公司策略聯盟、交叉持股。

類型二：以子公司方式設立投資公司。

類型三：銷貨至海外子公司並先認列營收獲利。

類型四：以公司資金貸予子公司或關係企業。

類型五：關係人交易或提供擔保品。

類型六：借殼上市或市場派入主公司。

很明顯，類型一至類型五就是公司治理問題。

在面臨企業危機，財政部、經濟部等機關已持續推動一些公司治理的改革措施，包括修訂公司法，禁止交叉持股；引進獨立董監事制度；提升上市上櫃公司資訊揭露品質；制定「上市上櫃公司治理實務守則」；加強內部稽核與內部控制制度等，惟有些議題涉及跨部會尚待解決。因此，行政院仍於二○○三年一月成立改革公司治理專案小組。

二、改革公司治理重要內容

（一）改革的迫切性

美國在安隆案爆發後，不到一年的時間劍及履及通過沙賓法案，採取一序列公司治理改革措施，許多國家均加緊腳步改革公司治理。台灣亦面臨一些公司治理的問題尚待解決，因此，有必要加速腳步，推動公司治理改革，以提升企業的競爭力。

（二）強化公司治理政策綱領暨行動方案

行政院於二○○三年一月成立改革公司治理小組，同年十一月通過「強化公司治理政策綱領暨行動方案」，該方案具體內容為：

1. 健全公司內部控制制度

(1)改進公司內部稽核單位之位階，增加其獨立性。

(2)強化董事、監察人選任方式。

(3)法人及政府股東不得同時指派董事及監察人。

(4)研訂董、監事提名方式。

2. 循序建立獨立董監事制度

⑴開放實施董事會單軌制。

⑵公開發行公司得設置各專業常設委員會，以取代常務董事會。

⑶擴大獨立董監事人才引進。

⑷推行董監事責任保險。

3. 強化資訊公開制度

⑴加強業務資訊（轉投資、海外投資）揭露。

⑵檢討合併財務報表之範圍規定。

⑶持續檢討年報及公開說明書應行記載事項準則。

4. 推動特定組織之治理

⑴研訂金融服務業公司治理準則。

⑵加強公營企業、管制機關之治理（中期目標）。

⑶加強財團法人、行政公法人及其他型態法人組織之治理（長期目標）。

5. 健全企業會計制度

⑴推動會計師輪簽制度。

⑵加強影響會計師獨立性資訊之揭露。

⑶修正會計師法（明確事務所法律責任，增訂法人組織型態，強化公會職能，增進懲戒效能）。

6. 保障投資人權益

⑴促使股東會表決權行使符合立場中立之原則。

⑵增列股東股東會提案權。

⑶研擬遠距股東會、電子投票等措施之可行性。

⑷促進法院審理投資人訴訟。

7. 其他配套措施

⑴改革重整與破產機制。

⑵健全企業併購機制。

(3)加強公司治理之宣導及倡議。

三、改革公司治理推動情形

（一）推動公司治理相關法律修正

政府除依「強化公司治理及政策綱領暨行動方案」外，並針對博達、迅諜、力霸等案面臨公司治理的缺失，亦提出補強措施，因此，近年來證券交易法、公司法也多次修正，茲將相關法律及措施實際推動重點臚列如次：

1. 董事會

(1)引進獨立董事制度

二○○二年二月起，申請上市櫃公司，依證券交易所及櫃檯買賣中心的審查準則要求，董事會成員中至少有兩名是獨立董事，其中至少一名須為會計或財務專業人士。二○○六年一月修訂證券交易法明定公開發行公司得依公司章程規定設立獨立董事，人數不得少於兩人，並對獨立董事的資格、職能等加以規範。

(2)增設單軌董事會

我國公司法規範董事會屬於雙軌董事會，即董事會與監察人。二○○六年一月修正證券交易法增訂得設立單軌董事會的條文，即公司設置審計委員會可取代監察人，審計委員會由全體獨立董事組成，並規範審計委員會的權責。

(3)二○○六年一月修訂證券交易法

規定政府或法人的代表人不得同時當選或擔任公司之董事及監察人，以強化董事、監察人的獨立性。

2. 股東權益

(1)股東提案權

二○○五年六月修訂公司法，賦予持有已發行股份總數1%以上股份之股東，得以書面向公司提案，但以一項為限，且提案不得超過三百字。

(2)股東通訊投票制度

為鼓勵股東參與股東會，新增兩種行使表決權的方式，即以書面或電子方式行使表決權，並於股東會開會五日前送達公司。

(3)董事、監察人候選人提名制度

持有已發行股份總數1%以上股份之股東，得以書面向公司提董事、監察人候選人名單，公司收到候選人名單，應進行審查，審查合格者，公司應予公告。

(4)股東代位訴訟制度

二〇〇一年十一月修訂公司法，放寬請求監察人向公司董事提起訴訟門檻，由股東持股5%降為3%，以保障小股東的權益。

3. 交叉持股限制

過去台灣公司法並未禁止母子公司交叉持股，有些公司透過投資子公司，大量從市場買入母公司股票，以交叉持股的方式鞏固經營權。母子公司交叉持股嚴重影響股東權益。二〇〇一年十一月修訂公司法明訂公司不得再有交叉持股行為。二〇〇四年五月修訂公司法明訂從屬公司持有控制公司股份無表決權。

4. 加重會計師責任

二〇〇七年十二月公布會計師法修正案，修正重點包括強化會計師責任與獨立，增訂公司組織法人會計師事務所，並須強制投保業務責任險，會計師過失損害賠償責任以承接案當年度取得公費總額十倍為限。除對會計師業務執行訂有罰則外，另主管機關訂有會計師懲戒委員會及會計師懲戒複審委員會之組織及審議規則，作為處分違規會計師之依據。

（二）訂定公司治理實務守則

上市上櫃公司治理實務守則，以及銀行業、保險業、投信投顧事業、金融控股公司等公司治理實務守則，均已由相關機構公告發布。

（三）強化資訊揭露

1. 增列初次公開發行公司應提「公開發行公司治理自評報告」

台灣證券交易所於二○○七年起，要求初次公開發行公司應提出「公開發行公司治理自評報告」作為初次上市申請書件，由承銷商評估公司治理運作情形。

2. 加重公司負責人財務報告責任

二○○六年一月修訂證券交易法規定財務報告應經董事長、經理人及會計主管簽名或蓋章，並出具財務報告內容無虛偽或隱匿之聲明。違反者處罰新台幣二十四萬元以上，二百四十萬元以下罰鍰。

3. 加強公司治理資訊揭露

二○○五年、二○○六年主管機關大幅修正「公開發行公司年報應行記載事項準則」，重點包括必須揭露股東結構、股權分散及主要股東名單、董監事酬勞及獨立情形、員工分紅配股情形、上市上櫃公司治理運作情形及財務狀況、經營結果之檢討分析與風險管理、公司對員工採行各項權益措施等資訊。九十九年六月修正證券交易法第三十六條，規定上市上櫃公司須於每會計年度終了後三個月內，公告並申報該公司年度財報，以符合國際趨勢，加強資訊公開的即時性及有效性。惟該條文自一百○一年一月起實行。

4. 關係企業的資訊揭露

公開發行股份公司應於每營業年度終了，編制關係企業合併營業報告書、合併財務報表、關係報告書，載明控制公司與從屬公司之間持股情形、業務往來、進貨與銷售交易、財產交易、衍生性商品交易、資金融通、背書保證等資訊。

5. 建立資訊揭露評鑑系統

台灣證券交易所與櫃買中心委託證券暨期貨市場發展基金會（簡稱證基會）二○○三年起建立「資訊揭露評鑑系統」，每年針對國內上市櫃公司資訊揭露程序進行評鑑，並將評鑑結果公開，可參考證基會網頁http://

www.sfi.org.tw/EDIS/。

（四）建立國內企業公司治理評鑑制度

中華公司治理協會已建立「公司治理評鑑制度」，評鑑指標分為六大類，即股東權益的保障、資訊透明度的強化、董事會職能的強化、監察人功能的發揮、管理階層的紀律與溝通、利害關係人權益的尊重。該評量先由受評公司自評，再由執行委員針對受評公司所提供之附件，以及實際進行訪察，加上開放式問卷評鑑「資訊揭露系統」的評分，經綜合評量達到認證標準時，由該協會頒發認證證書予受評公司，承認其為我國公司治理制度之合格典範。

（五）擴大獨立董、監事人才庫

為加強獨立董、監事引進管道，善用學界人才，教育部放寬公立專科以上學校未兼行政職務之專任教師，得兼任已上市（櫃）公司及經股東會決議規劃申請上市（櫃）之公開發行公司之外部獨立董事、監察人。

雖然政府積極推動公司治理的改革，增訂及修正許多的法規，惟力霸案等卻顯示公司治理的不足，如法人指派董事或監察人的缺失；董監事選舉，不採累積投票制而採全額連記法，造成贏者全拿，缺乏制衡機制；股份有限公司股東人數眾多或資本額龐大，卻未公開發行，致財務、資訊不透明；設立肥貓條款；以及私募公司債的缺失等。政府已針對上述大部分問題提出公司法等相關法律修正案，如立法院於二○一○年十一月五日通過反肥貓條款，強制上市櫃公司限制薪酬。即修正證券交易法第十四條之六條條文，明定上市櫃公司應設立薪資及報酬委員會，訂定董監事及經理人合理薪酬，薪酬應包括董事、監察人及經理人的薪資、股票選擇權與其他具有實質獎勵的措施，盼這些法律能儘速修改完成，使我國公司治理能更邁前一步。

第五節　結語

公司治理主要是對企業，特別是經營階層的規範，在兼顧經濟及社會目標，促進公司有效率的管理，並使資源獲得有效率的使用，讓股東及其他利害關係人均能分享成果。

OECD提出：(1)股東權益；(2)衡平對待所有股東；(3)利害關係人的角色；(4)資訊揭露與透明化；(5)董事會職責等五大原則，作為各國公司治理的指南。美、日、德各有其一套的公司治理，美國是單軌董事會制度，日本與德國是雙軌董事會制度，日本董事與監察人是平行，均由股東會選出；德國股東會選出監察人，組成監察會，再由監察會決定董事會。美國在安隆案後通過沙賓法案，嚴格規範防止企業與會計詐欺的不法行為，對違法者加重懲罰，以保障企業員工及股東權益。日本在二〇〇二年修正商法，強化公司治理，增訂單軌董事會等讓企業可自行決定採單軌董事會或雙軌董事會；另在二〇〇八年四月起實施J-SOX法案，加強財務報表審查。德國近年來加強資訊揭露及財務報表查核。

台灣在一九九八年下半年起爆發一連串企業財務危機，因而政府開始重視公司治理，修訂公司法禁止交叉持股，提升上市上櫃公司資訊揭露品質，制定「上市上櫃公司治理實務守則」等，惟有些治理議題涉及跨部會尚待解決，行政院於二〇〇三年一月成立改革公司治理小組，同年十一月通過「強化公司治理政策綱領暨行動方案」，該方案從健全公司內部控制制度，循序建立獨立董監事制度、強化資訊公開制度、推動特定組織之治理、健全企業會計制度、保障投資人權益等著手。

台灣公司治理已推動重點：(1)增設單軌董事會制度，公司可設置審計委員會可取代監察人，並由獨立董事擔任；(2)引進獨立董事會制度，明訂公開發行公司設立獨立董事，人數不得少於兩人；(3)政府或法人代表不得同時當選或擔任公司之董事及監察人；(4)持有已發行股份總數1%以上股份之股東擁有股東提案權；(5)強化資訊揭露，並加重公司負責人財務報告責任；(6)建立資訊揭露評鑑系統等。

參考文獻

一、中文

中央健康保險局（健保局）（2007），《中央健康保險局執行成果報告》，健保局編印。

中央健康保險局（健保局）（2006），《民國94年全民健康保險費率精算報告》，健保局編印。

中央健康保險局（健保局）（2009），《民國98年全民健康保險費率精算報告》，健保局編印。

中央健康保險局（健保局）（2007），《2005年全民健康保險統計動向》，健保局編印。

中央健康保險局（健保局）（2010），《2008年全民健康保險統計動向》，健保局編印。

王京明（2007），《溫室氣體減量之國際經驗》，行政院經濟建設委員會委託中華經濟研究院。

台灣大學社會學系（2005），「全民健保公民共識會議」閱讀資料，主辦單位國立台灣大學社會學系，2005年2月，http://www.grb.gov.tw。

白培英譯（1974），《間接稅新論》，財政部財稅人員訓練所編印。

行政院公平交易委員會（公平會）（2004），《公平交易法相關法規及行政規則彙編》，公平會出版。

行政院公平交易委員會（公平會）（2004），《認識公平交易法》，增訂第10版，公平會出版。

行政院公共工程委員會網站。

行政院公共工程委員會（2009），《促進民間參與公共建設政策白皮書》，

行政院公共工程委員會編印。

行政院經濟建設委員會（經建會）（1990），《新加坡金融市場與金融機構》，經建會經濟研究處編印。

行政院經濟建設委員會（經建會）（2002），《英國推動公共投資之財務策略與夥伴關係之研究》，經建會內部研究報告。

行政院經濟建設委員會（經建會）（2003），《強化公司治理政策綱領暨行動方案》，經建會編印。

行政院經濟建設委員會（經建會）（2004），《公司治理經驗分享高峰會實錄》，經建會編印。

行政院經濟建設委員會（經建會）（2004），《我國與英國民間參與公共建設推動機制比較與檢討》，經建會內部資料。

行政院經濟建設委員會（經建會）（2010），《2010年至2060年台灣人口推計》經建會出版。

伍啟元（1998），《公共政策—政策分析上、下冊》，台灣商務印書館。

考試院銓敘部退撫司（2010），《公務人員退休法修正草案總說明》，退撫司編印。

朱澤民（2007），《全民健保現況與改革》，中央健康保險局。

呂鴻光（2003），《溫室氣體之衝擊與對策—我國之影響與因應措施》，孫運璿學術基金會贊助。

吳中書（2006），「人口結構變動對消費之影響」，行政院經濟建設委員會委託研究。

吳武典（2005），「台灣教育改革的經驗與分析」，《當代教育》研究季刊，第13卷第1期。

吳家聲（1993），《財政學》，三版，三民書局。

吳榮義（1989），「英、日、法、韓四國公營企業民營化之經驗」，行政院經濟建設委員會委託台灣經濟研究所研究。

吳懷文（2007），「英國能源政策暨電力發電現況」，《能源》季刊第37卷

第2期，經濟部能源局發行。

邱顯比（2006），「我國退休基金管理運用與資本市場發展之研究」，行政院經濟建設委員會委託中華民國退休基金協會。

邱慈觀編譯（2007），《公司治理》，台灣培生教育出版股份有限公司。

吳當傑（2004），《公司治理理論與實務》，財團法人孫運璿學術基金會。

李金桐（1997），《財政學》，五南圖書出版公司印行。

李奉儒（2003），「英國教育政策與學校行政制度」，中正大學「比較學校行政」課程系列講座活動（7），2003.12.13。

李佳逸、張志清、包嘉源、呂頌揚（2009），「由各國航運稅制論我國因應之道」，航運季刊第18卷第3期。

李章順（2005），《透視勞工退休金制度》，靈活文化事業有限公司。

李堅明（2006），「近10年來溫室氣體減量經驗及相關政策成效之檢討」，行政院經濟建設委員會委託國立台北大學。

李堅明、陳昱豪（2006），「歐盟排放權分配法則的分析」，《碳經濟》月刊第2期，行政院經濟建設委員會發行。

李勝富譯，「教育模範生的日本將大力改革教育體制」，http://www.tw.org/newwaves/64/2-2.html，2007.3.30。

周濟（2007），「溫室氣體減量政策對運輸及住商部門之影響及因應對策」，行政院經濟建設委員會委託中華經濟研究院。

周秋萍（2007），「溫室氣體對國際核能發展之影響」，《台灣經濟研究》月刊30卷第8期。

林文瑛，「日本教育改革經驗與啓示」，http://www.sinica.edu.tw/info/edu-reform/farea8/j20/06.html.2007.3.30。

林世英，「從日本教育改革經驗論我國中小學校長的角色及作為」，http://www.socialwork.com.hk/artical/educate/gb9.htm.2007.3.30。

林全（1995），《台灣公共經濟論文集》，聯經出版事業公司。

林宜蓁、許素鳳（2006），「台灣高鐵採BOT模式之風險控管」，《台灣經

濟研究》月刊第29卷第9期。

林俊儒（2007），「OECD國家因應人口老化之財政策分析及啓示」，《財稅研究》，第39卷第6期。

林唐裕（2006），「發展減溫產業之潛力及其對總體經濟之影響」，行政院經濟建設委員會委託台灣綜合研究院。

林華德（1986），《當代財政學》，大中國圖書公司。

林愍茨、黃崇哲（2006），「世界公私夥伴關係的發展趨勢」，《台灣經濟研究》月刊第29卷第9期。

易明秋（2003），《公司治理》，弘智文化事業有限公司。

胡仲英（1999），《BOT理論與實務—兼論我國BOT政策之推動》，財團法人孫運璿學術基金會出版。

施顏祥（1991），《民營化之路—公營事業民營化理論與實務探索》，中華民國管理科學學會印製。

姚乃嘉、林聖岱，「台北國際金融中心大樓降低建築高度及對BOT影響之初步探討」。http://www.arch.net.tw/modern/month/246/246-2.htm。

徐仁輝、何宗武譯（2001），《公共議題經濟學》，智勝文化事業有限公司。

徐育珠（2004），《財政學》增訂2版1刷，三民書局。

財政部（2007），「稅制改革規劃報告」，2007.3.21。

財政部（2010），「賦稅改革委員會報告」，2010.1.28。

候萬善（2006），「歐盟的CO_2排放交易機制」，《碳經濟》月刊第2期，行政院經濟建設委員會發行。

高安邦（1997），《政治經濟學》，五南圖書出版公司印行。

能源局（2005），《能源政策白皮書》，經濟部能源局編印。

核能簡訊編輯室（2007），「法國新科總統的核能政策」，《核能簡訊》雙月刊，no.107，中華民國核能協會出版。

理律法律事務所（2003），「建立政府與民間合作開發重大公共建設及公共

服務推動機制」，行政院經濟建設委員會委託理律法律事務所研究。

張心穎（2007），「我國能源價格政策之分析與展望」，《台灣經濟研究》月刊第30卷第8期。

張其祿（2006），「政府管制績效評估—以OECD國家經驗為例」，《經社法制論叢》第38期，行政院經濟建設委員會財經法制協調服務中心出版。

張盛和（2009），「賦稅改革成果報告」，2009.12.29。

章秀秀（2007），「我國能源相關之稅費概述」，《碳經濟》第5期，行政院經濟建設委員會發行。

陳正芬、戴至中譯（2005），《公司治理簡單講》，美商麥格羅・希爾國際股份有限公司出版。

陳明杰譯（1980），《成本效益分析》，經濟學名著翻譯叢書第140種，台灣銀行經濟研究室編印。

陳美菊（2003），「美國企業財報問題及對策之研析」，《經濟研究》第3期，行政院經濟建設委員會經濟研究處出版。

陳淑丹（2002），「高中多元入學方案目標達成及其對國中學生選校的影響之研究」，國立台北師範學院國民教育研究所碩士論文。引自吳武典（2005）報告。

陳谷汎（2007），「淺談國2005年能源政策法」，《碳經濟》第6期，行政院經濟建設委員會發行。

陳聽安（2003），《健康保險財務與體制》，三民書局。

「教改萬言書」（2003），社大開學—社運窗口資料網。http://fcu.org.tw/swin/series/20031122/20031122-2.html。

孫志麟，《美國教育改革的新趨勢：柯林頓的三大目標與十項行動計畫》http://www.socialwork.com.hk/artical/educate/gx9.htm，2007.3.26.。

國際公司治理發展簡訊（2005），「德國2005年6月修訂公司治理準則：會計監督機制成為重點」，《國際公司治理發展》簡訊第13期。

梁發進譯（1984），《公共經濟學講座（上、下冊）》，財政部財稅人員訓練所。

許振邦（2006），「溫室氣體減量政策對能源政策之影響及因應對策」，行政院經濟建設委員會委託台灣經濟研究院。

教育部（2006），《邁向高齡社會老人教育政策白皮書》，教育部編印。

黃仁德（2005），「我國勞工退休金新制對金融市場影響之研究」，行政院經濟建設委員會委託國立政治大學。

黃仁德、胡貝蒂（2006），《台灣租稅獎勵與產業發展》，聯經出版公司。

黃宗煌（2006），「訂定溫室氣體減量目標的省思」，《碳經濟》月刊第2期，行政院經濟建設委員會發行。

黃明聖（2006），「ETC案的爭議」，《經濟前瞻》，104期。

黃崇哲（2006），「我國促參推動的歷程、課題與展望」，《台灣經濟研究》月刊第29卷第9期。

黃建興（2006），「歐盟調降勞力密集服務加值稅稅率之分析」，《經濟研究》第6期，行政院經濟建設委員會經濟研究處編著。

黃俊傑，「從日本臨教審經驗談我國教育改革」。http://www.sinica.edu.tw/infoledu-reform/farea8/jo2/02.html, 2007.3.30。

經濟部中小企業處（2006），「中小企業白皮書」，經濟部中小企業處編印。

程佩瑜（2003），「美國企業改革法案之介紹與省思」，《存款保險資訊》季刊第16卷第2期。

溫明麗（2006），「1988以降英國教育改革對台灣教育的啟示」，《教育研究》月刊，2006.8。

曾孝明（2004），《台灣教育的宏觀與微觀》，御書房出版有限公司。

董建宏（2007），「自台灣高鐵BOT案談公共工程民營化的招標模式改革」，《經濟前瞻》，109期。

《遠見》雜誌（2007），「不老革命」，248期，pp.142-206。

衛生署（2009），「全民健康保險法」修正草案，行政院衛生署編印。

詹火生（2005），「日本介護（長期照護）保險制度現況與展望」，財團法人國家政策研究基金會。http://socialwork.com.hk/artical/educate/gx9.htm。

詹火生（2006），「主要國家因應人口老化社會福利政策之研究」，行政院經濟建設委員會委託研究。

趙建智、李家豪譯（2005），《公司治理大未來》，梅霖文化事業有限公司。

劉慶仁（2000），「美國教育改革研究」，國立教育資料館編印，89年4月。http://w2.hioerar.edu.tw/basis1/704/index.htm。

劉慶仁（2002），《績效責任：美國教育改革的趨勢》，現代教育論壇（7），國立教育資科館編印。

羅時芳（2006），「溫室氣體減量政策對產業發展之影響及因應對策」，行政院經濟建設委員會委託中華經濟研究院。

顧洋（2007），「因應地球溫暖化我國調適策略之探討」，行政院經濟建設委員會委託國立台灣科技大學。

證券暨期貨市場發展基金會（證基會）（2007, 2003），《台灣公司治理》，證基會出版。

葉銀華（2003），《台灣集團企業治理機制之研究》，行政院經濟建設委員會委託輔仁大學。

葉銀華（2004），《透視上市公司—聰明選股，遠離地雷》，先覺出版社。

蕭峰雄（2001），《我國產業政策與產業發展》（再版），植根雜誌社有限公司。

葉銀華、李存修、柯承恩（2002），《公司治理與評等系統》，商智文化。

董瑞斌（1999），「我國企業爆發財務危機之成因、影響及防範之研究」，行政院經濟建設委員會委託台灣經濟研究院。

楊敏華（2004），《企業與法律：公司治理之監事制度研究》，中華公司治理協會出版。

劉紹樑（2003），「強化公司治理機制之研究」，行政院經濟建設委員會委託理律法律事務所。

賴英照（2007），《從內線交易到企業社會責任》，聯經出版事業股份有限公司。

戴至中、陳正芬譯（2003），《公司治理》，美商麥格羅·希爾國際股份有限公司。

二、英文

Aoki, M. (2006). "Whither Japan's Corporate Governance?" Stanford Institute for Economic Policy Research, *Discussion Paper.* no.05-14.

Arrow, K. (1963). "Uncertainty and the Welfare Economics of Medical Care", *American Economic Review, 53*, pp. 941-973.

Atkinson, S., & Tietenberg, T. (1991). "Market failure in incentive base regulations: The case of emissions trading", *Jounal of Environmental Economics and Management, 21.*

Basu, K. (1993). *Lectures in Industrial Organization Theory.* Blackwell Publishers.

Baumol, W. J. (1967). "Macroeconomics and Unbalanced Growth: The anatomy of urban crisis", *American Economic Review, vol. 57*, no. 3.

Bentzel, R., & Berg, L. (1983). "The role of demographic factors as a determinant of savings", in Modigliani, F., & Hemming, R. (ed.), *The Determinants of National Saving and Wealth.* Macmillan: London.

Bhagwati, J. N. (1980). "Lobbying and welfave", *Journal of Public Economics, vol. 14*, pp. 355-363.

Braz, J. (2003). "Public-Private Partnerships in Development: Three Applications in Timor Leste", *OECD Development Centre, Working Paper no.* 221.

Casey, B., Oxley, H., Whitehouse, E., Antolin, P., Duval, R., & Leibfritz, W. (2003).

"Policies for an Ageing Socioty: Recent measures and areas for further reform", *OECD Economics Department Working Paper, no. 369.*

Centre for Economic Policy Research (CEPR) (2007). "Cost Benefit: Shadow prices & distorted market", Centre for Economic Policy Research, http:// www.cepr.org/Pubs /Bulletin/dps/dp41.htm, 2007.10.1

CPF Board, "Singapore's CPF Scheme - An Overview and A Comparison with the U. S. Social Security System", http://www.vandine.com/cpfo.htm

Connoly S., & Munro A. (1999). *Economics of the Public Sector.* Prentice Hall Europe.

Demery, D. & Duck, N. (2003). "Demographic Change and the UK Savings Rate, " Department of Economics, University of Bristol, U. K., *Bristol Economics Discussion Papers 2003.* pp.1-37, 引自吳中書(2006)報告。

Department for Work & Pensions, U. K.網站, http://www.thepensionservice.gov. uk.

Department of Health (2005). *Health Reform in England: Update and next steps*, the Department of Health, U. K.

DeSerpa, A. C.(1988). *Microeconomic Theory: Issues & Upplications,* 2nd ed. Allyn and Bacon, Inc.

Docteur, E., & Oxley, H. (2003). "Health-care System: lessons from the reform experience", *Economics Department Working Paper no. 374*, OECD Internet Web Site.

Downs, A. (1957). *An Economic Theory of Democracy*, Harper and Row, New York.

Dunleavy, P. (1991). *Democracy, Bureaucracy and Public Choice*, London: Harvester Wheatsheaf.

Encycogov.com (2007). "What is Corporate Governance?", The Encyclopedia about Corporate Governance, 2008.8.20.

Enthoven, A. C. (1989). "What Can the Europeans Learn from Americans?" *Health Care Financing Review, Annual.* U. S. Department of Health and Human Services.

Environmental Protection Agency (EPA) (2000). "Cost-Effectiveness Analysis of Proposed Effluent Limitations Guidelines and Standards for the Metal Products and Machinery Industry", U. S. Environmental Protection Agency, EPA-821-B-00-007.

Erlandsen, S. K., & Nymoen, R. (2004). "Consumption and Population Age Structure", *Working papers from Norges Bank*, pp.1-22, 引自吳中書(2006)報告。

European Commission (2001). "The Budget Challenges Posed by Aging Population", http://europa.eu.int/comm/economy_finance/epc_en.htm.

Fair, R. C. (1984). *Specification, Estimation, and Analysis of Macroeconometric Models*, Cambridge, MA: Harvard University Press, 引自吳中書(2006)報告。

Ferguson, P. R. (1988). *Industrial Economics: Issues and Perspectives*, 2nd ed. Macmillan Education.

Fischer, C., & Morgenstern, R. D. (2005). "Carbon Abatement Costs: Why the Wide Range of Estimates?", *Resources for the Future*.

Fujita, H. (2004). "Education Reform and Experience in Japan", 第一屆香港校長研討會。

Global Environment Centre (GEC) (2005). *CDM Manual 2005 for Project Development & Policy Makers*, Global Environment Centre Foundation, Japan.

Government Commission on the German Corporate Governance Code (2007). *German Corporate Governance Code*, Government Commission, 2007.6.14.

Griffiths, A., & Wall, S. (1989). *Applied Economics: introductory course*, 3rd ed. Longman.

Grinols, E. L. (1994). *Microeconomics*, Houghton Mifflin Co.

Hakkinen, U., & Joumard, I. (2007). "Cross-Country Analysis of Efficiency in OECD Health Care Sectors: Options for Research", *Economics Department Working Papers, no. 554.* OECD Internet Web Site.

Hanke, S. H. (1987). *Privatization & Development.* the Institute for Contemporary Studies.

Hare, P. G. (1988). *Surveys in Public Sector Economics.* Basil Blackwell Ltd.

Horioka, C. Y. (2006). "The Dissaving of the Aged Revisited: The Case of Japan," *NBER Working Papers*, no.12351, 引自吳中書(2006)報告。

Hurl, B. (1988). *Privatization and the Public Sector*, Heinemann Educational Books Ltd.

Katz, M. L., & Rosen, H. S. (1994). *Microeconomics*, 2nd ed. Richard D.Irwin, Inc.

Kelman, S. (1981). "Economists and the Environmental Policy Muddle", *Public Interest, 64.*

Kelley, E., & Hurst, J. (2006). "Health Care Quality Indicators Project: Initial Indicators Report", *OECD Health Working Papers,* no. 22.

Kitano, N., & Ariga, K. (2000). "Private Sector Participation in Water Supply and Sewerage-Lessons from Ten Case Studies in Developing and Developed Countries", *JBIC Review*, no. 2.

Krueger, N. (1974). "The Political Economy of Rent-Seeking Society", *American Economic Review, 64*, pp. 291-303.

Kwack, S. Y., & Lee, Y. S. (2005). "What Determines Saving Rates in Korea? The Role of Demography" *Journal of Asian Economics, 16*(5), pp. 861-873, 引自吳中書(2006)報告。

Lande, R. H. (1982). "Wealth Transfers as the Original and Primary Concern of Antitrust: The efficiency interpretation challenged", *Hasting Law Journal*, vol.34, Sept. 1982. Reprinted in E. Thomas Sullivan, ed., The Political

Economy of the Sherman Act: The First One Hundred years. Oxford University Press, 1991.

MacAvoy, P. W. (1979). *The Regulated Industries and the Economy*, W.W. Norton & Company, Inc.

Magill, M. J. P. (1984). "On the Arrow-Lind Theorem", *Journal of Mathematical Analysis & Applications, 102*, pp. 211-219.

Martin, S. (1998). *Industrial Economics*, 2nd ed. Macmillan Publishing Co.

Martin, S., & Parker, D. (1997). *The Impact of Privatisation: Ownership and corporate performance in the UK*, Routledge, London.

McGlade, J. (2000). "Transboundary Pollution and Environment Management in Europe and CIS Region", United Nations Industrial Development Organization (UNIDO).

McLachlan, S. (1983). *The National Freight Buy-out*. Macmillan Press, London.

McNutt, P. A. (1998). *The Economics of Public Choice*, Edward Elgar Publishing. Limited, Reprint.

McPherson, K. (1990). *International Difference in Medical Care Practices*. OECD.

Mizukoshi, T. (2001). "Educational Reform in Japan-Petrospect and Prosepect", http://gauge.u-gakugei.ac.jp/

Monti, M. (2003). "EU Competition Policy After May 2004", http://www.eurunion.org/news/speeches/2003/031024mm.htm.

Muller, D. C. (1989). *Public Choice II*. Cambridge University Press, Cambirdge.

Murray, A. (2005). *Consumers and EU Competition Policy*. Published by National Consumer Council.

NisKanen, W. (1968). "The peculiar economics of bureaucracy", *American Economic Review, Papers and proceedings, 58*, pp. 293-305.

OECD (2003). *White Paper on Corporate Governance in Asia*. OECD

Publications Service.

OECD (2004). "OECD Guidelines on the Regulatory Framework for Public-Private Partnerships in developing countries, with an emphasis on infrastructure and public service provision", Business and Industry Advisory Committee to the OECD.

OECD (2004). *OECD Principles of Corporate Governance.* OECD Publications Service.

OECD (2006). *Ageing and employment policies: Ireland,* OECD Publishing, Paris.

OECD (2006). "Future budget pressures arising from spending on health and long-term care", from *OECD Economic Outlook, Ch. 3,* OECD Economics Department.

Olson, M. (1965). *The Logic of Collective Action: Public goods and the theory of groups,* Harvard University Press, Cambridge.

Partnerships U. K. (2007). *PFI: The state of the market 2007.* Partnerships UK.

Pindyck, R. S., & Rubinfeld, D. L. (1992). *Microeconomics,* 2nd ed. Maxwell Macmillan International Edition.

Pirie, M. (1988). *Privatization Theory, Practice and Choice,* Wildwood House Limited.

Pucinskaite, I. (2004). "Overview of the EU's Competion Policy: enlargement & state aid", Brussels, 2004.04.06.

Purcell, P. (2006). *Pension Sponsorship and Participation: Summary of recent trends,* Congress Research Service Report for Congress, RL30122.

Riker, W. H. (1982). *Liberalism Against Populism.* Freeman Press, San Francisco.

Schotter, A. (1994). *Microeconomics: A modern approach.* HarperCollins College Publishers.

Scherer, F. M. (1980). *Industrial Market Structure and Economic Performance.* Houghton Mifflin Co.

Schoppa, L. (1991). "Education Reform in Japan: Goals and results of the recent reform campaign", http://people.virginia.edu/-ljs2k/educate.txt. 2007.4.2

Schultze, C. L. (1977). *The Public Use of Private Interest*. Brookings.

Shephend, W. G. (1997). *The Economics of Industrial Organization*, 4th ed. Prentice-Hall International, Inc.

Snape, R. & Gunasekera, D. (1997). "Problems of the global commons", *Australian APEC Study Center.*

Stigler, G. J. (1968). *The Organization of Industry*. The University of Chicago Press.

Stigler, G. J. (1971). "The Theory of Economic Regulation", *Bell Journal of Economics and Management Science, 2*, pp. 3-21.

Swann, D. (1988). *The Retreat of the State Deregulation and Privatisation in the UK and US*. Harvester Wheatsheaf.

European Economic Advisory Group (EEAG) (2007). "Tax Competition", The EEAG Report on the European Economy, CESIFO.

Thompson, M. S. (1980). *Benefit-Cost Analysis for Program Evaluation*, Sage Publications, Inc.

Thomsen, S. (2005). "Encourage Public-Private Partnerships in the Utilities Sector: The role of development assistance", from *International Investment Perspectives*. OECD Publishing.

Tobin, J. (1970). "On Limiting the Domain of Inequality", *Journal of Law and Economics, 13*, pp. 263-275.

U. N. (2002). *Report of the Second World Assembly on Ageing*, United Nations Publication New York.

U. N. (2002). *World Population Ageing 1950-2050*. Population Division, DESA, United Nation.

U. N. (2007). *World Population Prospects: The 2006 revision*. U. N. Network. 2007.3.13

U. N. (2007). http://esa.un.org/unpp

United Nations Framework Convention on Climate Change (UNFCCC) (2004). *The First Ten Years*. The Information Services of the UNFCCC Secretariat.

U.S. Climate Change Technology Program (2005). *Vision and Framework for Strategy and Planning*. U. S. Department of Energy.

Vernon, R. (1988). *The Problem of Privatization*. The Council on Foreign Relations, Inc.

Vickers, J. (2001). "Competition Policy and Globalization", A Speech to the European Policy Forum, 2001.1.16.

Wikipedia (2010). "American Clean Energy and Security Act", 2010.10.11.

Wikipedia (2010). "Central Provident Fund", 2010.10.5.

Wikipedia (2010). "Clean Development Mechanism", 2010.11.2.

Wikipedia (2007). "Corporate Governance", 2007.8.20.

Wikipedia (2007). "Education Reform", 2007.3.16。

Wikipedia (2007). "Education Reform Act 1988", 2007.4.2.

Wikipedia (2007, 2010). "Emission trading", 2007.8.3, 2010.9.16。

Wikipedia (2007, 2010). "European Union Emission Trading Scheme", 2007.8.3, 2010.9.16。

Wikipedia (2007). "Globalization", 2007.11.10。

Wikipedia (2010). "Greenhouse effect", 2010.10.7.

Wikipedia (2007). "Grant-Maintained School", 2007.4.2.

Wikipedia (2007). "Health care in the United States", 2007.11.9

Wikipedia (2010). "Health care reform in the United States", 2010.10.4.

Wikipedia (2007). "J-SOX", 2007.09.20.

Wikipedia (2007). "National Curriculum", 2007.4.2.

Wikipedia (2007). "No Child Left Behind Act", 2007.3.27。

Wikipedia (2006). "Pension", 2006.12.30.

Wikipedia (2007). "Pension Provision in the United Kingdom", Redirect from UK Pension Provision, 2007.11.21, pp. 1-5.

Wikipedia (2007). "Public-private Partnership", 2007.10.22.

Wikipedia (2007). *Retirement Plans in the United States*. 2007.11.21, pp. 1-9.

Wikipedia (2007). *Self-invested Personal Pension*, 2007.11.21, pp. 1-5.

Wikipedia (2007). "Social Security (United States)", *Redirected from Social Security* (United States). 2007.11.21, pp. 1-27.

Winch, C. (2007), "The Education Reform Act", http://members, aol.com/ BevinSoc/Loged.htm, 2007.4.2.

Winston, C. (2006). *Government Failure versus Market Failure*. AEI-Brookings Joint Center for Regulatory Studies, Washington, D. C.

Wolf, C. (1979). "A Theory of Nonmarket Failure: Framework for Implementation Analysis", *Journal of Law and Economics, 22*. April, pp.107-139.

Wolf, C. (1988). *Markets or Governments: Choosing Between Imperfect Alternatives*, MIT Press, Cambridge, MA.

索　引

七畫

國家圖書館出版品預行編目資料

公共經濟學／陳寶瑞著. －－二版.
－－臺北市：五南, 2011.01
　面；　公分
ISBN 978-957-11-6145-7（平裝）
1.公共經濟學
551　　　　　　　　　990521514

1MCJ

公共經濟學

作　　者 — 陳寶瑞

發 行 人 — 楊榮川

總 編 輯 — 龐君豪

主　　編 — 張毓芬

責任編輯 — 侯家嵐

文字編輯 — 余欣怡

封面設計 — 盧盈良　侯家嵐

出 版 者 — 五南圖書出版股份有限公司

地　　址：106台北市大安區和平東路二段339號4樓

電　　話：(02)2705-5066　　傳　　真：(02)2706-6100

網　　址：http://www.wunan.com.tw

電子郵件：wunan@wunan.com.tw

劃撥帳號：01068953

戶　　名：五南圖書出版股份有限公司

台中市駐區辦公室/台中市中區中山路6號

電　　話：(04)2223-0891　　傳　　真：(04)2223-3549

高雄市駐區辦公室/高雄市新興區中山一路290號

電　　話：(07)2358-702　　傳　　真：(07)2350-236

法律顧問　元貞聯合法律事務所　張澤平律師

出版日期　2008年7月初版一刷
　　　　　2011年1月二版一刷

定　　價　新臺幣450元